IDENTIDADE NACIONAL E MODERNIDADE BRASILEIRA
O diálogo entre Sílvio Romero, Euclides da Cunha, Câmara Cascudo e Gilberto Freyre

Ricardo Luiz de Souza

IDENTIDADE NACIONAL E MODERNIDADE BRASILEIRA
O diálogo entre Sílvio Romero, Euclides da Cunha, Câmara Cascudo e Gilberto Freyre

Ricardo Luiz de Souza

Ensaios

COPYRIGHT © 2007 BY RICARDO LUIZ DE SOUZA

PROJETO GRÁFICO DA CAPA: *Teco Sousa*
PROJETO GRÁFICO DO MIOLO: *Patrícia De Michelis*
EDITORAÇÃO ELETRÔNIC: *Carolina Rocha*
REVISÃO: *Cecília Martins*

Todos os direitos reservados pela Autêntica Editora. Nenhuma parte desta publicação poderá ser reproduzida, seja por meios mecânicos, eletrônicos, seja via cópia xerográfica, sem a autorização prévia da editora.

BELO HORIZONTE - SEDE
Rua Aimorés, 981, 8º andar . Funcionários
30140-071 . Belo Horizonte . MG
Tel: 55 (31) 3222 68 19
TELEVENDAS: 0800 283 13 22
www.autenticaeditora.com.br
e-mail: autentica@autenticaeditora.com.br

SÃO PAULO
Tel.: 55 (11) 6784 5710
e-mail: autentica-sp1@autenticaeditora.com.br

UNIFEMM – Centro Universitário de Sete Lagoas
Avenida Marechal Castelo Branco, 2765 . Santo Antônio
35701-242 . Sete Lagoas . MG
Tel: 55 (31) 2106 2134

S729i
Souza, Ricardo Luiz de
Identidade nacional e modernidade brasileira : o diálogo entre Sílvio Romero, Euclides da Cunha , Câmara Cascudo e Gilberto Freyre / Ricardo Luiz de Souza . — Belo Horizonte : Autêntica , 2007.
232 p. (Ensaios, 2)

ISBN:78-85-7526-281-8

1.Historiografia. 2.Identidade nacional. 3.Modernidade.4.Romero, Sílvio Vasconcelos da Silveira Ramos. 5.Cunha, Euclides Rodrigues Pimenta da. 6.Cascudo,Luís da Câmara.7.Freyre, Gilberto de Melo. I.Título. II.Série.

CDU 930.1(81)

Ficha catalográfica elaborada por Rinaldo de Moura Faria – CRB6-1006

O presente texto é uma versão modificada de minha tese de doutorado, defendida em abril de 2006 no Departamento de História da UFMG e elaborada sob a orientação exemplar do Prof. Dr. José Carlos Reis, mestre e amigo. Fizeram parte da banca examinadora e contribuíram com valiosas críticas e observações para a elaboração final do texto a Profa. Dra. Kátia Gerab Baggio, a Profa. Dra. Norma Cortes Gouveia de Melo, o Prof. Dr. Marcos Antonio Silva, o Prof. Dr. Otávio Soares Dulci e o Prof. Dr. José Carlos Reis.

Para Dalva, Antonina e Nara Luiza. Para o Artur e a Nadma.

A Musa que recolheu tudo isso que os museus mais altos da filosofia e da arte rejeitaram, tudo isso que não tem como fundamento a verdade, tudo isso que não é senão contingente, mas que revela também outras leis, chama-se História.

Marcel Proust – *A fugitiva*

Sumário

Prefácio: Pensar sobre o patrimônio popular
Marcos Silva.. 13

Apresentação.. 17

Sílvio Romero e as razões do pessimismo.. 31

Euclides da Cunha: modernidade e sertão...................................... 71

Câmara Cascudo e o elogio da tradição... 113

Gilberto Freyre e as razões do otimismo.. 161

Conclusão... 205

Referências... 209

PREFÁCIO:
PENSAR SOBRE O PATRIMÔNIO POPULAR

Marcos Silva[1]

Este livro de Ricardo Luiz de Souza é um ensaio sobre estudiosos da Cultura Popular no Brasil. Ricardo discute cada um dos autores anunciados em seu título – Sílvio Romero, Euclides da Cunha, Gilberto Freyre e Câmara Cascudo – e estabelece vínculos entre aqueles percursos, bem como com questões gerais da História. Ele retoma a discussão sobre Modernidade e Identidade Nacional, amplia a periodização do moderno entre nós, ao incorporar Romero e Cunha ao tema, e permite avaliar articulações entre os argumentos de mudança social e tradição, de meados do século XIX até à segunda metade do século XX.

A identidade nacional sofreu descarte por alguns setores historiográficos brasileiros desde os anos 70 do século XX. Ela foi identificada apenas a lixo ideológico, o que resultou em exercícios de Presentismo (crítica às apropriações do nacionalismo pela ditadura), como se todo conceito devesse atender só às exigências teóricas e políticas contemporâneas ao analista. Hoje, sob a avalanche da globalização, a retomada crítica do tema pode reservar outros ângulos de análise, sem a obrigação de se aderir a seus termos. E Ricardo é perspicaz ao problematizar identidade nacional, apontando sua presença em relações de poder, interação com outras nações, construção como discurso, dinâmica, heterogeneidade.

O debate sobre o moderno, no Brasil, tem sido confundido, freqüentemente, com a questão do Modernismo, movimento artístico e intelectual de um grupo específico (mais paulista, com alguns nomes mineiros e cariocas), num tempo curto – anos 20 do século passado. Alfredo Bosi, na *História concisa da Literatura brasileira*, salientou a necessidade de se pensar sobre a distinção entre Modernismo e Modernidade, usando o exemplo de Graciliano Ramos – sem vínculos com o primeiro, mas muito importante para a outra; Mônica

---

[1] Professor livre-docente na FFLCH/USP, com pós-doutorado na Université de Paris III. Publicou, entre outros livros, *Prazer e poder do amigo da onça* (Paz e Terra) e organizou o *Dicionário crítico Câmara Cascudo* (Perspectiva).

Pimenta Velloso, no livro *Modernismo no Rio de Janeiro: Turunas e Quixotes*, fez uma discussão paralela a essa, ao abordar literatos e caricaturistas cariocas do início do século XX, mais habitualmente associados ao Parnasianismo, quando muito ao Simbolismo (BOSI, 1970; Velloso, 1996). Ricardo Souza aborda pensadores brasileiros de diferentes gerações nesse universo, e demonstra muito satisfatoriamente a pertinência de seu passo.

O tema da "Modernização" (segundo o *Novo Dicionário Aurélio*, de Aurélio Buarque de Hollanda, "ato ou efeito de modernizar") tende a equivaler, no livro, a "Modernidade" (para o mesmo autor, "qualidade do moderno"), e incluir "Cultura Popular", pela importância desse problema em suas páginas.

A modernidade plástica européia, no início do século XX (com um prelúdio em Paul Gaughin, no final do século anterior), valorizou padrões estéticos diferentes das tradições próprias ao Velho Continente. O Museu de Arte Moderna de Paris abriga coleção de máscaras e esculturas da África e da Oceania, antes pertencentes a vários artistas que atuaram naquela cidade no período, e a reflexão sobre suas concepções visuais se faz presente não apenas no Cubismo. No Brasil, o prestígio de Artes e Cultura européias assumiu aquela tendência, de uma maneira muito peculiar: o extra-europeu era aqui! Daí, os vínculos entre moderno e tradições de etnias africanas e americanas se mesclarem, entre nossos artistas e intelectuais, com as reflexões sobre identidade nacional.

Embora o livro seja equilibrado na atenção que dispensa a cada autor; a pequena diferença a mais dedicada a Câmara Cascudo se explica pelo interesse que lhe dedica Souza e pelo menor debate historiográfico sobre o polígrafo potiguar, que tem sido pesquisado principalmente nos campos de Estudos Literários e Etnografia.

Ricardo cita o artigo "Notas sobre as Ciências Sociais no Brasil", de Renato Ortiz, para realçar a anterioridade, no Brasil, dos estudos sobre folclore em relação às regras de método da Universidade (ORTIZ, 1990). Câmara Cascudo, todavia, teve formação universitária (estudou Medicina, em Salvador e Rio de Janeiro, e Direito, em Recife) e foi professor fundador da Universidade Federal do Rio Grande do Norte. Sílvio Romero, Euclides da Cunha e Gilberto Freyre, em diferentes instituições, também tiveram formação de nível superior (os estudos militares do autor de *Os sertões* lhe valeram um diploma de Engenharia). Existe uma universidade brasileira mais sintonizada com a produção acadêmica européia e norte-americana a partir dos anos 30 e 40 do século XX, onde aqueles homens não estudaram – os dois primeiros porque já estavam mortos, Câmara Cascudo e Gilberto Freyre porque já eram formados (o último na Universidade Columbia, em New York; o primeiro na prestigiada Academia de Direito de Recife). Vale a pena pensar nas múltiplas faces da universidade até então existente no Brasil, que incluíam um caráter "antecipado" em Direito, Medicina e Engenharia, particularmente. Nessas áreas, os estudantes tinham formações panorâmicas, que até abrangiam interdisciplinaridade e prática de pesquisa.

Reforçando esse desencontro entre estudos folclóricos e pesquisa sociológica acadêmica, Ricardo lembra uma observação de Florestan Fernandes, no livro *A condição de sociólogo*: "Se nós dependêssemos da dinâmica dos grupos de *folk*, nós nunca teríamos revoluções socialistas" (FERNANDES, 1978). Recordada no século XXI, a reflexão de Florestan assume um significado patético: com ou sem grupos de *folk*, até hoje não tivemos revoluções socialistas!

Souza enfatiza aquela oposição, confrontando a "consolidação dos estudos acadêmicos e da academia como espaço por definição da atividade intelectual" com um "caráter ensaístico da obra de Cascudo", o que poderia ser aplicado aos demais autores comentados. Sem uma avaliação dos trajetos efetivos desses dois estilos (o ensaísmo não é monopólio do autor potiguar), corre-se o risco de apenas torcer por um ou pelo outro. A releitura atual de Câmara Cascudo e dos outros pensadores abordados no livro por importantes nomes da pesquisa acadêmica evidencia qualidades eruditas que não cabem numa rejeição *in limine*. E é tempo de, resguardada a extrema importância da universidade, entender a multiplicidade de espaços da atividade intelectual: museus, centros de pesquisa, Imprensa, editoras, etc.

Ricardo reitera, nas conclusões sobre os quatro autores que estudou, o peso de uma análise biográfico-sociológica. Evoca as "origens sociais" daqueles pensadores, salientando, em Câmara Cascudo e Gilberto Freyre, ser "descendentes de elites rurais provincianas em pleno processo de decadência e perda de poder a nível político e econômico". Sílvio Romero foi identificado a uma "classe média nordestina empobrecida" e Euclides da Cunha associado à "pequena burguesia urbana".

Essa interpretação tem o mérito de permitir entender articulações sociais das obras desses homens, e o grande risco de explicar esse problema com generalizações. Afinal, a maioria dos "descendentes de elites rurais provincianas", da "classe média nordestina empobrecida" e da "pequena burguesia urbana" não escreveu o que Sílvio Romero, Euclides da Cunha, Câmara Cascudo e Gilberto Freyre produziram! Seus escritos têm vínculos *mediados* com aquelas bases sociais, pois se eles permanecessem apenas como expressões dessas origens, seriam banais ideólogos das respectivas frações de classe. Quais mistérios fazem com que os quatro ainda nos desafiem e até seduzam, mesmo quando irritam com argumentos racistas (Sílvio Romero e Euclides da Cunha) ou com a ênfase exclusiva na harmonia social e o fascínio pelas elites (Câmara Cascudo e Gilberto Freyre)?

O historiador marxista Nelson Werneck Sodré, em *A ideologia do colonialismo*, respondeu a essa questão com a denúncia de racismo e dependência em relação a certos padrões culturais e políticos das potências mundialmente dominantes, sem comentar Câmara Cascudo (WERNECK SODRÉ, 1965). A resposta de Werneck Sodré ainda é insuficiente. Qualquer autor é mais do que seus projetos ideológicos conscientes, e isso evidencia que seus textos são dotados de tensões internas, de perspectivas até indesejadas. E também isso faz o livro de Ricardo Souza mais instigante, ao convidar o leitor atual a uma retomada daqueles pensadores, procurando entender suas múltiplas articulações com a historicidade brasileira.

Ao mesmo tempo, esse leitor não se exime de responder sobre quais são as culturas populares, as identidades nacionais e as modernidades de seu interesse, hoje. O modelo mais habitual de Brasil, nos debates abordados por Ricardo Souza, remete para o padrão formador ibérico/africano/indígena, acrescido da imigração européia (a asiática não mereceu maior atenção). Neste começo de século XXI, a identidade nacional, sempre em tensa elaboração, engloba imigração de hispano-americanos, coreanos, chineses, russos e croatas, entre tantos outros, mais emigração de brasileiros – inclusive, dos descendentes de imigrantes... A população urbana é largamente majoritária no país. O tema da pós-modernidade se tornou corriqueiro. Como discutir aquelas questões agora?

A resposta não está dada em nenhum autor. Ela é tarefa de cada um de nós. E não tem cabimento cobrar de Sílvio Romero, Euclides da Cunha, Câmara Cascudo nem Gilberto Freyre tarefas que são nossas.

O livro de Ricardo Souza, certamente, contribui para aprofundar a solução dessas tarefas.

INTRODUÇÃO

Não basta ver a coisa, importa como vê-la.
Montaigne – *Ensaios*

I

A definição de uma identidade nacional, sua existência ou não, foi um debate crucial na cultura brasileira e encontra-se presente na obra dos mais diferentes autores. Ao mesmo tempo, a relação entre tradição e modernidade constituiu-se, igualmente, em tema central no debate sobre a formação, desenvolvimento e futuro da nacionalidade, envolvendo uma série de questões, quais sejam:

1- Quais os caminhos a serem percorridos ou evitados no processo de modernização?
2- Quais benefícios e perdas tal processo acarretaria?
3- Como conciliá-lo com os valores tradicionais ou, ainda, tal conciliação é possível ou mesmo desejável?
4- Quais seriam os agentes envolvidos no processo, e quais, dentre eles, deveriam ser encarregados de conduzi-lo?

Para a adequada compreensão da presente temática torna-se indispensável, contudo, uma breve e introdutória discussão conceitual.

Max Weber define o que chama de "espírito do povo" como um conceito de caráter metafísico; não como o resultado de influências culturais, mas como uma presumível fonte de fenômenos culturais que, definida de forma abstrata, não é passível de análise científica (WEBER, 1992, v. I, p. 8). Cria-se, com isso, uma explicação causal absolutizante; e uma explicação causal não deve pretender-se absoluta, deve, apenas, buscar um ponto a partir do qual não deve "haver maior necessidade de se querer saber mais" (WEBER, 1992, v. I, p. 48).

Já Maurice Halbwachs (1990, p. 49) recupera a idéia de identidade rejeitada por Weber ao trabalhar com o conceito de memória coletiva. O autor propõe um paradoxo: a lembrança que nos é mais pessoal e mais estranha ao grupo social ao qual pertencemos é a menos acessível, a de mais difícil percepção; o que nos é mais pessoal nos é mais estranho e o que nos é pessoal é por ele definido como um ponto de vista sobre a memória coletiva. Temos, assim, uma distinção entre memória autobiográfica e memória histórica, com a primeira apoiando-se na segunda e a segunda sendo mais ampla e geral que a primeira.

Dessa forma, é no grupo social que o tempo se estabiliza, se torna sociável e transmissível, e o que seriam imagens passageiras e particulares ganham permanência (1990, p. 123). Assim, o que consideramos nosso íntimo e nossa individualidade é, também, um produto social e, dessa forma, todo "eu" pressupõe um "nós". Encontramos, no conceito de memória coletiva proposto por Halbwachs, o reconhecimento da existência de uma identidade nacional que remete, por exemplo, a Norbert Elias (1990, v. II, p. 224), para quem tal identidade é subjacente aos povos e moldada por regularidades humanas e sociais.

As identidades nacionais são ritualizadas; necessitam de liturgias que as representem em forma de bandeiras, hinos, homenagens ao passado. Ligam-se a valores compartilhados e vinculam-se a pais fundadores que as encarnam como símbolos de um passado a ser reverenciado. Construir tais identidades equivale a construir uma imagem da nação na qual esta se reflita de forma consensual, com a negação de tal consenso passando a ser vista como uma traição ou, no mínimo, como um desrespeito às tradições, às liturgias, aos pais fundadores, aos valores: aos símbolos identitários, enfim.

Por outro lado, se a identidade nacional toma a tradição como fundamento, toda tradição é uma escolha feita com base em um repertório histórico. Determinados acontecimentos, locais e personalidades são selecionados e transfigurados de forma a se enquadrar em um corpo de tradições que recolhe o passado e o guarda, mas não de forma aleatória, nem inocente, nem totalizante.

A tradição é corporificada em símbolos que a representem, e a agressão a tais símbolos é vista como uma agressão à tradição e aos valores que ela incorpora. Segundo Hobsbawm (1984, p. 12), "os objetos e práticas só são liberados para uma plena utilização simbólica e ritual quando se libertam do uso prático". Dessa forma, bandeiras, hinos, construções, datas, personalidades históricas são como que retiradas da esfera mundana e ganham um novo significado ao funcionarem como um espelho no qual a sociedade reflete seus ideais: sua imagem ideal.

A destruição de um símbolo coletivo é visto, retrospectivamente, como a destruição de uma ordem social por ele simbolizada e saudada como o nascimento de uma nova era (a queda da Bastilha, por exemplo) ou lamentada por toda uma comunidade como o símbolo de sua dissolução. Se o desaparecimento de um símbolo não produz reação alguma, é sinal inequívoco de que tal tradição já está morta. Relatos históricos também fazem parte desse processo de idealização, passando a importar não o que de fato ocorreu, mas a forma como o passado justifica a imagem que a sociedade tem de si própria e de seus governantes ou aquela construída pelos governantes de acordo com os modelos que consideram ideais.

A modernidade também gera e nasce de uma tradição, formando um sistema que deriva da inovação e da pluralidade, podendo criar, por outro lado, um processo de centralização ideológica e de, ao mesmo tempo, integração de diferenças periféricas e busca da uniformidade efetuada pela perseguição a diferenças eleitas como tal. E o tempo perde seu valor intrínseco sob a modernidade, torna-se necessariamente incompleto e, com ele, toda a existência. Enquanto a tradição fundamenta o tempo e o justifica, a modernidade é, por definição, acumulativa e provisória; a morte é um acidente de percurso a interromper uma trajetória por definição inacabada, e nunca o fim de uma experiência significativa em si. A morte passa a ser apenas um acontecimento indesejado, desprovido de significado e a ser escamoteado, o que lhe retira a dignidade passada e, segundo Áries (1982, v. II, p. 643), "a questão essencial é a dignidade da morte. Essa dignidade, em primeiro lugar, que a morte seja reconhecida não apenas como um estado real, mas como um acontecimento essencial, que não se permite escamotear".

E não é apenas o tempo que se fragmenta e serializa sob o impacto da modernidade; também o espaço se desterritorializa e seus marcos simbólicos correm risco permanente. Lugares aonde nunca iremos tornam-se presentes em nosso cotidiano, enquanto identidades ligadas a vivências localizadas desaparecem ou passam a valer por seu valor de mercado: por sua capacidade de atrair turistas. Com isso, toda tradição torna-se, necessariamente, um simulacro.

Não é o caso, porém, de falarmos em decadência. A modernidade não veio impor-se perante um mundo antigo e substituí-lo, embora tenha colocado em xeque a permanência das tradições, minando-as em seus fundamentos. Onde, talvez, se pudesse falar em decadência, é mais pertinente falarmos em um processo de longa duração no qual o próprio conceito de decadência deve ser visto com suspeita por seus compromissos ideológicos – já foi mesmo desacreditado a por eles – e no qual a modernidade cria suas próprias tradições e nelas se fundamenta. Onde, enfim, perde sentido a noção usual de tradição vista como permanência do passado cristalizado em usos, modos, objetos e lugares normalmente oriundos de uma época pré-industrial.

Como definir, então, o que é modernidade? O que a define é seu caráter aberto e vinculado a uma permanente transformação. A modernidade é o que será e a ultrapassagem do que já foi, em um processo caracterizado por uma permanente insegurança marcada pelo abandono do passado, mas, também, pelo fato de tal abandono nunca se completar, com a tradição entranhando-se na modernidade, em um processo de hibridismo do qual Garcia Canclini (1997, p. 18) acentua o significado: "A incerteza em relação ao sentido e ao valor da modernidade deriva não apenas do que separa nações, etnias e classes, mas também dos cruzamentos socioculturais em que o tradicional e o moderno se misturam".

Ela é pautada, ao mesmo tempo, pela busca de um porto seguro nesse processo de permanente transformação que abole a autoridade do passado e tem, na Revolução Francesa, seu episódio histórico paradigmático. Tal porto seguro, contudo, por estar sempre no final de uma busca de fundo milenarista, é uma miragem que a modernidade – ancorada no conceito de progresso – define como inatingível. Modernidade e eternidade são excludentes: o presente é necessariamente obsoleto por ser, sempre, uma antecipação do futuro que o redimirá.

Se o futuro é uma promessa inalcançável e o presente sofre de obsolescência precoce busca-se, às vezes, uma alternativa no retorno ao passado, que surge como um paraíso perdido com o qual se viabiliza um futuro utópico (mas toda utopia é estática e situa-se, portanto, fora da história), ou então se busca uma reconfiguração do passado de forma a transformá-lo, ao mesmo tempo, em um ponto de partida e em uma justificativa para a construção de um presente e de um futuro considerados desejáveis por quem se apossa, assim, das tradições históricas. O problema de eventuais retornos a ele é que o passado muda com as diretrizes do presente e tais diretrizes traduzem o passado e o redefinem ao invés de recriá-lo.

Temos, assim, um apelo ao passado que não é feito apenas por conservadores e é, muitas vezes, elaborado em apoio a mudanças mais ou menos radicais. Pode fundamentar, também, utopias reacionárias nas quais o retorno ao passado busca não solucionar os problemas contemporâneos, mas negar o presente em sua totalidade.

Tentativas de retorno ao passado não são, portanto, monopólio de aristocratas frustrados; movimentos camponeses como o zapatista, nos anos 1910, no México, podem ansiar por um retorno a uma época vista como de maior igualdade social ou os seguidores de Antônio Conselheiro podem ansiar pelo fim da República e pelo retorno do Imperador e serem aniquilados por isso. Nesses casos, a tradição surge como um instrumento de protesto contra mudanças e condições sociais que são vistas como resultantes de um tempo mau a ser suprimido, podendo, em alguns casos, funcionar como instrumento revolucionário. Mas por serem orientados para um passado cuja restauração é, afinal, inviável, já que mudança histórica alguma é ocasional, tais movimentos estão como que fadados ao fracasso (caso de Canudos) ou a serem absorvidos por movimentos revolucionários capazes de corresponder de forma mais ampla aos anseios de mudança de seus participantes (caso dos zapatistas).

Se o retorno ao passado visa abolir o presente, transformando o passado em utopia a ser resgatada, o milenarismo atua pelo mesmo objetivo. Novamente, o presente não deve ser transformado, mas abolido, porém, agora, o alvo é o futuro, a ser atingido em um movimento absoluto que visa anular o próprio tempo. O futuro já não nasce das condições do presente, e quase não há mais continuidade entre um e outro. O futuro é uma promessa cuja realização integral implica uma ruptura também integral e sem compromissos. Em um caso, o retorno à tradição anula a modernidade; no outro, a modernidade a ser realizada sem vínculos com o presente o eclipsa. Ambos os projetos, por ambos os motivos, fogem à história e buscam realizar-se em um tempo alheio a ela.

Mantém-se muitas vezes, por outro lado, uma postura tradicionalista mesmo em sociedades plenamente modernas, com idéias, concepções, ritos e costumes permanecendo relativamente inalterados e definindo uma esfera de continuidade que é, afinal, indispensável à própria estruturação social. O advento da modernidade não é um vendaval capaz de levar tudo com ele, o que torna duvidosa qualquer tentativa de datarmos com exatidão seu início. Buscando, assim, sintetizar sumariamente a controvérsia a respeito, Smart (1992, p. 144-148) lembra que esta tentativa inclui recuos ao fim do Império Romano e ao pensamento de Sto. Agostinho como marcos iniciais, passa pelos séculos XVI e XVII e concentra-se majoritariamente no século XVIII e na tradição cultural associada ao Iluminismo.

De fato, uma esperança de ruptura radical com o passado concretizou-se nesse século: surgiu, ali, a esperança de uma mudança inteiramente desvinculada da escatologia cristã (embora ela tenha gerado uma escatologia revolucionária, ou seja, uma nova forma de milenarismo), que permitiu, pela primeira vez, o surgimento de mudanças que negavam qualquer vínculo com o passado, embora nele criassem raízes. O radicalismo dessas mudanças, o descompromisso com qualquer motivação religiosa (Sire, não necessito de tal hipótese, respondeu Laplace a Napoleão, quando este indagou a respeito do lugar de Deus na nova cosmologia da qual ele era representante) e a capacidade de tais idéias serem adotadas por segmentos da sociedade mais vastos que a tradicional camada de letrados e visionários foi a promessa desse século.

Cria-se, então, um processo de crítica permanente às tradições e um acelerado processo de renovação cultural que coloca a existência e os valores que a fundamentam cada vez mais sob o signo do efêmero, do inseguro, do provisório. O novo é ao mesmo tempo reverenciado e temido, o passado torna-se algo a ser igualmente superado como a antítese do novo e reverenciado como a segurança que ficou para trás, o que gera uma nostalgia permanentemente renovada: um cansaço de ser moderno e uma vontade de ser eterno, diria Drummond.

Dentro desse processo, contudo, é evidentemente insustentável a criação de uma dicotomia tradição/modernidade que coloque a existência de normas e padrões estáveis de convivência em um pólo e a reflexão e a mudança em outro. Ambos os pólos da dicotomia interagem de tal forma que as tradições estão em permanente transformação sob o impacto da modernidade, e esta atua com base nas normas e tradições que a determinam. Mas tendem a ser classificados dicotomicamente em escalas valorativas nas quais, dependendo da perspectiva de quem as constrói, modernidade e tradição assumem a feição do mal a ser combatido e do bem a ser preservado ou da mudança a ser consolidada e do atraso a ser aniquilado.

Tradição é algo a ser transmitido e preservado em uma rede de obrigações na qual aquele que recebe cria um vínculo com o doador que visa determinar suas ações, mas tal transmissão não é necessariamente pacífica, nem implica em atitude meramente passiva do ator social sob o qual a tradição exerce seu peso. O processo de transmissão implica aceitação e assimilação, mas pode provocar, também, contestação e conflito, dando-se em um contexto necessariamente reflexivo que determina transformações nos padrões tradicionais que podem não apenas agir de forma externa e periférica, mas determinar mudanças que atuam no núcleo mesmo dessas tradições, alterando todo seu sentido.

É importante acentuarmos como a relação entre a tradição e a mudança social vai bem além de uma simples dicotomia (tradição como mera continuidade e modernidade como mera ruptura), podendo a própria tradição servir como baliza para a resistência à dominação ou mesmo para um processo de ruptura radical. É fundamental, portanto, levarmos em conta que todo processo de transformação histórica enraíza-se nas tradições em relação às quais ele busca definir-se como antítese.

Tradições não podem, ainda, ser automaticamente associadas ao domínio das elites ou vistas como formas de ritualização desse domínio. Movimentos operários criaram, historicamente, tradições formuladas através de rituais específicos, tais como cerimônias de iniciação, formalidades de reunião, cumprimento e procedimento. Esses rituais organizavam as manifestações de protesto, além de toda uma simbologia expressa em ocasiões determinadas e ritualmente consagradas. Dessa forma, demonstrações políticas de massa e festividades sindicais estão tradicionalmente ligadas, como lembra Hobsbawm (1987, p. 107), a "bandas, bandeiras, marchas e cerimoniais, discursos e confraternização popular".

Destacam-se dentre tais símbolos e rituais, como exemplos de maior evidência, a bandeira vermelha oriunda das barricadas parisienses de 1848 e o Primeiro de Maio que de data exclusivamente operária e a primeira aceita como tal, terminou gerando uma tradição disputada no nível político, apropriada por diversos regimes (Hitler e os bolcheviques a celebraram) e valorizada a mundialmente. Toda uma tradição histórica e miticamente ligada à transformação social, portanto, pode constituir-se, também, como um processo de socialização baseado na necessidade de ocupar o lugar deixado vago por velhas estruturas sociais.

A construção, pela modernidade, de um indivíduo capaz de determinar racionalmente suas escolhas implica a existência de um mundo de escolhas ilimitadas e independentes de qualquer referência, o que torna indispensável a manutenção de procedimentos tradicionais passíveis de normatizar e legitimar o comportamento individual. O que tende a mudar, portanto, é a forma como as tradições são transmitidas, com rituais locais de transmissão de padrões de referência sendo globalmente orientados por veículos de mídia que tendem a determinar e solapar determinantes e variáveis locais que, por seu lado, buscam permanecer, mesmo que transformadas e adaptadas. Novas tradições surgem e outras permanecem, contudo, neste contexto onde tudo, aparentemente, é inovação.

Entre tradição e modernidade, portanto, estabelece-se uma continuidade que é fundamental termos em mente para obtermos uma compreensão adequada do processo de desenvolvimento histórico, sem, no entanto, perdermos de vista a idéia de progresso. Vista com reservas em um século no qual ela foi muitas vezes associada e serviu de chancela a atrocidades, tal idéia ainda é válida inclusive em termos morais e intelectuais.

A tradição atua, finalmente, como elemento estruturante na formação de identidades, tanto individuais quanto coletivas. Identidades individuais são definidas por um conjunto de tradições que atuam de forma normativa, impondo restrições e padrões de orientação para o indivíduo, padrões com base nos quais e em confronto com os quais ele define uma identidade que seja socialmente válida e por meio da qual ele possa interagir com os membros de sua sociedade. No nível coletivo, atua definindo padrões de comportamento e compreensão do mundo compartilhados por determinada sociedade e aceitos exatamente por serem tradicionais; ou seja, herdeiros de um passado que é comum, de uma maneira ou de outra, a todos os membros da sociedade. É assumindo como específico, portanto, determinado corpo de tradições, que uma sociedade qualquer busca definir e tornar específica sua própria identidade: busca criar uma identidade nacional.

Tais identidades pressupõem a existência de nações e de vínculos nacionais – vínculos de representação, de interesses, de lealdades –, vistos pelo marxismo ora como instrumentos de opressão, ora como anacronismos a serem superados pelo próprio desenvolvimento do capitalismo – em um tópico em que marxistas e arautos da globalização têm bastante em comum. Resta, contudo, a questão: porque, afinal, o nacionalismo continua tão presente e as identidades nacionais permanecem um assunto tão candente? Talvez porque os povos busquem construir identidades que aparentem a estabilidade que o capitalismo lhes nega, na tentativa de obter um mínimo de segurança em um mundo em crescente e global mutação.

E o que é povo, já que utilizei a expressão? Seu conceito sinaliza a existência de um substrato comum, entre os membros de determinadas populações, que tende a ganhar forma simbólica e discursiva com base na representação de identidades nacionais prenhes de significados comuns. Tal substrato gera, finalmente, uma opacidade entre subculturas nacionais e a formulação de estereótipos nos quais se busca enquadrar os caracteres nacionais alheios pelos quais as identidades compartilhadas ganham em nitidez, consistência e aderência.

As identidades tendem a ser construídas, dessa forma, em oposição às demais identidades: se eles são assim, isso significa que nós somos diferentes e, portanto, portadores de uma identidade específica. E mapear as alteridades significa mapear as identidades em seu nascedouro. Ali onde surge, entre as diferentes nações, a consciência de serem outras entre as demais, de serem específicas, e das demais nações serem povoadas por gente diferente; o surgimento das identidades nacionais, enfim, já que é com base no confronto com alteridades que identidades são construídas.

Identidades distintas pressupõem – reclamam, mesmo – um Estado independente que as representem, as defendam e exprima politicamente a homogeneidade da população nacional. O Estado tende, porém, a buscar uma representação homogênea, a desconsiderar – e muitas vezes a reprimir – representações discordantes em relação à homogeneidade pretendida, evoluindo, em sua feição totalitária, para uma pretensão de superioridade sobre toda e qualquer diferença representada por povos considerados inferiores porque diferentes. A partir daí, valores identitários referentes a diferenças culturais tornam-se instrumentos de legitimação da expansão estatal, o que coloca, por outro lado, a questão: até que ponto tal expansão pode ser justificada em termos de diferenças identitárias? Nesse contexto, identidades nacionais podem ser utilizadas como instrumentos de legitimação do domínio estatal, mas elas são, nesse sentido, ambíguas, na medida em que grupos ou movimentos revolucionários podem, também, utilizá-las para a concretização de seus objetivos, muitas vezes buscando consolidar ou restaurar sua pureza contra as elites antinacionais ou contra a burguesia acusada de artificialismo.

Ao pensarmos o conceito de identidade nacional, portanto, e concluindo, é necessário problematizá-lo com base nas seguintes perspectivas:

1- identidade alguma se reflete de forma mecânica e integral nos indivíduos discursivamente representados por ela, embora geralmente assim se pretenda;

2- identidades nascem de uma relação de poder na qual setores dominantes da população buscam construir uma imagem de si e uma representação histórica compatível com seus interesses;

3- inexistem alteridades absolutas e homogêneas representadas por cada identidade. Nações diferentes moldam suas identidades em interação e não em isolamento;

4- a construção de identidades tende a obliterar heterogeneidades e conflitos que a perpassam e devem ser levadas em conta para entendermos o processo;

5- identidade alguma é estática, embora, muitas vezes, assim se pretenda. Todas elas são permanentemente reformuladas no devenir dos processos históricos dos quais fazem parte;

6- identidades são construções discursivas, ou seja, nascem de uma imagem construída, não-verificável e não empiricamente demonstrável. É como discurso, portanto, que devem ser estudadas, o que não significa que seja um discurso intrinsecamente falso.

II

Minha hipótese central é: os debates sobre a formação e/ou existência de uma identidade nacional e sobre a relação entre tradição e modernidade não podem ser compreendidos de forma isolada. Sequer a expressão "brasileiro" era utilizada no período colonial, com os "brasileiros" chamando e sendo chamados pela sua região de origem ou pelo status derivado de seu nascimento: havia baianos, mineiros, paulistas, mazombos, mamelucos. Mas ainda não havia brasileiros tais como os conhecemos hoje; a criação ou descoberta da condição de brasileiros por parte desses diferentes colonos foi um processo longo, uma metamorfose que se situa, segundo Novais (1997, p. 23), no cerne da identidade nacional. Se fôssemos remontar à origem do debate sobre a identidade nacional, portanto, seria necessário buscarmos sua gênese no período colonial. Como a intenção não é essa, o parâmetro a ser adotado será a relação entre modernidade e identidade nacional.

Pensar o processo de modernização significou pensar como a identidade nacional ajustar-se-ia a ele, se o travaria de forma mais ou menos irremediável ou se desapareceria, enfim, na construção de um Brasil moderno. A modernidade sendo identificada, geralmente, com a adoção do capitalismo, entendido, aqui, não apenas como um sistema econômico de produção, mas também como um *modus vivendi*. Trata-se, por outro lado, de uma questão política, que foi pensada, em linhas gerais, dentro de certos parâmetros, quais sejam:

1- Quais setores da sociedade devem exercer o poder e controlar, portanto, a transição para a modernidade?

2- Como criar mecanismos de inclusão que permitam à população participar das benesses do processo sem colocar em questão, porém, os mecanismos mesmo de dominação?

3- Como manter uma certa brasilidade no contexto deste processo, com o conceito de brasilidade sendo definido de forma notavelmente diversificada.

O domínio a ser exercido por determinadas elites não é colocado em questão por nenhum dos autores a serem aqui trabalhados. O que os diferencia é a descrição das elites com as quais eles se identificam. A necessidade de criação de mecanismos de inclusão também é consensual – e definida como vital, no caso de Euclides da Cunha –, diferenciando-se, contudo, as propostas de criação, bem como o *timing* a ser adotado. A manutenção de uma certa brasilidade também é sempre defendida, com cada um, porém, definindo e problematizando uma certa brasilidade a ser pensada, sempre, de forma problemática no contexto da modernização. Essas foram questões vitais no percurso intelectual da inteligência brasileira ao longo do século XX e apresentam-se como prementes e irresolvidas ainda nos dias de hoje, embora não se trate, talvez, de resolvê-las, mas de pensar processos que permitam o aprofundamento da democratização política, econômica e social da Nação; esta, sim, a questão a ser pensada no Brasil contemporâneo.

São, de qualquer forma, questões indissociáveis e apresentam-se como tais nos textos dos autores a serem estudados nas páginas seguintes: Sílvio Romero, Euclides da Cunha, Câmara Cascudo e Gilberto Freyre. E estudando-os, não farei, como estratégia de leitura, um recorte que privilegie determinadas obras a serem tomadas como representativas do pensamento de cada autor. Estudarei, pelo contrário, a obra de cada um de forma ampla, buscando definir sua linha evolutiva, as coerências e incoerências nelas presentes.

Os autores serão estudados em capítulos separados nos quais demonstrarei a relevância de os ter escolhido e estudarei a articulação dos conceitos no contexto de suas obras. O presente texto não é, contudo, uma coletânea de estudos sobre autores isolados, estabelecendo, entre eles, um diálogo travado em torno dos conceitos a serem postos em relevo e cuja articulação constitui a tese a ser demonstrada e que pode ser pensada, inicialmente, com base nas seguintes perguntas:

1- Como se deu o processo de formação da nacionalidade brasileira e qual foi a formação racial do brasileiro?
2- Até que ponto é possível falarmos na existência de uma identidade nacional?
3- Quais são os caminhos para a modernidade e como alcançá-la?
4- Como se deu, tem se dado, deve se dar a relação entre tradição e modernidade?

Em relação a essas questões, algumas considerações preliminares tornam-se necessárias. É possível, a meu ver, falarmos em identidade nacional se não a hipostasiarmos como uma entidade a-histórica e desvinculada do processo de transformações sociais que a condicionam, mas se a entendermos apenas como certa especificidade que a define e a torna original no contexto de certa nacionalidade, conferindo ao Brasil, enquanto entidade histórico-social, por exemplo, uma vivência única no contexto das nações.

Os caminhos para a modernidade adotados e percorridos pelo Brasil geraram uma nação estruturalmente injusta e excludente. Isso não se deu, porém, porque o Brasil é assim e o brasileiro é diferente, se pensarmos tais diferenças como elementos irredutíveis e como um jeito de ser que condena o País ao fracasso ou que o transforma na Grande Promessa Ocidental. É preciso pensar a diferença como um processo específico de construção da nacionalidade e conectá-lo à tarefa urgente de construção de uma democracia a ser pensada de forma radical e nos mais diversos níveis. Essa é a tarefa.

E permanece, finalmente, a questão: Porque esses autores e não outros? A escolha de determinados autores implica critérios que o leitor tem o direito de conhecer.

Tomo Sílvio Romero como ponto de partida por ter sido ele o primeiro autor a expor de forma sistemática os temas que seriam desenvolvidos pelos demais autores a serem abordados aqui e que constituem o eixo temático do presente texto. A formação da nacionalidade brasileira deu-se, segundo ele, por um processo de miscigenação – sociocultural, e não apenas racial –, que deveria ser completado pelo branqueamento, mas ele é pessimista quanto às suas premissas e quanto à sua conclusão, exatamente devido ao fato de a miscigenação negar os pressupostos de hierarquia racial que fundamentam seu pensamento. Sua obra é, então, uma demonstração das razões de seu pessimismo. A identidade nacional é problematizada tendo como base suas origens e torna-se incompatível com a modernidade por cuja chegada, entretanto, ele anseia. Por outro lado, seu assumido provincianismo pode ser lido como uma apologia de tradições por ele identificadas com a cultura popular.

Euclides da Cunha adota os mesmos pressupostos racialistas de Romero mas, ao mesmo tempo, busca subvertê-los. Eles dizem respeito à miscigenação entre o branco e o negro, mas este não penetrou o sertão. Ali, predomina o sertanejo, descendente do branco e do indígena e, valorizando-o, ele busca resgatar e valorizar também a formação nacional. Mas o sertanejo é, ao mesmo tempo, um representante da identidade nacional, um símbolo do atraso a ser superado e alguém a ser introduzido na modernidade por elites muito pouco interessadas em cumprir seu papel. Euclides dialoga com Romero, mas não resolve suas contradições; aprofunda-as.

Faz isso ao retomar a diferenciação feita por Romero entre o Brasil das elites, urbano, e o Brasil real, simbolizado, no seu caso, pelo sertão, e ao transformá-la em um paradigma da cultura brasileira, além de se ver às voltas com o mesmo debate sobre a questão racial e a formação da nacionalidade, que ocupa lugar central na obra de Romero. E é, assim como este, um nostálgico da tradição preocupado em cimentar o caminho para a modernidade, embora ressaltar as linhas de continuidade entre ambos os autores não implique, evidentemente, na negação da originalidade profunda e admirável da obra euclideana, que transformou os tormentos e obsessões do autor em tormentos e obsessões da cultura brasileira.

Já em Câmara Cascudo, a tradição não é problematizada; sua preocupação é apenas valorizá-la e resgatá-la. O universo que Cascudo estuda é feito de hábitos, crenças e gestos vivenciados no cotidiano e – sufocado pela modernidade – está desaparecendo. Cascudo registra sua existência, mas sua decadência também, e a crítica à modernidade e o lamento pelas tradições perdidas em Cascudo – como em Freyre – se dão aí: na vivência diária.

Em sua obra, o sertão deve ser tomado não apenas no sentido geográfico da palavra, simbolizando, também, um tempo anterior à modernidade, que ultrapassa qualquer espaço fisicamente determinado e bem é demarcado pelo autor como um tempo sertanejo que desaparece.

E há na obra de Cascudo, finalmente, um ponto em comum com a obra de Euclides da Cunha que faz com que ele seja incluído no percurso que tem, no autor de *Os sertões*, um paradigma: assim como Euclides, ele toma como objeto de estudo um universo que ele declara anacrônico já em seu tempo. Assim como Euclides, ele sinaliza o inevitável desaparecimento desse universo perante o avanço da modernidade e busca resgatá-lo em sua obra. Também assim como Euclides ele define esse universo como o cerne da identidade nacional. Mas, ao contrário de Euclides, em que tal definição é eminentemente contraditória, em Cascudo há, apenas, o lamento pela perda. O sertanejo, para Euclides, deveria ser resgatado pelas elites e inserido na civilização, mas, sendo ele o cerne da nacionalidade, ela não iria, nesse processo, ter sua essência comprometida? Cascudo escreve quando o encontro entre sertanejo e a modernidade já se deu, mas ele vira as costas à modernidade e dedica-se a estudar o universo pré-moderno, mesmo sabendo de sua inviabilidade.

Cascudo propõe, enfim, uma saída eminentemente conservadora. Trata-se não de buscar caminhos para a modernidade, mas de preservar tradições derivadas do processo de formação da nacionalidade; de estudá-las com a empatia e o desalento de quem as admira e de quem sabe que o futuro não pertence a elas. Cascudo não problematiza a identidade nacional; louva-a e reconhece sua incompatibilidade com o processo de modernização. Sua obra representa o elogio da tradição.

E Gilberto Freyre representa, finalmente, ao mesmo tempo a continuidade e a oposição em relação às idéias de Sílvio Romero e Euclides da Cunha. Encontramos nele as preocupações teóricas de ambos os autores, mas o que eles viram como problema, ou seja, a formação mestiça do brasileiro, Freyre vê como uma promessa: a maneira brasileira de ser diferente é a promessa de uma contribuição original ao mundo; original enquanto mestiça. Ao mesmo tempo, ele se mantém como o nostálgico de um tempo perdido em busca das chaves que permitam decifrá-lo e preservar seus valores.

Freyre expõe, ao longo de sua obra, as razões de seu otimismo, dialogando com Euclides e Romero e buscando soluções para as questões por eles apresentadas. O brasileiro é mestiço, sim, mas essa é sua solução e sua originalidade. A identidade nacional, baseada na harmonia e interação entre opostos que se fundem, encontra-se ameaçada pela modernidade, mas é a promessa brasileira para um futuro pós-moderno. O elogio da tradição estrutura sua obra como estrutura a obra de Cascudo, mas a incompatibilidade entre tradição e modernidade é negada por ele em nome da preservação da tradição em um futuro no qual ela se encontrará com a pós-modernidade. Sua obra, assim como a de Cascudo, pode ser definida, então, como uma tentativa de resposta para questões colocadas por Euclides e Romero.

Temos, portanto, um diálogo que, mesmo sem ser direto, implicou perspectivas a serem contrastadas, em contatos e distâncias, na busca de saídas e na solução de impasses comuns e que implicaram perguntas também comuns a todos: Qual o projeto de nação que se pretende construir? Como edificá-lo? Quais são os atores com os quais se pode contar? Seremos modernos um dia? É desejável sermos modernos? O que significa sermos modernos? É possível conciliarmos identidade nacional e modernidade? É desejável? É possível conciliarmos tradição e modernidade? E no final, especialmente em Freyre e Cascudo, surge, às vezes, a constatação: somos modernos, eis a questão. Os autores aqui estudados colocaram tais questões de forma exemplar, as perguntas e respostas que eles formularam tornaram-se clássicas na medida em que orientaram todo o debate sobre os temas a serem aqui estudados: por isso eles foram escolhidos, entre outros que igualmente orientaram este debate.

O período enfocado é consideravelmente longo: Sílvio Romero escreveu seus primeiros textos em 1880, enquanto Gilberto Freyre escreveu seus últimos livros por volta de 1980. Os autores são heterogêneos, trabalharam com temáticas diferenciadas por perspectivas distintas, mas foram reconhecidos, para o bem e para o mal, como os clássicos de seu tempo, com o debate por eles travado sobre identidade nacional, tradição e modernidade fornecendo os parâmetros que balizaram a cultura brasileira. E mesmo a necessidade de superá-los salienta o caráter fundamental de suas hipóteses. Fundamental: transformaram-se em fundamentos com base nos quais todo o debate seria construído.

A rigor, nenhum dos autores por mim estudados pretenderam-se historiadores, mas todos pretenderam-se cientistas. Ainda assim, a reflexão que eles produziram balizou a história da ciência histórica no Brasil, que precisou com eles dialogar para criar seu próprio campo reflexivo. Compreendê-los, então, é condição indispensável para entendermos a própria reflexão levada a cabo nesse campo.

E compreendê-los implica situá-los em um processo histórico mais amplo do qual o Brasil fez parte. Isso porque países situados na periferia do capitalismo sofrem o impacto de sua absorção pelo sistema: antigas tradições são postas em xeque pelo contato com culturas que se apresentam como dominantes, e a tentativa de explicar tal dominação tende a gerar questionamentos diversos: Por que eles foram bem-sucedidos e são os dominantes, e o que, em nosso passado, nos legou a condição de dominados?

O arsenal teórico mobilizado pelos intelectuais das nações periféricas tende a ser o fornecido pelas próprias nações dominantes, o que faz, também, com que eles saiam à procura de elementos existentes em suas próprias tradições que apresentem afinidade com os conceitos provenientes dos países centrais.

A busca de uma identidade específica também embasou a cultura brasileira e derivou da tentativa de construção de uma identidade às vezes distinta da herança colonial; outras vezes apresentou-se como sua depositária, mas significando, sempre, a elaboração de um projeto identitário a ser visto como específico de uma nação em formação.

No caso brasileiro, o ideal de modernização compartilhado por suas elites passava pela integração do País à cultura européia com base em padrões importados a serem impostos de forma mais ou menos orgânica à Nação. Mas tal projeto de integração foi de encontro a um obstáculo aparentemente intransponível: como integrar à cultura ocidental e a seus padrões de modernização uma nação cuja população vivia em posição relativamente marginal em relação às estruturas políticas, sociais e culturais dominantes?

Elaborou-se, a partir daí, uma longa reflexão sobre o processo de construção da identidade nacional e que se encontra no cerne de um processo cultural no qual se busca historiar o próprio sentido da formação nacional: um processo constantemente marcado pela contradição e pelo pessimismo, presentes de forma tão nítida nas obras de Sílvio Romero e Euclides da Cunha.

SÍLVIO ROMERO
E AS RAZÕES DO PESSIMISMO

Aqui importa-se tudo. Leis, idéias, filosofias, teorias, assuntos, estéticas, ciências, estilo, indústrias, modas, maneiras, pilhérias, tudo nos vem em caixotes pelo paquête. A civilização custa-nos caríssima, com os direitos de alfândega; e é em segunda mão, não foi feita para nós, fica-nos curta nas mangas.

Eça de Queiroz – *Os Maias*

A teoria só se realiza numa nação na medida que é a realização de suas necessidades.

Karl Marx – *Introdução à Crítica da Filosofia do Direito de Hegel*

Sílvio Romero nasceu em Lagarto, Sergipe, em 21 de abril de 1851, e faleceu no Rio de Janeiro, em 18 de julho de 1914, tendo sido professor da Faculdade Livre de Ciências Jurídicas e Sociais do Rio de Janeiro e do Colégio Pedro II.

Por que começar por ele? Tomá-lo como primeiro autor a ser estudado significa reconhecer sua primazia – se não cronológica, intelectual – em termos da sistematização do debate sobre a identidade nacional e em termos da importância por ele conferida a temas como: o papel da miscigenação na formação do brasileiro, como esse processo se deu e quais foram e serão suas conseqüências. Quais são os caminhos a serem trilhados pelo processo brasileiro de modernização e como pensar a formação e transformação da identidade nacional nesse processo? E a identidade, existe afinal? São questões centrais na obra dos demais autores aqui estudados, daí começar por Romero: ele é, de certa forma, o primeiro interlocutor a sistematizar temas de um diálogo que se estenderia pelas décadas seguintes.

Tobias Barreto e a Escola do Recife: o mestre e o ambiente

Não é possível compreendermos sua obra sem uma menção, mesmo que rápida, à Escola do Recife e à obra de Tobias Barreto, respectivamente o movimento ao qual Romero se filiou e seu mestre assumido e jamais negado.

Escrever sobre a Escola do Recife significa colocar em questão, inicialmente, sua própria existência, e essa não é uma questão pacífica. Alguns refutam-na, como José Veríssimo (1915, p. 51), que afirma que "A 'Escola do Recife' não tem existência real. [...] é apenas um grupo constituído pelos discípulos diretos de Tobias Barreto".

Já Nogueira (1980, p. 15) não se limita a negar sua existência, definindo-a antes como um movimento que como uma escola, "que trouxe para o pensamento brasileiro, em diversos sentidos, verdadeira renovação".

Também Mercadante (1978, p. 79) nega que ela tenha chegado a constituir-se em uma escola de filosofia e salienta, antes, seu caráter crítico, de oposição às idéias e instituições vigentes: "Tratava-se de um movimento contrário às idéias espiritualistas dominantes, ao romantismo, às instituições do Império, e em torno de opiniões filosóficas, políticas, sociológicas e literárias". Mesmo um membro da Escola, como Clóvis Bevilaqua, nega a existência de uma unidade de pensamento que a norteasse. Para ele, "a Escola do Recife não era um rígido conjunto de princípios, uma sistematização definida de idéias, mas sim uma orientação filosófica progressiva, que não impedia a cada um investigar por sua conta e ter idéias próprias, contanto que norteadas cientificamente" (BEVILAQUA, 1927, v. II, p. 21).

Cruz Costa, por sua vez, busca situar a Escola no contexto nacional, ao afirmar: "A Escola do Recife é, certamente, a parte mais fulgurante na renovação intelectual do Brasil no século XIX, mas esta renovação cobria o País todo, que atingira nessa época uma das mais prósperas fases de sua vida econômica" (COSTA, 1967, p. 122). Já Chacon (1993, p. 275) atribui tal refutação ao caráter provinciano da escola, não tendo ela surgido nos grandes centros: ao bairrismo, portanto. No final das contas, mais que um movimento com princípios teóricos e metodológicos bem definidos, a Escola do Recife representou uma nova mentalidade, assim definida por Falcon (2004, p. 69):

> Iniciada sob o signo da "revoada de idéias novas" proclamada por Sílvio Romero, essa época foi uma verdadeira arena de lutas acirradas entre os defensores da tradição e do *status quo* e os partidários das concepções modernas, mais afinadas com o progresso do conhecimento e a superação dos estilos e estéticas vistos como antiquadas.

Recife era, por volta de 1870, um centro cultural dinâmico e inovador; nisso Romero, ferrenho defensor da existência da Escola e de sua importância crucial, não exagera. Viviam ali Castro Alves, Fagundes Varela, Celso de Magalhães, Joaquim Nabuco, entre outros, e todos em plena atividade intelectual. A cidade contava com 49 sociedades de diferentes tipos, além de instituições de caráter artístico e cultural, impressoras, livrarias e periódicos, dezenas deles discutindo os mais variados assuntos (CAVALCANTI, 1966, p. 38-41). A cidade fervia, e dessa efervescência sairiam a Escola do Recife e o próprio Sílvio Romero.

A influência determinante no período e na obra de Romero era de Haeckel, autor de grande sucesso editorial na Europa, mas um vulgarizador, acima de tudo (MARTINS, 1996, v III, p. 458), tomado por Romero como um autor original e decisivo no panorama cultural de sua época. Mas com a influência – mesmo que equivocada – de Haeckel e outros autores alemães, a Escola do Recife e seus corifeus libertaram a cultura brasileira do virtual monopólio das influências francesa e inglesa: tateando e errando, abriram horizonte.

Nesse processo, novas influências foram introduzidas no panorama cultural brasileiro; influências que norteariam a obra de Romero. A influência alemã que autores como Barreto – o "teuto-sergipano" Barreto, como seus críticos gostavam de ironizar – e Romero introduziram e buscaram consolidar opunha-se à uma presença francesa de caráter marcadamente literário, representada por autores como Vitor Hugo, Zola, Renan e, mais tarde, Anatole France.

Uma presença em relação à qual abundam exemplos. André Rebouças (1938, p. 185) define a França como "minha pátria científica", enquanto Joaquim Nabuco (s.d., p. 77) reconhece sua europeização: "Não revelo nenhum segredo, dizendo que insensivelmente a minha frase é uma tradução livre, e que nada seria mais fácil do que vertê-la outra vez para o francês do qual ela procede". Nesse sentido, na obra de um viajante francês contemporâneo de Nabuco, encontramos uma descrição que parece referir-se a ele: "Há nesse país homens de cultura requintada, donos de uma ciência sadia e profunda; seu espírito é filho do espírito francês; seus mestres são nossos mestres, nossos sábios, e eles reivindicam com orgulho tal parentesco intelectual" (LECLERC, 1942, p. 161).

À essa influência, a Escola do Recife buscou contrapor padrões científicos de análise social, mesmo que seus padrões de escolha e absorção fossem consideravelmente precários. E à influência do liberalismo inglês presente na obra de Joaquim Nabuco, os membros da Escola responderam com teorias que privilegiavam a hierarquia e a desigualdade social e racial. Não por acaso, Nabuco, embora recifense e contemporâneo de Romero, jamais se filiou à Escola do Recife. Sequer a mencionou.

Os autores ligados à Escola do Recife buscaram uma articulação teórica entre poligenismo e evolucionismo que seria adotada por Romero. Segundo Scwharcz (1992, p. 163), "da primeira doutrina retirava-se o pressuposto da diferença original entre as raças, naturalizando-se as desigualdades de base social. Já do segundo modelo buscava-se a idéia de que os organismos não permaneciam estacionados, mas em constante evolução". O evolucionismo de Romero foi o evolucionismo da Escola do Recife; ali, de formas diferentes, tal corrente de pensamento foi aceita por todos (SALDANHA, 1985, p. 102).

A Escola do Recife herdou, também, uma tradição cultural pernambucana que já não era recente. Como acentua Ferreira Lima (1970, p. 280), "a riqueza da região do Nordeste propiciou em Pernambuco, desde cedo, a formação de uma elite intelectual curiosa e interessada no debate das idéias, embora muitas delas fossem heréticas e subversivas para o meio". Tal movimento cultural teve continuidade além e após a Escola do Recife, gerando um regionalismo, nos anos 1920, que emularia o modernismo paulista e do qual surgiria a obra de Gilberto Freyre. E fez parte, ainda, de um processo de renovação que operou em diversos campos e do qual ela foi um aspecto, o que um estudioso de sua filosofia ressalta: "Nos meados da década de 70, o desejo de renovação no campo filosófico e o rompimento com o ecletismo espiritualista já se faziam sentir nos vários centros culturais do país" (PAIM, 1966, p. 28).

Venâncio Filho (1982, p. 96) aponta a existência de três fases na trajetória da Escola do Recife: uma, puramente literária, que vai de 1862 a 1870; a segunda, crítica e literária, indo de 1870 a 1881 – e nesta fase podemos situar o surgimento de Sílvio Romero, não apenas em termos cronológicos, mas também temáticos e literários –, e um período jurídico-filosófico que se inicia em 1882.

Já Bezerra (1998, p. 24-77) situa cronologicamente a Escola do Recife, mencionando intelectuais como Lopes Gama e Antônio Pedro de Figueiredo como precursores e balizando um período terminal, composto por epígonos e continuadores, que se estende durante as duas primeiras décadas do século XX e encerra-se por volta de 1925. E Macedo (1997, p. 167), finalmente, aponta o período entre 1885 e 1900 como o ápice produtivo da Escola, seguindo-se a decadência nas décadas seguintes.

A figura de Tobias Barreto surge, em todo esse processo, como uma espécie de patrono intelectual. Sílvio Romero iniciou, depois da morte do autor, a reunião de sua obra em volumes temáticos, mas deixou o projeto inacabado. Nos anos 1920, o governo de Sergipe logrou a publicação de suas *Obras Completas* (que ao todo abrangem aproximadamente 3.500 páginas), tomando o empreendimento de Romero como ponto de partida, mas sem seguir uma ordem cronológica, o que foi feito apenas na edição de 1986, organizada por Luiz Antônio Barreto.

Tobias Barreto funcionou como elemento catalisador por meio do qual, em meados dos anos 1870, a Escola do Recife se estruturaria. O apogeu de Tobias seria, contudo, em 1882, quando participou do concurso para lente substituto da

Faculdade de Direito, à qual a Escola sempre esteve ligada. Ali, sua popularidade chegaria ao auge entre os estudantes e entre a própria congregação.

Barreto foi um crítico implacável da sociedade brasileira. Para ele, no Brasil, apenas o Estado é organizado, e a sociedade – o povo, diria Barreto – permanece amorfo e esgarçado, ligado apenas pelos maus costumes. Segundo ele:

> O que mais salta aos olhos [...] é a falta de coesão social, o desagregamento dos indivíduos, alguma coisa que os reduz ao estado de isolamento absoluto, de átomos inorgânicos, quase podia dizer de poeira impalpável e estéril. (BARRETO, 1926, v. IV, p. 101)

O povo brasileiro não possui capacidade de agir de forma autônoma, o que deriva de sua própria formação:

> Como atividade, como força, como espírito, ele não deu-se a si mesmo os órgãos e funções de sua vida social. Tudo lhe foi outorgado, como a um autômato imenso que devesse bolir só por virtude de quem tivesse aquela mágica e suprema chave de toda a organização política. (v. X, p. 23)

A única possibilidade de transformação, portanto, deriva da ação estatal, já que só o Estado tem condições efetivas de atuação. À sociedade civil, inorgânica, desarticulada, cabe esperar a ação deste.

E se a sociedade é descrita em cores sombrias, a cultura brasileira é igualmente criticada e posta no nível mais baixo de uma escala cultural evolutiva:

> O ponto principal do nosso negócio, bem considerado, é o seguinte: – Eu digo que a nossa cara pátria está na retaguarda das nações, em matéria de ciência e letras; – eu digo que, sob esta relação, o Brasil só tem para acompanhá-lo o seu velho Portugal, que não se acha em melhor estado. (v. II, p. 373)

Com isso, a própria idéia de existência de uma cultura brasileira – idéia central na obra de Romero – é negada, e Barreto conclui: "A candidatura do Brasil aos foros de nação culta é um fenômeno mórbido: – alguma coisa de semelhante ao disparate dos loucos que se julgam reis" (v. III, p. 258). E com isso, sua visão do futuro é marcada pelo desalento: "Lastimável Brasil! Parece que este pobre país está condenado a representar sempre um papel secundário, terciário em face das outras nações" (v. X, p. 45).

E também em relação à cultura popular – tema tão caro a Romero e fundamental em sua obra –, a distância entre ele e Barreto é grande. Se Barreto reconhece, por exemplo, a necessidade de estudar a influência negra nessa cultura e a incipiência desses estudos, ele jamais a deixa de considerar como mera "superstição brasileira" (v. III, p. 297), não demonstrando sombra da empatia revelada por Romero em seus estudos.

A crítica de Barreto caminha a par, contudo, com o conservadorismo do autor e com sua recusa a mudanças radicais, o que o leva a declarar:

> Causa-me horror a idéia de uma liquidação social; mas eu concebo e afago a idéia de uma liquidação literária... O instituto da Internacional é para mim a organização da loucura. Porém ideio alguma coisa de análogo, que aliás não há mister de recorrer ao ferro e ao fogo; que aliás não se aparenta com a Comuna de Paris; uma espécie de Internacional em literatura. (v. III, p. 251)

As mudanças por ele preconizadas deveriam limitar-se ao campo literário. Seu radicalismo padece de limites que ele próprio se encarrega de definir com precisão. E o conservadorismo de Barreto o leva, ainda, a diferenciar liberdade e igualdade, fazendo a apologia da primeira e a crítica do igualitarismo, em um curioso anticomunismo *avant la lettre*. Para o autor

> A liberdade entregue a si mesma, à sua própria ação, produz naturalmente a desigualdade, da mesma forma que a igualdade, tomada como princípio prático, naturalmente produz a escravidão [...] O mais alto grau imaginável da igualdade – o comunismo, – porque ele pressupõe a opressão de todas as inclinações naturais, é também o mais alto grau de escravidão. (v. IV, p. 103)

Barreto é antimonarquista: "A realeza me parece anacrônica, considerada em si mesmo e por si mesma, como diria um hegeliano" (v. IX, p. 233), sendo o imperador definido como "um mendigo ilustre, que só consome e nada produz" (v. X, p. 204). E ele define como inviável a existência, no Brasil, de uma monarquia constitucional: "Não vejo que se possa defender com vantagem uma instituição cujo menor defeito tem sido derramar no espírito nacional um desânimo incurável e como que o tédio de uma velhice precoce" (v. IX, p. 175). Por outro lado, o monarca é tristemente representativo: "Assim é fácil compreender que o monarca represente a nação, porque a nação é morta, moralmente morta" (v. X, p. 74).

Ao criticar, ainda, as instituições políticas e religiosas vigentes no Império, Barreto questiona poderes e concepções por ele vistas como entraves ao desenvolvimento da ciência e, entre estes e principalmente, o autor situa a Igreja. Ele recusa aos padres direito e competência para intrometerem-se em questões ligadas à ciência e posiciona-se perante as crenças religiosas: "Não sou, nem quero ser um devoto. Os espíritos devotos, no rigoroso sentido da palavra, me são sempre suspeitos" (v. II, p. 150). Define tais crenças como "meros riscos na parede" (v. II, p. 412) e prediz seu desaparecimento perante o conhecimento científico:

> Aproxima-se decerto alguma coisa de grave e profundamente extraordinário. É o espírito humano, considerado em suas eminências, que lan-

ça ao desprezo o resto dos brinquedos de sua infância. É a queda do último véu que ainda nos oculta muita verdade santa, apenas pressentida pelos raros eleitos da ciência, cruelmente imparcial com a natureza. (v. III, p. 48)

Barreto nutre, ainda, completo desprezo pela sociologia – definida como uma ciência que somente medraria em países atrasados como o Brasil – e pelos sociólogos, que "não são homens com quem se possa falar sério; são espíritos incompletos ou doentes" (v. IX, p. 80). Tal desprezo ajuda a entendermos a maneira como o autor pensa o conhecimento científico: uma maneira oposta ao método romeriano – determinista, por definição –, exatamente porque Barreto recusa qualquer tipo de determinismo. O determinismo seria a negação da liberdade e da vontade humanas, e a sociologia seria a busca de determinismos sociais (v. IX, p. 38); daí sua recusa à disciplina, expressa nestes termos: "Eu não creio na existência de uma ciência social. A despeito de todas as frases retóricas e protestos em contrário, insisto na minha velha tese: – a sociologia é apenas o nome de uma aspiração tão pouco elevada, quão pouco realizável" (v. IX, p. 33).

Todas essas idéias foram desenvolvidas na província, de onde nunca saiu e onde jamais conseguiu um mínimo de estabilidade econômica, vivendo sempre em relativo isolamento; neste sentido, Romero foi – e certamente se viu como – um Tobias Barreto que foi tentar a vida na Capital Federal. E em sua última carta a ele, escrita em seu último ano de vida, Barreto deu conta de seu estado: "como estou reduzido a proporções de pensionista da caridade pública, e me fala nisto em sua carta, peço-lhe que dê pressa às entradas das contribuições de sua lista, visto como os meus últimos recursos estão se esgotando" (v. X, p. 335).

A situação de marginalidade cultural em que viveu Barreto – pensador ignorado pela Corte e de franca miséria no final de sua vida –, explica seu ressentimento de provinciano e a maneira como buscou, sempre, exaltar a província em detrimento da Corte. Para ele, "a corte do império é o resumo, a condensação sombria de toda a sorte de males que nos afligem" (v. X, p. 176). Já em relação à província, tudo se inverte: "O que há no Brasil de aspirações elevadas, de idéias generosas, de vitalidade oculta e aproveitável, estúa fervidamente no seio das províncias" (v. X, p. 36).

E explica, de certa forma, seu apego obsessivo à cultura alemã, que levou Araripe Júnior (1960, p. 213) a chamá-lo de "uma espécie de Wagner brasileiro". Roger Bastide (1973, p. 63) atribui o germanismo extremado de Barreto ao que seria a vontade mental do mestiço de mudar de cor. E Mário de Andrade (1993, p. 51), que confessa seu pouco apreço pelo autor, já apontara para a mesma direção:

> Propenso por natureza ao pensamento puro, o plebeísmo, a mestiçagem que ele tanto fez para renegar, tornaram-no um vingarento e um

escandalizador sistemátco. Até que ponto foi esse desejo de escandalizar, por uma superioridade qualquer, que o levou a estudar o alemão e lhe encurtou a meta de todos os seus vôos?

Mestiço, pobre, provinciano, pouco reconhecido e pouco valorizado em seu tempo, Barreto tampouco teria sucesso maior na posteridade. Ele hoje já não é lido e pouco é discutido. Mas simboliza a transição para um período no qual a produção cultural brasileira transformaria a ciência – ou o que se entendia como tal – em chave mestra para abrir as portas da modernidade e para explicar a realidade brasileira. Autores como Sílvio Romero e Euclides da Cunha devem muito a ele.

As virtudes da província

Romero data de 1868 seu encontro com Tobias Barreto. Dele herdou seu germanismo que, no caso de Barreto, levou à criação do famoso jornal escrito em alemão e publicado em Escada, Pernambuco (e que, muito provavelmente, teve a ele como único leitor), embora, no caso de Romero, nuançado por outras influências (notadamente Spencer) sendo que uma observação de Reis (1999, p. 90) baliza as diferenças entre ambos os autores neste sentido: "Naquele ambiente spenceriano, Tobias Barreto já era um culturalista, um pioneiro historicista. Não há leis para a história humana". Ora, toda a obra de Romero pode ser definida como a busca das leis que regeriam a formação nacional. Ao mesmo tempo, não buscou, ao contrário de Tobias Barreto, um fim em si no conhecimento das idéias importadas, mas utilizou-as como instrumento para conhecer a realidade brasileira.

Mas a influência de Barreto não foi tanto intelectual, como o próprio Sílvio Romero ressaltou: dele, o autor herdou o gosto irrefreado pela polêmica e a invencível desconfiança e aversão pela Corte. Barreto foi um provinciano que se manteve geograficamente fiel às suas origens, mas, ao mesmo tempo, criou uma obra toda balizada por influências e temas germânicos, em que a província tornou-se um assunto quase ausente. Romero foi um provinciano que abandonou a terra natal para revivê-la em sua obra folclórica e para transformar sua condição de provinciano em uma espécie de filosofia de vida.

Para melhor compreendermos seu pensamento, partirei de um episódio que diz muito sobre o homem e sobre o autor. Isso porque o estilo polêmico, caudaloso e tempestuoso de Romero retratava, de forma exata, sua própria personalidade, e ambos, estilo e personalidade, expressam-se com clareza nesse momento de sua vida.

A defesa de tese feita pelo bacharel Romero na Faculdade de Direito do Recife, em 1875, transformou-se em um conflito entre o candidato e a banca e culminou com a furiosa retirada daquele, que saiu bradando: "Não estou para aturar esta corja de ignorantes que não sabem nada" (ARAGÃO, 1953, p. 111).

Situado logo no início de sua carreira intelectual, esse episódio já sintetiza algumas de suas diretrizes: a auto-suficiência intelectual incapaz de admitir qualquer contestação às suas idéias, a imediata e furiosa desqualificação de qualquer oponente – que passava mais pelo terreno do insulto que do debate – e a tentativa de enquadrar-se nas instituições que regiam a cultura oficial, aliada a uma permanente postura crítica em relação às mesmas.

Esse episódio também simboliza, como lembra Broca (1991, p. 211), a posição assumida por Romero no início de sua carreira: "Representava ele, assim, o Cientificismo revolucionário das últimas décadas do século em face da ciência oficial [...]". Sua absorção pelo ensino oficial não foi isenta de outros episódios turbulentos nos momentos em que ele prestou exames e concursos, embora ele tenha sido aceito como professor do Colégio Pedro II.

Romero atuou em um cenário intelectual com baixo nível de institucionalização, o que, se chegou a prejudicar sua aceitação nos meios dominantes, facilitou, por outro lado, a criação, por ele próprio, da aura de pensador pioneiro, independente e incompreendido. As dificuldades e incompreensões geradas por seu contínuo e apaixonado trabalho como folclorista em um período no qual a cultura popular era vista como pouco mais que curiosidade, consolidou o mito – por ele mesmo alimentado e, ao mesmo tempo, embasado em um fundo de realidade – do intelectual pioneiro e injustiçado, nacionalista ferrenho em uma cultura que só tinha olhos para Paris.

A amplidão temática da obra de Romero é constantemente referida em termos elogiosos. Referindo-se a ela, Machado Neto (1969, p. 98), por exemplo, assinala: "Não ficou um terreno da atividade criadora do espírito brasileiro, da filosofia aos cantos e contos populares do Brasil, passando pela literatura, o direito, a política e a vida social em geral, a que seu espírito investigador não estendesse a sua pesquisa". Da mesma forma, Pinto Ferreira (1957, p. 147-148) afirma, referindo-se ao autor, "o seu pensamento, dotado de uma grande riqueza de motivos psicológicos, uma sinfonia inteira orquestrada com todas as cordas da alma humana, oferece sem dúvida uma preciosa soma de informações sobre a vida moral, intelectual e social do Brasil". Ele está acentuando, em termos apologéticos, uma característica fundamental de sua obra: a falta de especialização característica do ambiente no qual ele se formou e que possibilitou a ele, de fato, o aventurar-se confiante pelos mais diferentes ramos do conhecimento, o que trai o autodidatismo e a falta de especialização e demonstra um conhecimento ao mesmo tempo superficial e temerário em suas explorações.

Sua permanente desconfiança em relação à cultura oficial gerou nele, finalmente, uma ânsia também permanente de consolidar seu lugar no debate cultural e perante a posteridade, o que ajuda a explicar a fúria com a qual ele se entregou às suas permanentes polêmicas e que o levou a declarar certa vez que ninguém iria *bifar* seu lugar na cultura brasileira. Mais que uma declaração, este foi um grito de guerra.

Sentindo a mesma animosidade de Tobias Barreto em relação à Corte, Romero adotou posição que inverte a opção de seu amigo. Enquanto este se isolou na província e desenvolveu, ali, sua atividade intelectual, Romero resolveu que a melhor maneira de enfrentar e conquistar o Rio de Janeiro seria mudando-se para lá. Mas manteve-se deliberadamente provinciano, diante do caráter cosmopolita da Corte que o irrita e o faz esbravejar:

> Dizem que só por si este famoso Rio vale todo o Brasil... Não duvido que assim seja; porém não conheço outra cidade do país menos nacional do que esta. É sem dúvida a primeira na riqueza nacional, nos interesses de momento, nos prazeres fáceis, nos arranjos políticos. Não é a primeira no amor e nas tradições da pátria. (ROMERO, 1943, v. III, p.104)

Temos aqui um olhar provinciano, ao mesmo tempo irado e escandalizado. O olhar de alguém que chega de longe, que consegue perceber a distância entre os modismos culturais e a realidade da qual é proveniente e que se irrita com isto.

Segundo Abdala Júnior (2002, p. 208), "Sílvio Romero pode ser situado no quadro geral das classes médias citadinas que não aceitam as oligarquias regionais, estas sim descentralizadoras e com vocação separatista". A análise é correta, mas pode ser completada. Filho de uma família empobrecida do meio rural sergipano, Romero, como Euclides da Cunha, pertenceu a uma elite de letrados que viu, no conhecimento científico, o único instrumento capaz de abrir caminho na sociedade de seu tempo; daí, entre outros fatores, a absoluta convicção com a qual ele abraçou o que acreditou serem as verdades irrefutáveis de seu tempo. Suas verdades contra os preconceitos de uma sociedade pouco afeita a quem buscava abrir caminho por baixo.

Mas uma sociedade, porém, que o consagrou como escritor. De fato, intelectual reconhecido por seus méritos, membro da Academia Brasileira de Letras, professor de uma consagrada instituição de ensino, agraciado com a comenda de São Tiago pelo rei de Portugal em 1904, Romero esteve longe de ser um *outsider*, contudo nunca se integra de fato à sociedade de seu tempo, permanecendo um crítico irredutível da mesma; crítica que, iria, por fim, consolidar-se em franco pessimismo. Sua consagração, porém, não impediu que seus últimos anos fossem particularmente difíceis, como vemos na descrição de um autor que o visitara em sua casa em 1910:

> Falou-me logo da sua extrema pobreza, que não lhe permitia procurar alívio para seus males físicos sem agravação da moral, privando-o da companhia dos seus... Despedi-me de Sílvio muito contra a sua vontade,

e saí verdadeiramente apreensivo, pois, pelo que observara, me pareceram de octogenário as condições daquele organismo que ainda não tinha 59 anos. (OLIVEIRA, 1916, p. 322-323)

A dificuldade de Sílvio Romero em enquadrar-se nas elites dominantes refletiu-se também,em sua errática e mal sucedida trajetória política. Romero foi eleito deputado federal por Sergipe em 1900 e apresentou, logo de saída, três projetos, todos tachados de inconstitucionais e não aceitos pelo plenário. Não conseguiu reeleger-se dois anos depois (os mandatos, então, eram de dois anos), tentou nova candidatura no ano seguinte e fracassou, encerrando precocemente sua carreira política.

Crítico irretratável e pouco avesso a conciliações no panorama cultural, Romero recuou e tergiversou, contudo, quando se tratou de levar adiante sua afinal fracassada carreira política, não hesitando em apoiar um sacerdote que ele chamara, anos antes, dentro de sua postura habitual, de "sacerdote do embuste e da mentira" e de "hiena dos altares" (*apud* MOTA, 2000, p. 44). Afirmou ainda: "E falam que tu és padre... mas de que religião? Exerces o pontificado da calúnia; não purificas as almas; sabes apenas cobri-las de lepra." Poucos anos depois, porém, padre Olimpio receberia nova carta de seu desafeto: "Por meio desta venho pedir gasalhado nas fileiras do seu partido. É sempre preferível seguir, de longe que seja, um adversário leal a acompanhar amigos desleais" (*apud* RABELLO, 1944, p. 141-143).

Suas polêmicas foram fruto de seu permanente medo de ser recusado em um meio no qual ele foi sempre o provinciano desconfiado. Sua crítica e as polêmicas levadas adiante por ele tornaram-se cada vez mais pessoais, em um processo descrito por Cândido (1962b, p. 87):

> No tocante à crítica, revigora o sistema de reivindicações pessoais e glorificação do grupo de Recife – num crescendo que não cessará mais, com ou sem propósito, com ou sem razão, esquecendo quase sempre a justa medida, e se perdendo em questões de sensibilidade ferida, de vaidade não satisfeita, absolutamente indignas de seu grande talento.

As polêmicas de Romero sempre se desenvolveram tanto no nível das idéias quanto no nível pessoal, a ponto de ser, na maioria das vezes, impossível definir quando começa um e termina outro, da mesma forma que suas preferências literárias sempre misturaram razões pessoais e estéticas. Dessa forma, Machado de Assis mereceu um livro inteiro visando negar qualquer valor literário à sua obra por ter ousado criticar o Romero iniciante, além de ser chamado, em outra obra, de "capacho de todos os governos" (BROCA, 1960, p. 213).

Em outra situação, Teófilo Braga encarregara-se de cuidar da edição portuguesa das coletâneas de cantos e contos folclóricos de Sílvio Romero e, em 1883, foi publicada a obra com o material em uma nova ordem, definida por

Braga. Temos, no caso, um escritor já consagrado dispondo-se a dar crédito à obra de um autor iniciante que, longe de demonstrar gratidão, encheu-se de fúria e pôs-se a denunciar o que considerou uma burla e uma apropriação indébita.

O gosto de Romero pela polêmica – além de ser um traço de sua personalidade e reflexo de sua postura de provinciano desconfiado e temeroso de ver bifado seu lugar na cultura brasileira – reflete, ainda, seu apego a esquemas evolucionistas nos quais o conflito e a exclusão dos menos aptos assumem papel crucial. Daí, conclui Ventura (1991), a grande importância dada por ele à questão das prioridades e procedências, bem como a ênfase a seu próprio pioneirismo ao introduzir na cultura brasileira a questão da miscigenação, quando Varnhagen e Martius – como lembra José Veríssimo (1915), desafeto do autor – já haviam trabalhado a questão. Romero sistematizou a discussão e colocou-a no centro de sua obra, mas isso não bastou para ele, pois, como acentua Ventura (1991, p. 111), o valor de sua obra, ou de qualquer outra, para ele, "depende da inserção na evolução cultural e da representatividade nacionalística e etnográfica. Daí as inúmeras discussões sobre quem precedeu a quem, e no quê".

E ele busca estabelecer sua prioridade. Escrevendo sobre Euclides da Cunha, Romero define o período que vai de 1868 a 1878 como decisivo para a renovação da vida nacional; como o momento no qual o romantismo, o espiritualismo e o catolicismo reinantes tiveram, enfim, sua autoridade contestada junto ao próprio manto principesco que a protegia, e conclui com a fórmula que se tornou clássica: "Um bando de idéias novas esvoaçou sobre nós de todos os pontos do horizonte" (ROMERO, 1979, p. 163). Essas são, desnecessário dizer, as idéias defendidas pelo autor e, afirmando tal transformação – de resto, inegável –, Romero está acentuando seu papel nesse processo, de resto, também, fundamental.

É interessante e sintomático em relação a essa preocupação como Romero descreve sua aparição no cenário cultural brasileiro, em um momento no qual, segundo ele, tal cenário encontrava-se confuso e embaralhado: "Estavam as coisas neste ponto quando apareceu o autor destas linhas. Era em 1869-70" (ROMERO, 1898, p. 123). Aqui ele surge, claramente, como o divisor de águas, como o autor que chega para trazer esclarecimentos indispensáveis e irrefutáveis: *fiat lux*.

Filiando-se à Escola do Recife, Sílvio Romero sempre buscou defendê-la, demonstrando sua organicidade e homogeneidade. Criou-se, com isso, um problema em sua obra no que tange à Escola, bem definido por Moraes Filho (1985, p. 45): "O mal de Sílvio foi apelidar o movimento recifense de escola, num sentido rigoroso e coerente, quase hermético". Com isso, qualquer crítica à Escola era tomada como pessoal, e negar sua primazia era negar primazia e valor a ele, Romero. Daí a obsessão em realçá-la, daí afirmar:

Pode a questão da maior ou menor influência das idéias fundamentais da Escola do Recife ser encarada de outra forma: qual foi jamais a escola, a doutrina, a corrente do pensamento, o sistema, ou como lhe queiram chamar, que houvesse alcançar maior prestígio no Brasil? (ROMERO, 1909, p. 44)

Já seu relacionamento com autores contemporâneos que trataram de temas presentes em sua obra oscilou, normalmente, entre a hostilidade e a indiferença deliberada. Seu relacionamento com Nina Rodrigues, por exemplo, entrou na segunda opção. Enquanto Rodrigues referiu-se constantemente à obra de Romero, às vezes concordando e, muitas vezes, discordando, como lembra Correia (2001, p. 46), a atitude de seu interlocutor foi outra:

> Sílvio Romero por seu lado parecia fazer questão de desconhecer o trabalho de pesquisa de Nina Rodrigues, talvez porque não lhe agradassem as conclusões que o médico maranhense tirava de suas investigações empíricas sobre o presente da miscigenação, quando ele preferia por o acento numa futura população brasileira já branqueada, talvez porque desde 1894 Nina Rodrigues se mostrasse em frontal desacordo com ele – e dava muita ênfase aos argumentos de seu arquiinimigo José Veríssimo.

Mencionando, por sua vez, as críticas de Romero a Manuel Bonfim e definindo-as como incompreensíveis e, muitas vezes, injustas, Wilson Martins busca, não obstante, entendê-las com base na personalidade de quem as escreveu. Tais críticas derivariam do "reflexo tão romeriano de procurar destruir não apenas os adversários de idéias, mas todos os que pudessem, de uma forma ou de outra, assumir a posição de rivais dentro do mesmo campo" (MARTINS, 1996, v. V, p. 297). De fato, nunca bastou a Romero negar valor à obra de seu oponente, qualquer que ele tenha sido; era como ser humano que este precisava ser desqualificado. Já seu amigo e mestre Tobias Barreto teve sua obra (inclusive sua hoje esquecida poesia) louvada em intermináveis páginas.

E fazendo, mais uma vez, o elogio de Tobias Barreto, o próprio Romero (1982, p. 131) buscou justificar suas permanentes polêmicas:

> Não tenho por hábito elogiar medíocres, nem é defeito meu criticar quem tem mérito e muito mérito. E não é só isto; é também certo que não me deixo contestar sem luta. Minhas convicções, habituei-me a sustentá-las sem desfalecimentos à custa de meu próprio repouso e vantagens pessoais.

Cultura e modernidade

Com Romero, a problemática nacional passou a predominar sobre uma discussão pensada, até então, com base em parâmetros externos. Isso apesar de uma busca permanente de fontes européias que, mais que instrumentos de conhecimento da realidade, serviam como chancela capaz de dar validade e respeitabilidade às idéias que se acomodavam com dificuldade no estreito leito delineado por estas mesmas fontes.

Romero condenou tanto a imitação servil das teorias estrangeiras quanto a indiferença perante elas, em uma estéril tentativa de isolamento. Trata-se de conhecê-las e de se manter atualizado sobre seu desenvolvimento, mas trata-se, também, de conhecer as teorias da história do Brasil e compreender como as escolas literárias sucederam-se entre nós (ROMERO, 1943, v. I, p. 46). É o que ele buscou fazer, pioneiramente, aliás. Mas sua relação com a cultura importada não foi capaz de seguir os parâmetros por ele mesmo propostos.

E seria preciso, também, superar a imitação de modismos importados. Segundo ele, "a macaqueação do estrangeiro e especialmente do francesismo é também outro mal nosso" (1977, p. 272). Mas, em sua obra, o que se evidencia não é esse processo de superação, e sim, a substituição de uma matriz por outra, da influência francesa pela absorção acrítica de elementos e autores majoritariamente secundários da cultura alemã, uma vez que seu espírito crítico – sempre tão afiado ao polemizar com compatriotas – desvanecia-se completamente perante determinados setores da cultura importada, e o que ficava era apenas o provincianismo deslumbrado do novo-rico cultural incapaz de maior discernimento perante o que ele considerava as verdades definitivas da ciência.

A crítica que Sílvio Romero faz de Machado de Assis – que se pretende arrasadora e definitiva – não pode ser vista apenas como uma curiosidade, já que ela diz muito tanto do método romeriano quanto da forma como este enxergava a cultura brasileira. Machado representou, para ele, o cosmopolitismo e a indiferença da Corte, e Romero, tomando o autor como exemplo, criticou a literatura brasileira por não ter conseguido escrever sua carta de alforria em relação às demais literaturas. Ainda vivemos, pois, como servos literários: "Bem como na ordem social tivemos a escravidão, na esfera da literatura temos sido um povo de servos" (1943, v. III, p. 67). E a postura de Machado ajudaria, segundo ele, a eternizar tal situação.

Sem compreender a importância da obra machadiana, inclusive em termos de análise social, Romero busca definir a dimensão das inovações por ele introduzidas, que foram, de fato, decisivas. Ele vê a si próprio como o autor de uma ruptura modernizante com a tradição clássica defendida por Machado que levaria à busca de novos caminhos que seriam traçados, basicamente, pela ciência, gerando uma linha de pensamento que teria nele seu fundador e em Euclides da Cunha e Gilberto Freyre seus principais representantes; preocupada em romper com uma tradição que eles definem como bacharelesca e distante da realidade e antes de tudo, em buscar embasamento científico para suas tentativas de compreender o Brasil.

Mas essa tradição precisa ser mais bem compreendida. O bacharel confunde-se com o intelectual no contexto cultural do período, com a crítica a ambos sendo, muitas vezes, a mesma. Isso porque falar em estudantes de Direito ou em juristas, em suma, era falar da intelectualidade brasileira: não porque os intelectuais brasileiros fossem necessariamente estudantes ou profissionais de Direito, mas porque os termos confundem-se, em sua função e na crítica recebida. O termo "bacharel", na expressão de seus críticos, pouco distinguia os diversos profissionais de formação universitária, embora visasse o jurista e o advogado, e, por bacharel, muitas vezes, entendia-se a intelectualidade nacional em seu sentido mais amplo.

A formação cultural do bacharel era, porém, marcada antes por um diletantismo de fundo clássico e literário que pela especialização profissional. O que distinguia o bacharel e servia-lhe como fator de distinção cultural era certo verniz cultural, normalmente de formato eclético e diletante. No bacharel temos, assim, uma contradição: um indivíduo de formação universitária, mas que por sua formação eclética termina por se revelar um autodidata a consumir indiscriminadamente uma cultura superficial.

Os limites do debate no qual o bacharel participou foram, por outro lado, os limites do liberalismo brasileiro, do qual ele ficou como a figura emblemática, para o bem e para o mal. O liberalismo foi entre nós, na expressão de Adorno (1988, p. 75), privilégio bacharelesco de um bacharel que transformou a política em uma atitude ética e civilizadora, mas que não a transformou – e nem poderia, em uma sociedade escravista – em instrumento de democratização da sociedade (daí a novidade histórica representada pela atitude de Joaquim Nabuco). O bacharel representou, portanto, as possibilidades e contradições do liberalismo brasileiro e, por isso mesmo, foi pela crítica ao bacharel que se constituiu, em boa parte, a crítica ao liberalismo.

Fica clara, aqui, tanto a inovação representada por autores como Barreto e Romero – bacharéis que foram legítimos representantes do antibacharelismo – quanto os limites dessa inovação e da tendência por eles representada e – porque não? – inaugurada. Romero criticou a realidade brasileira, ou o país real, por ser herdeiro do autoritarismo colonial, e criticou as elites, ou o país ilusório, por ser inoperante e bacharelesco (SCHWHARZ, 1988, p. 43).

A crítica de Romero à cultura brasileira diz respeito ao conformismo, apego à rotina, pavor às inovações e legalismo que, segundo ele, a caracterizam, e tudo isso sintetizado em uma fórmula:

> O Brasil é um país de legistas; a formalística nos consome; todas as nossas questões se resolvem pela praxe... É por isso que temos uma biblioteca inteira de pequenos legistas, mas nenhum livro de filosofia; tantos, e por nós, tão celebrados juristas, mas nenhum livro de filosofia; tantos e, por nós, tão celebrados juristas, nunca tivemos um sábio. (ROMERO, 1969, p. 118-119)

É interessante, contudo, constatarmos que o autor troca o conhecimento jurídico pelo conhecimento filosófico, como se este fosse o verdadeiro conhecimento, e daí abre caminho, implicitamente, para seu germanismo, que não chega, em momento algum, a aprofundar o problema básico por ele abordado.

E não apenas ele: mesmo um movimento como a Escola do Recife, nascido no âmbito da Faculdade de Direito do Recife, terminou, ao buscar renovar o liberalismo bacharelesco por meio da adoção de métodos e vocabulário próprios das Ciências Naturais e da tentativa de criação de uma mentalidade que se pretendia estritamente científica, por padecer das limitações do próprio liberalismo. A crítica que se fez foi puramente intelectual, e os fundamentos da sociedade não chegaram a ser colocados em questão.

De qualquer forma, uma inovação ocorrera e causa e conseqüência dela foram o método e o nacionalismo romerianos. Ambos se confundem a ponto de podermos falar em uma espécie de nacionalismo metodológico. A única maneira válida de estudar um autor ou obra seria pelo contexto natural, social e racial que formaram a nacionalidade da qual ela faz parte, e tal obra só ganha relevância a partir do momento em que se torna índice dessa nacionalidade, refletindo-a e expressando-a. Esse é seu critério, que o leva, contudo, a uma encruzilhada, uma vez que a única pessoa capaz de verificar tal índice é o próprio crítico. A partir daí, o que seria um método que se pretende estritamente científico revela-se puramente impressionista.

O método romeriano é, ainda, indissociável de sua personalidade, de tal forma que não pode ser entendido sem que busquemos conhecê-la. Ele a expressa com tal fidelidade que Araripe Júnior (1958, p. 294), ao descrever o comportamento e o cotidiano do autor, sintetiza e ilumina a ambos, personalidade e método:

> Lê muito, tem uma ambição desmesurada de projetar a sua síntese sobre o Brasil. Temperamento nervoso, impetuoso, vida sedentária em uma grota de Santa Teresa, preocupações todas, todas literárias; – conseqüências: excitações noturnas, insônias, sonhos, ou, antes, apocalipses científicos. Aquelas linhas agrupam-se furiosas, impõem-se a seu espírito, criam-lhe uma obsessão. Crescem as suas impressões subjetivas – e as nobres intenções voam ao longe.

Antônio Cândido (1962b, p. 38) define, na obra de Sílvio Romero, um período formativo que vai até 1879, quando sua formação crítica e intelectual pode ser considerada completa, uma segunda fase que vai de 1880 a 1888, marcada pela preocupação com a poesia, a crítica, o folclore e a etnologia, e uma terceira fase, iniciada após 1888, quando suas preocupações incidem principalmente sobre a política e a filosofia. E de fato, em sua obra, é possível delinearmos com certa precisão uma etapa em que preponderou o crítico literário e o folclorista e na qual avultou uma preocupação em buscar entender as manifestações culturais brasileiras com base em seus fundamentos sociais, econômicos e raciais. Ali, a busca desses fundamentos e a necessidade de enquadrar a cultura em seus determinismos terminaram por fazer com que sua atividade de crítico terminasse irremediavelmente comprometida.

Mas foi a tentativa de ser crítico levada adiante que abriu caminho para a etapa seguinte, na qual encontramos o Romero pensador da sociedade e da política brasileira predominando sobre o crítico literário, mas, ao mesmo tempo, tomando como base as conclusões e pressupostos delineados na fase anterior. E, sinalizando todo o caminho percorrido por Romero, uma longa e insistente discussão sobre a identidade nacional, o tema que fundamentaria todo seu pensamento e nortearia toda sua obra.

Romero associou o desenvolvimento socioeconômico brasileiro a um problema identitário e aí localizou as raízes da questão. O capitalismo brasileiro desenvolveu-se de forma quebrada porque o brasileiro foi historicamente avesso aos padrões capitalistas e excessivamente apegado a uma ordem estatal que funcionou como inibidora e como antítese desses padrões. Tomamos a ação estatal como fundamento para a produção de riquezas e a geração de empregos, no lugar de criarmos uma estrutura socioeconômica baseada na iniciativa individual; daí o empreguismo estatal, daí o caráter desarticulado e amorfo da sociedade brasileira. O brasileiro torna-se avesso ao capitalismo, então, porque este privilegia a iniciativa individual em um país onde o ideal de vida não é o trabalho, e sim o favorecimento.

A modernização brasileira é travada pelas condições socioeconômicas do País; uma nação embrionária que tem em uma lavoura rudimentar sua principal fonte de riquezas, sem classe operária, toda ela marcada pela inércia, com pequenas indústrias locais e uma malha urbana rarefeita, com uma população caracterizada pela passividade e uma classe média pouco significativa (ROMERO, 1969, p. 274-276). Eis o quadro descrito por ele, do qual ele parte para pensar a questão da modernidade. E o advento da modernidade, no Brasil, é um fenômeno ainda por ocorrer, de forma que, enumerando as medidas que passaram, em sua época, por modernizantes, ele constata: "É pouco, é muito pouco. Olhando-se de perto, reduz-se a quase nada" (1979, p. 61). Aprofundou-se a dependência externa, manteve-se a população brasileira à margem do processo, fortaleceram-se as oligarquias regionais. E tudo isso embalado pela multiplicação de ilusões: "E como era preciso que nos iludíssemos, fascinando-nos com faustosas miragens, decretaram-se avenidas e boulevards, multiplicando fantasticamente os empréstimos, avolumando as dívidas a um ponto inacreditável e gravemente perigoso" (p. 181).

Criou-se, assim, um simulacro de modernidade a encobrir o arcaísmo das estruturas sociais. E não seria este o caminho: a modernização, para tornar-se viável, implicaria, necessariamente, uma reestruturação completa da vida nacional. Para Romero, "do ponto de vista moderno toda a estrutura brasileira está para ser remontada de alto a baixo" (p. 296). A necessidade de modernização é, então, premente e inadiável, as dificuldades encontradas são de ordem estrutural e identitária, mas o caminho escolhido, de acordo com sua denúncia, passa antes pela farsa e pelo arremedo do que pela introdução de medidas necessárias. O diagnóstico é sombrio, as previsões são pessimistas.

Situando Romero no contexto da Escola do Recife, Alcântara Nogueira sublinha o liberalismo do autor, afirmando ter ele, entre todos seus colegas de movimento, a formação de conteúdo mais amplamente liberal. E conclui: "Suas concepções acerca da formação do Estado e do Direito movem-se inteiramente dentro de um liberalismo, às vezes quase lírico, apesar de trazer para a discussão temas que explora com veemência e ardor de quem deseja uma renovação social de maior profundidade" (NOGUEIRA, 1980, p. 145). Mas o radical pessimismo do autor o levou a buscar soluções igualmente radicais e a abandonar alternativas meramente liberais. Segundo ele,

> é desmontando em todas as peças a sociedade brasileira que se há de achar a chave do enigma: a razão porque a nação marca passo num eterno messianismo que se não realiza, o motivo porque as panacéias dos políticos de nada valem, senão para aumentar a confusão. (ROMERO, 1912, p. 15)

A modernização implicaria, portanto, nada menos que uma revolução. Para ele, ou a modernidade brasileira seria revolucionária ou não seria nada. Tal transformação implicaria antes alternativas autoritárias que na manutenção do liberalismo vigente, que pode, muito bem, ser o outro nome das panacéias dos políticos por ele mencionadas. A análise política de Romero implica descrédito em relação às alternativas liberais.

Modernidade e identidade nacional

Mas as origens do atraso não seriam, em sua essência, socioeconômicas. Romero busca para explicá-las o auxílio do que chama de fatores naturais, étnicos e morais e os define: o clima, marcado pelo calor excessivo, pelas chuvas torrenciais e pelas secas, a "incapacidade relativa das três raças que constituíram a população do país, e fatores históricos relacionados à política, legislação, usos, costumes" (1943, v. I, p. 43).

Romero recusa-se a basear seu método em qualquer fator que seja determinante em relação aos demais. Para ele, meio exterior e ação moral, história e biologia são fatores que se misturam e agem como determinantes uns sobre os outros. E ele conclui:

> Não resta a menor dúvida que a história deve ser encarada como um problema de biologia; mas a biologia aí se transforma em psicologia e esta em sociologia; há um jogo de ações e reações do mundo objetivo

sobre o subjetivo e vice-versa; há uma multidão de causas móveis e variáveis capazes de desorientar o espírito mais observador. (v. I, p. 43)

Os determinismos, ao mesmo tempo, sobrepõem-se e contradizem-se. A economia é invocada para explicar as mudanças na vida cultural brasileira junto com fatores raciais e naturais, sem que a cada um deles seja dado um peso específico, nem que seja feita a demonstração de como interagem. É como se cada um agisse isoladamente, de tal forma que se, quando um entrasse em ação, o outro permanecesse inerte. Em relação à literatura mineira, por exemplo, Romero acentua a influência determinante do fator econômico sobre os mais diversos acontecimentos literários (v. I, p.122), embora contrariando um princípio básico por ele anunciado:

> Assim, pois, cumpre não perder de vista serem os fatores primordiais e permanentes de nossa vida espiritual, respectivo de nossa literatura, – a natureza e a raça, que lhe constituem o organismo e a alma, e ser o fator móbil, variável, externo – a influência, a imitação estrangeira. Aberra quem desconhece os primeiros; erraria quem escondesse os últimos. (v. I, p. 258)

E delineado com maior precisão em outro trecho: "Conquanto reconheçamos a extraordinária influência do meio, cremos ainda superior – a da raça" (v. I, p. 277). A análise da vida intelectual deveria tomar como base, assim, fatores materiais que a fundamentassem, além da influência externa; esta, sim, de ordem intelectual. A partir daí, ele busca atingir seu objetivo que é não a análise de obras e autores tomados como indivíduos, mas a construção de generalizações, com o estudo de um autor específico valendo não como um fim em si, mas como um ponto de partida. De fato, escrevendo sobre Martins Pena, Romero precisa o que lhe interessa ao estudar um autor: "O que procuramos ver nos escritos de Pena foi a história natural da sociedade brasileira" (1901a, p. 58).

É isto que ele busca em *História da literatura brasileira* (1943, v. I, p. 41): "Seu fito é encontrar as leis que presidiram e continuam a determinar a formação do gênio, do espírito e do caráter do povo brasileiro". O método proposto segue, de qualquer forma, um determinismo rígido ao qual Romero se apega ao longo de toda sua obra, formando-a e deformando-a. E seu objetivo final, nada modesto, é criar uma filosofia da história brasileira, o que seria feito pelo estudo de uma série de fatores que ele mesmo encarrega-se de arrolar: "a ação do meio físico, as qualidades etnológicas das raças constituintes, as condições biológicas e econômicas que determinaram a formação nacional, o processo de miscigenação, os incentivos de psicologia social" (v. I, p. 55). Fatores justapostos e empilhados a condenarem o objetivo inicial, no final das contas, à inevitável desintegração.

O método romeriano tende, cada vez mais, a uma visão monista da realidade, com base em uma perspectiva por ele mesmo explicitada: "Já não é mais lícito em nossos dias falar de uma ciência da natureza e de uma ciência do homem como coisas antitéticas" (1895, p. 2). De fato, o princípio do método utilizado por ele é a defesa do monismo e a recusa do que ele considera ser "a antiga dicotomia absoluta entre o mundo físico e o mundo do pensamento". Para ele, ambos os mundos estão intimamente entrelaçados, de tal forma que a compreensão de um não é viável sem a compreensão do outro. Surgem daí ligações perigosas, um tanto estranhas. Cabe, por exemplo, ao crítico interessado em estudar a evolução de uma literatura ou ao historiador que estuda o desenvolvimento de uma nação recorrer à meteorologia, à geologia, à etnografia, à antropologia, à psicologia, sendo que "o contrário é condenar-se ao charlatanismo e falsificar a crítica ou a história" (1943, v. V, p. 188). Munido assim desse monismo que busca definir a influência da composição do solo na literatura nacional, Romero parte para construir sua obra.

Seu método estrutura-se, enfim, a partir de um amálgama de fatores diversos que vão da natureza a aspectos morais para chegar a uma conclusão altamente pessimista: o atraso brasileiro é congênito.

A própria constituição do brasileiro reflete e reforça essa conclusão: "Temos uma população mórbida, de vida curta, achacada e pesarosa em sua maior parte" (v. I, p. 78). E a solução encontrada por Sílvio Romero passa pela ciência e pela educação do espírito; passa por uma reforma mental das elites capaz de transformá-las em agentes efetivos de implantação de padrões de civilização até então inexistentes na sociedade brasileira e, em tal transformação, a população deveria situar-se, necessariamente, como um agente passivo. Para ele, "o grande prestígio da ciência e indústria modernas está no poder de neutralizar as influências deprimentes do mundo exterior. Compenetremo-nos disto; lancemos mão de todos os seus recursos; tenhamos a educação do real, a higiene experimental do espírito" (v. I, p. 79). Esse foi, evidentemente, um apelo lançado diretamente às elites, e assim deve ser compreendido.

Caberia à educação e aos intelectuais reverter esse processo, exercendo uma ação pedagógica sobre o povo, buscando melhorar seu nível intelectual. Em relação ao operariado, por exemplo, não se trata de transformar meia dúzia de operários em doutores. Para Romero (1979, p. 318), "o fim, o alvo é, ao contrário, cuidar da massa mesma, do grande número, cujo nível intelectual se procura elevar". A educação é a base da modernidade; só educando o povo poderemos ser modernos. Mas tal conclusão implica dois pressupostos: o nível intelectual do povo brasileiro é baixo, e só a ação intelectual das elites junto a ele pode melhorá-lo. As elites, portanto, devem exercer uma função tutelar, ou seja, guiar o povo rumo à modernidade.

E é exatamente essa função que elas se recusam a exercer. Presos aos centros urbanos, os intelectuais limitam-se a depreciar os habitantes do interior, sendo que "a força da resistência, em que pese aos fantasistas, da população nacional, está precisamente nessas gentes do interior, nos 12 milhões de sertanejos, matutos, tabaréus, caipiras, jagunços, caboclos, gaúchos [...]" (1969, p. 175), criando uma antinomia que impede a efetiva construção de uma nação. E é, portanto, no interior, para Romero, que reside a força da nacionalidade, cuja conexão com os destinos da pátria não é feita por incúria das elites. Para ele, "o maior obstáculo a isto tem sido as literatices dos escritores e políticos que se julgam, eles, esses desfrutadores de empregos públicos, posições e profissões liberais, os genuínos e únicos brasileiros, a alma e o braço do povo e por isso se arvoram em nossos diretores" (p. 176).

Temos, assim, na obra de Romero a constatação da alienação das elites, a crítica a estas e a afirmação da dualidade entre elites e população: elementos que estruturariam a obra de Euclides da Cunha. E os autores aproximam-se, inclusive, na crítica de caráter moral que ambos – moralistas severos que são – fazem à República. Em 1908, Romero salienta que "o que mais assombra hoje é a grosseria moral das almas, alheadas a todos os nobres impulsos que devem aviventar a consciência coletiva das raças" (p. 206).

Na perspectiva romeriana, a cópia, ou o vezo imitativo das elites gera conseqüências: impede o surgimento de um denominador comum entre povo e elites e a criação de uma perspectiva nacionalista: fundamentos para a consolidação da autonomia cultural brasileira.

O nacionalismo de Romero confunde-se com seu regionalismo e com ele se identifica. A cultura nacional, para ser autêntica, precisa ser regional. Partindo desse pressuposto, Romero recusa qualquer idéia de uniformidade e centralização cultural e desenvolve seu apelo: "Não sonhemos um Brasil uniforme, monótono, pesado, indistinto, nulificado, entregue à ditadura de um centro regulador das idéias. Do concurso das diversas aptidões dos Estados é que deve sair o nosso progresso" (1943, v. I, p. 135).

Ao fazer o elogio do regionalismo, ele não coloca em questão, contudo, a existência de uma identidade nacional nem relativiza a importância de seu estudo, simplesmente matiza-a por meio do reconhecimento das diversidades regionais. Longe de buscar suprimi-las, busca valorizá-las e reconhecê-las como fonte efetiva de desenvolvimento, em uma postura que seria, por exemplo, a de Gilberto Freyre e dos diferentes regionalistas que, a partir dos anos 1920, pensariam o Brasil na mesma perspectiva.

O nacionalismo de Romero implica, ainda, um projeto que abriga a contradição em seu núcleo. Trata-se de criar uma nacionalidade e de apostar em seu futuro a partir de uma raça mestiça e, portanto, inferior, vivendo em uma natureza adversa. Trata-se de ver o futuro onde, teoricamente, não deveria haver futuro algum. O projeto modernizante de Romero é, em síntese, condenado pelas características identitárias do brasileiro. Modernidade e identidade nacional não se ajustam, e Romero não aponta soluções para esse problema: lega-o, por exemplo, a Euclides da Cunha, que tampouco o solucionaria e o transferiria aos seus sucessores, até Gilberto Freyre transformar a celebração da mestiçagem em fundamento de sua obra.

Cultura popular e identidade nacional

O interesse de Romero pelas pesquisas relacionadas ao folclore prende-se a diversos motivos entre os quais o biográfico não é o menor e, inclusive, é o motivo ao qual ele alude em seu depoimento na coletânea organizada por João do Rio. Ali, ele relembra sua infância no interior de Sergipe, rememora as canções que ali ouvia e conclui: "Tudo que sinto do povo brasileiro, todo meu brasileirismo, todo meu nativismo vem principalmente daí. Nunca mais o pude arrancar d'alma, por mais que depois viesse a conhecer os defeitos de nossa gente, que são também os meus defeitos" (*apud* RIO, 1994, p. 41). O interesse do autor pelo assunto é assim, e principalmente, de caráter empático; ali, ele buscou suas raízes.

Somos europeus? Sim e não. O homem branco é o principal agente cultural brasileiro, mas a ação do mestiço embaralha tudo e confere especificidade à Nação brasileira, o que ocorre, por exemplo, no caso do folclore. Como acentua Barel (2002, p. 280), "para Sílvio, depois do português, seria o mestiço o principal fator transformador na poesia popular, uma vez que seria pela mistura das três raças que ocorreria um embranquecimento da cultura do povo". E tudo muda a partir daí: para Romero (1943, v. II, p. 29), a civilização brasileira não é um produto indígena, original, espontâneo deste solo, é certo; mas é a civilização européia modificada, transfigurada na Europa. Esse processo implicou, também, uma europeização; um branqueamento, diria Romero, que não ocorreu apenas em termos raciais, mas também no terreno da cultura popular. Manifestam-se, nesta, as mesmas tendências que garantem à raça branca, segundo o autor, a supremacia futura:

> O que se diz das raças deve repetir-se das crenças e tradições. A extinção do tráfico africano, cortando-nos um grande manancial de misérias, limitou a concorrência preta; a extinção gradual do caboclo vai também concentrando a fonte índia; o branco deve ficar dentro em pouco com a preponderância absoluta no número, como já a tem na idéia. (1954, p. 42)

O Brasil, para Romero, já possui uma identidade, um caráter próprio, e ele descreve sua gênese:

> Um imenso país descoberto e colonizado; duas raças bárbaras senhoreadas por uma raça superior; populações novas formadas; invasões estrangeiras repelidas; comércio, indústria, autonomia política, certos impulsos originais; tudo isto repercutiu no espírito do povo e habilitou-o a ter também um caráter próprio. (1943, v. III, p. 12)

A formação histórica e racial gerou uma nação com identidade definida. Trata-se de conclusão que permitiu ao autor, em um primeiro momento, desenvolver prognósticos otimistas sobre o País. Para ele, o povo brasileiro "deve-se considerar em essência constituído, e, a esforços de trabalho, energia, bom senso e perseverança, adquirir o seu lugar na história e no mundo" (v. III, p. 236).

A atividade cultural brasileira é definida pelo processo histórico e identitário que a gerou. O brasileiro aprende e assimila com facilidade, "como todo povo mestiçado e meridional", mas trata-se de um aprendizado superficial, incapaz de gerar grandes filósofos e grandes homens técnicos. Criou-se uma mentalidade apta e descrever e a observar, mas incapaz de ir muito além disso (v. II, p. 236).

Salva-se a cultura popular nesse panorama um tanto desolador e, daí, entre outros motivos, sua importância aos olhos do autor. Ligou Romero aos românticos, nesse sentido, o culto que todos eles dedicaram à cultura popular como a autêntica cultura nacional e, ainda, como a cultura onde podem ser definidos os verdadeiros traços da nacionalidade, na medida em que ela refletiu o processo de formação nacional, incorporou e explicou suas características e desenvolveu-se à margem de imitações e estrangeirismo.

A função do estudo da cultura popular para Romero é servir de instrumento de resgate. Por meio dela, com seu estudo, torna-se possível reconstituir a nacionalidade no que ela tem de essencial, avesso e impermeável a modismos e imitações. Esses são os pressupostos do autor, e são pressupostos românticos. Crítico contumaz do romantismo, Sílvio Romero, entretanto, ignora ou prefere ignorar os laços que o unem ao movimento.

A importância pioneira que ele atribui aos estudos folclóricos e o esforço que ele os dedica poderiam ser vistos como uma contradição com o *status* inferior por ele atribuído às raças negra e indígena; os criadores, afinal, junto com o branco, de seu objeto de estudo. Mas a empatia com a qual o conhecimento por elas produzido é enfocado não nega e não contradiz tal *status*.

É o povo quem constrói e encarna a identidade nacional, e não as elites. É ele quem confere organicidade à Nação e transforma-a em algo específico. Ao mesmo tempo, caberia às elites – e daí o apelo do autor ser dirigido a elas – a condução dos destinos nacionais. Caberia a elas transformarem a ciência em instrumento de diagnóstico e mudanças da realidade, resgatando o povo de seus próprios vícios e, com isso, redimindo a si próprias. Mas Romero coloca progressivamente em dúvida a viabilidade dessa tarefa, já que ela implicaria uma plasticidade e adaptabilidade do povo em relação às mudanças a serem feitas; daí seu pessimismo.

Romero sempre foi um crítico do que chamou de perfil idealizado do indígena, mas não é apenas este que ele busca desmentir; é contra qualquer idealização do brasileiro que ele se insurge, e é o mito da bondade brasileira que ele busca negar com a maior veemência. Romero tem, da identidade nacional, uma perspectiva francamente negativa. Para ele:

> Não existe um motivo etnográfico para que aos brasileiros viesse a caber toda a doçura, todo o mel de que a humanidade dispõe para abrandar as índoles das raças... E ainda há mais: em certas épocas a bondade nacional atira a capa às urzes e bota as mangas de fora... Acreditamos, bem ao contrário, que o brasileiro, por sua falta de completa integração étnica, por sua falta de cultura forte e grandemente espalhada, por sua falta de tradições que lhe tivessem, no caminho da história, preparado uma feição própria, original, firme, segura, é, como povo, descontadas algumas qualidades dignas que possui, um dos mais indisciplinados e anárquicos do mundo. (1979, p. 90-91)

Neste trecho, Romero condensa e sintetiza as razões de seu pessimismo: a formação racial defeituosa gerando um tipo racial inferior, a falta de uma cultura integradora e coesa, a inexistência de tradições que orientem a formação nacional. São fatores que fundamentaram a opção do autor por uma solução política autoritária e o levaram, ao mesmo tempo, a descrer cada vez mais na busca de soluções para o caráter anômico da sociedade brasileira.

Romero é movido, contudo, por contradições e, ao analisar a obra de Euclides da Cunha, ele destaca um problema que está no cerne de sua própria obra. Comentando um trecho de *Os sertões*, no qual, buscando delinear o futuro do sertanejo, Euclides define-o como retardatário e anuncia seu desaparecimento inevitável, Romero (1979, p. 173) adverte: "Mas essa parte das nossas gentes destinada, a seu ver, a apagar-se da vida e da história, é a maior parte da nação e é aquela que tem mantido a nossa independência; porque é aquela que sempre trabalhou e ainda trabalha, sempre se bateu e ainda se bate...". Romero aponta, em Euclides, uma contradição que é também a sua, já que, com todos seus defeitos, é o sertanejo, em Euclides, e o povo, em Romero, com tudo de vago que esse termo implica, quem encarna a identidade nacional, e seu desaparecimento implicaria o desaparecimento da própria identidade. E se o povo é descrito a construir a Nação, Romero (1982, p. 154) descreve como

> uma pequena elite intelectual separou-se notavelmente do grosso da população, e, ao passo que esta permanece quase inteiramente inculta, aquela, sendo em especial dotada da faculdade de aprender e imitar, atirou-se a copiar na política e nas letras quanta coisa foi encontrando no velho mundo, e chegamos hoje ao ponto de termos uma literatura e uma política exóticas, que vivem e procriam em uma estufa, sem relações com a política e o ambiente exterior.

Embora, como se vê, Romero aponte na obra de Euclides contradições que, afinal, também são suas, ele termina adotando, junto com o autor, uma dualidade elite *versus* Nação na qual aquela é responsabilizada por ignorar esta e tentar construir um mundo à parte feito de materiais de empréstimo.

Se as elites são por ele criticadas, sua empatia com a cultura popular é evidente. Romero não analisa de cima para baixo os documentos da cultura popular que sempre se empenhou em recolher. Nunca os vê como produções que retratam essa cultura, mas cujo valor começa e termina aí. Ele os vê como obras de arte e os analisa pelo mesmo patamar crítico em que as obras literárias propriamente ditas são analisadas, e certamente com mais entusiasmo.

Torna-se contraditória, a partir daí, a posição inferior que os produtores desta arte assumem em sua obra? Como lembra Bosi (1996, p. 332):

> O índio, o negro, o mestiço, mulato ou caboclo, são vistos como seres dignos de simpatia, embora mais toscos, mais rudes, mais instintivos, em suma, mais primitivos, e, palavra que escapa, inferiores aos brancos, Sublinha-se o seu caráter pré-lógico, ou não lógico (preconceito que vem sendo desfeito no século XX) e postula-se uma série de alterações negativas ou degenerescentes peculiares à mestiçagem.

É esse ser pré-lógico, contudo, o produtor de uma arte que Romero recusa-se a rebaixar ao *status* de meros documentos e prefere elevar ao nível da arte produzida pelos brancos cultos. Em seus poemas sobre Palmares publicados em *A Revista*, em 1881, Romero define o quilombo como um reduto de homens livres a antecipar uma "república ideal, em contraste com a realidade da monarquia escravista" (SAYERS, 1958, p. 243). Aprofunda-se a contradição, e os seres rudes e pré-lógicos tornam-se capazes de levar adiante um ideal político que surge em oposição ao próprio regime político criado pelo homem branco, no qual o negro surge como oprimido.

A cultura popular é desvinculada, ainda, da atividade política, mas não necessariamente porque deva ser assim. Referindo-se à ausência de temáticas políticas na cultura popular, Romero (1943, v. I, p. 162) pergunta: "Qual a razão dessa pobreza, desse quase mutismo da inspiração anônima do povo brasileiro, pelo que toca à sua história política?" E ele mesmo responde:

> As massas mais incultas, que são as que produzem o folclore, nunca se acharam entre nós presas de grandes paixões gerais, dessas que abalam de alto a baixo a alma dos povos. Arredadas de toda e qualquer cooparticipação na gerência de seus destinos, habituaram-se a ver os negócios nacionais manipulados na capital pelo grupo a isso afeito desde os primórdios.

A cultura popular retrata a condição política da população. Colocada à margem do processo político, segundo Romero, ela o ignora e não o discute em suas manifestações culturais. Cria um campo cultural distante do campo político, o que aprofunda a distância, sempre mencionada pelo autor, entre o

Brasil real e o Brasil oficial. A indiferença popular pela política reflete-se na cultura produzida pelo povo, mas, dessa indiferença, dessa alienação, diria-se hoje, este não pode ser responsabilizado. A política oficial o ignora, o exclui, e a cultura popular, conclui Romero, não tem porque tratar do que não é da sua conta.

Se a cultura popular brasileira não reflete a atividade política e se ela não pode, segundo o autor, ser comparada à cultura popular dos países mais evoluídos – o que Romero ressalta como uma reação expressa de sua parte contra o que chama de exageros românticos – nem por isso ela deve ser deixada de lado. Pelo contrário: "nós possuímos uma poesia popular especificamente brasileira, que, se não se presta a bordaduras de sublimidades dos românticos, tem contudo enorme interesse para a ciência" (ROMERO, 1977, p. 32). E ele justifica: "deve-se proceder ao estudo de nossa poesia e crenças populares, com a convicção do valor dessa contribuição etnológica, desse subsídio anônimo para a compreensão do espírito da nação" (1943, v. I, p. 132). Partindo do estudo da cultura popular, segundo Romero, chegamos à identidade nacional e a compreendemos.

Também a herança deixada pela escravidão é preocupação constante em sua obra e origem de várias de suas críticas às elites, acusadas de não se preocuparem em articular um projeto capaz de incorporar à nacionalidade os ex-escravos, preocupando-se, antes, em importar imigrantes que ocupariam, exatamente, o lugar que deveria ser ocupado por esses libertos.

Sílvio Romero liga a questão servil à questão racial e chega a conclusões melancólicas. A escravidão aviltou o negro, já, por si, uma raça inferior, e, com isso, inviabilizou as conseqüências positivas que poderiam advir do processo de miscigenação. A escravidão

> deturpou, em grande parte, o que de útil poderíamos esperar das raças inferiores que entraram em nossa população, raças que, por certo, mais eficazmente poderiam atuar em nossa vida nacional, se a sua introdução no seio do nosso povo não tivesse sido uma conseqüência do cativeiro. (1977, p. 84)

E, feita a crítica da escravidão, Romero define-se como abolicionista, mas defensor de uma abolição gradual, que privilegie antes soluções locais e individuais que uma intervenção estatal de cunho mais radical. Um abolicionismo que não leve à extinção abrupta do trabalho escravo, mas que o faça desaparecer em contato e em contraste com o trabalho livre. Um abolicionismo, enfim, moderado, transigente e ambíguo. Não é por acaso, portanto, que a relação entre Romero e o movimento abolicionista esteve longe de ser pacífica, com ele sendo rotulado como escravocrata, chamando Joaquim Nabuco de pedantocrata e definindo-se como o mais competente para discutir o assunto por representar o "espírito civilizador europeu" (*apud* MORAES FILHO, 1985, p. 44).

Formação nacional e solução autoritária

Se a cultura popular não reflete a atividade política, ela retrata, contudo, segundo Romero, a formação racial brasileira, e desse fato deriva muito de sua importância. Ela é definida pelo autor como o resultado do processo de interação e miscigenação racial que atua como agente formador da nacionalidade. Nessa síntese, a contribuição específica do negro e do indígena torna-se pouco perceptível, o mestiço atua como autor e agente transformador, e o papel principal cabe ao português, com as demais raças tendo uma atuação secundária:

> Incontestavelmente o português é o agente mais robusto de nossa vida espiritual. Devemos-lhe as crenças religiosas, as instituições civis e políticas, a língua e o contato com a civilização européia. Na poesia popular, a sua superioridade, como contribuinte, é portanto incontestável. (ROMERO, 1977, p. 197)

E o predomínio lusitano na formação da nacionalidade é enfaticamente acentuado por ele. Romero (1943, v. II, p. 65) critica o que considera o lusismo de Rocha Pita mas, em sua obra, ele ressalta, constantemente, a importância da manutenção e do fortalecimento da influência lusitana sobre a formação nacional. Ele afirma, portanto:

> Assim, se estudarmos nossas origens, desde que foram lançadas as bases da nossa nacionalidade, encontramos o nosso genuíno ascendente europeu: a gente de Camões e não outra qualquer... Que somos nós? Um prolongamento da civilização lusitana, um povo luso-americano, o que importa dizer que este povo, que não exterminou o indígena, encontrado por ele nesta terra e ao qual se associou, ensinando-lhe a sua civilização, que não repeliu de si o negro, a quem comunicou os seus costumes e a sua cultura, predominou, entretanto, pelo justo e poderoso influxo da religião, do direito, da língua, da moral, da política, da indústria, das tradições, das crenças, por todos aqueles invencíveis impulsos e inapagáveis laços que movimentam almas e ajuntam homens. (1979, p. 211)

Essa longa apologia da colonização portuguesa – vazada precisamente nos moldes que seriam, por exemplo, os de Gilberto Freyre – é feita com um objetivo preciso: alertar para o risco de descaracterização da herança lusitana que a imigração descontrolada de alemães e italianos traria em seu bojo, já que não fazemos parte das "raças arianas, a que supomos pertencer de todo em nossa vaidade de mestiçados levianos, mas a que de fato só pertencemos em mui limitada parte" (1982, p. 255). Outro objetivo é fazer a defesa da imigração lusitana, a única, segundo Romero, que poderia significar uma melhoria das "condições de nossa mestiçagem extensíssima sem alterar a fisionomia histórica da nação; o que obsta a que sejamos um outro Haiti ou um outro São Domingos sem o perigo de transformarmo-nos em conquistas da Alemanha ou da Itália" (1979, p. 212). Teríamos garantido, portanto, o processo de embranquecimento que Romero considera vital para o desenvolvimento e a própria sobrevivência nacional, sem corrermos o risco de nos descaracterizarmos enquanto nação.

Romero faz o elogio, se não da colonização portuguesa, pelo menos de sua herança. E o faz em termos análogos aos adotados por Freyre décadas depois:

> Portugal teve seu belo dia na história, quando desvendou ao mundo a Índia, a China, o Japão, todo o Oriente em suma, e quando em terras da América lançou as sementes de um grande povo. Portugal pode, ainda, deve ainda ter douradas esperanças em um radiante futuro com o seu império colonial da África. (1901, p. 19)

A colonização portuguesa legou, segundo Romero, uma nação unificada em termos étnicos, lingüísticos e políticos e soube resistir às invasões de nações mais poderosas. E é essa herança que pode comprometer-se com a abertura do Brasil às correntes imigratórias, por isso o autor define a colonização portuguesa como a mais adequada ao País. Estaríamos, com ela, promovendo a introdução de um elemento que apenas reforçaria os laços com o passado e com sua herança, não significando, assim, riscos para a identidade já construída. E Romero vai ainda mais longe:

> Sim, meus senhores, não é isto uma utopia, nem é um sonho a aliança do Brasil e Portugal, como não será um delírio ver no futuro o império português da África unido ao império português da América, estimulado pelo espírito da pequena terra da Europa que foi o berço de ambos. (1979, p. 221)

Não se trata, como ele se apressa em esclarecer, de um retorno à situação colonial, mas de uma federação de países de língua portuguesa. De qualquer forma, um projeto apoiado no sólido lusitanismo do autor.

Navegando contra a maré, Romero critica a preferência dada ao imigrante em detrimento do trabalhador brasileiro no processo de colonização, e sugere que este deva "ter preferência nos favores do governo para a colonização. É um meio de fixar e garantir o imenso proletariado brasileiro" (1943, v. I, p. 31). Com isso, o ex-escravo estaria fixado ao solo e incorporado à vida nacional.

Ao mesmo tempo, esse processo deveria ser integrado à realização de uma reforma agrária sempre defendida pelo autor; pressuposto inadiável para a efetiva colonização nacional. E, finalmente, a imigração deveria ser distribuída por todo o território nacional, o que permitiria a assimilação da população imigrante.

Os perigos da imigração branca não-portuguesa derivam das próprias teorias raciais esposadas por Romero. Por serem superiores, estas raças são necessárias e indispensáveis à "melhoria racial" do brasileiro. Por outro lado, tal superioridade as tornam perigosas. Sua importação e concentração indiscriminada podem criar quistos de raças superiores e por isso inassimiláveis e perigosas à própria permanência da unidade nacional. Dessa forma, a imigração baseada na vinda de outros povos europeus – notadamente os alemães – leva o autor a pintar um quadro para o futuro no qual as populações alemãs instaladas no Brasil recusariam o governo brasileiro, proclamariam a existência de um Estado alemão autônomo em solo brasileiro e o consolidariam com auxílio de tropas alemãs (1979, p. 255). A desintegração nacional seria a conseqüência da imigração indiscriminada.

As análises feitas pelo autor, contudo, são contraditadas por ele próprio com relativa facilidade, e o processo de formação nacional conduzido pelos portugueses e suas conseqüências são, ao mesmo tempo, continuamente deploradas ao longo de sua obra. Tal processo não gerou um povo definido por sua originalidade:

> o povo brasileiro não é pois um povo feito, um tipo étnico definido, determinado original... Ainda entre nós as três raças não desapareceram confundidas num tipo novo, e este trabalho será lentíssimo. Por enquanto a mescla nas cores e a confusão nas raças é o nosso apanágio. (1977, p. 267)

E o que é mais grave, a fusão do que ele considera raças inferiores com o que ele define como um estragado e corrupto ramo da velha raça latina gerou uma nação desprovida de qualidades positivas: "O servilismo do negro, a preguiça do índio e o gênio autoritário e tacanho do português produziram uma nação informe, sem qualidades fecundas e originais" (p. 266).

Essa análise traz conseqüências em diversos níveis e, principalmente, na permanente descrença do autor quanto à esfera política, apesar de ele ter participado desta como deputado e de sua permanente ânsia em a ela retornar. Nesse contexto, a política, longe de propor soluções, transforma-se em politicagem – também uma moléstia terrível do nacional" (p. 270). É como se a política fosse uma atividade restrita aos países mais evoluídos, restando ao Brasil uma politicagem a ser eliminada com soluções autoritárias: um diagnóstico que seria plenamente aceito e posto em prática a partir dos anos 1930.

O brasileiro não tem aptidão nem gosto para gerir, ele próprio, seu destino. Segundo Romero (1943, v. I, p. 30), "ao observador competente não escaparão a pouca aptidão e o nenhum gosto de nosso povo para a gestão direta e hábil de seus negócios". A política brasileira nunca incorporou os interesses nacionais, nunca os tomou em conta e, por isso, foi incapaz de incutir no brasileiro o gosto pela condução de seus destinos e a capacidade de geri-los. É preciso, portanto, que ele seja tutelado e dirigido; pressuposto do pensamento autoritário brasileiro, tantas vezes repetido e já presente na obra do autor. Por isso, ainda, o elogio que ele fez da República, 18 anos após a proclamação. Foi um regime que desmascarou ilusões e denunciou o artificialismo da estabilidade na qual se vivia até então, baseado em um federalismo que destoava das características básicas da Nação. Para ele, "a República manifestou o Brasil tal qual é: e, por isso, é o governo que lhe convém, com a condição de ser vazado em moldes conservadores, num unitarismo contido por um forte governo central" (v. I, p. 178).

Desapareceram, no Brasil, a família patriarcal e a vida comunitária, antigos alicerces do poder político. E criou-se um processo de transição que não chegou a completar-se de forma a gerar um corpo político estável. O resultado foi que o grupo e o partido substituíram a família, e os cargos públicos transformaram-se em bens particulares, assim sendo vistos por seus proprietários. E Romero conclui: "E assim se enchem as repartições municipais, que são numerosíssimas, as das províncias e as do Estado, que o são ainda mais" (v. V, p. 275). Por isso, todos buscam as cidades; ali se encontra o chefe político e o emprego público, ali é possível fazer arranjos políticos. E por isso – em um sentido de corrupção e mandonismo – as eleições adquirem, na vida política brasileira, tão grande importância: "Nestas condições, não é de estranhar que a política preocupe muito os brasileiros, mas é a política que consiste em fazer eleições para ver quem vai ficar acima e ficará em condições de fazer favores" (1979, p. 192).

A análise política, para Romero, deve tomar como base o estudo de aspectos identitários ou, em sua expressão, aspectos da psicologia popular. Segundo ele, "é uma loucura procurar conhecer a política de um povo, sem estudar o estado real da psicologia desse povo" (1911, p. 127).

Já no que tange à questão social, o conservadorismo do autor torna-se patente quando ele aceita um argumento conservador comum à sua época: o que ele considera excesso de greves durante a República Velha teria origem na grande quantidade de anarquistas que emigraram para o Brasil. Frades e anarquistas constituiriam, assim, o grosso das correntes migratórias que para aqui se dirigiam, ou seja, "os que ninguém quer, os que as velhas nações cultas expelem de seu seio, os obscurantistas refeces e os desordeiros incuráveis, nós os acolhemos com a mais criminosa leviandade" (1979, p. 183). Declara isso apesar da pretensa simpatia com a qual ele vê o socialismo, que define como a luta do quarto estado, a peleja do operariado.

Ao mesmo tempo que afirma sua simpatia pelo socialismo, Romero ressalta sua crença na inviabilidade de sua adoção, dadas as características da sociedade brasileira, a anomia do movimento operário e a própria debilidade do pensamento socialista no Brasil. Evaristo de Moraes Filho (1979, v. II, p. 99) sintetiza as razões do autor: Para Sílvio,

> com um proletariado incipiente, desorganizado, disperso; com ausência de estudos prévios de natureza econômica, social e estatística sobre

esse proletariado; com um país grande a ser ainda verdadeiramente ocupado e colonizado, era precoce qualquer agitação extremista.

Romero é, enfim, contra a intervenção estatal na economia e define a adoção de idéias socialistas no Brasil como uma iniciativa marcada pela precocidade (MORAES FILHO, 1991, p. 28).

Mestiçagem e pessimismo

A inovação decisiva de Sílvio Romero foi a introdução da raça como elemento fundamental não apenas para o entendimento da literatura brasileira como também para a construção da identidade nacional. Foi a miscigenação, na perspectiva romeriana, que tornou possível a incorporação da influência negra, mas foi ela, também, que problematizou a formação nacional, tornando-a tributária de uma raça que Romero considera inferior.

Importa ressaltar e discutir, em relação às páginas que Romero dedica à questão racial, não o anacronismo de suas conclusões e premissa, mas a posição de crucial importância ocupada pelo autor no processo de articulação de um tema fundamental na cultura e na sociedade brasileiras. Com ele, o negro ganha *status* de personagem central no processo de formação nacional, que deixa de ser uma mera construção européia nos trópicos. Não somos portugueses, nem africanos, nem indígenas: somos mestiços, e o somos devido ao negro. A partir daí, ele chega a uma segunda conclusão: o estudioso do Brasil deve tomar a influência negra como fator indeclinável e estudá-la com todo o rigor científico.

No mesmo período histórico, ou seja, pouco antes da abolição da escravatura, Sílvio Romero e Joaquim Nabuco fazem descoberta semelhante: constatam a importância fundamental do negro na formação da sociedade brasileira e preocupam-se com sua influência no futuro desta. Mas o fazem com base em perspectivas distintas: a Nabuco, interessa o negro enquanto escravo, deixando de lado a questão racial. Para Romero, munido de todo um aparato teórico que Nabuco sequer menciona, é a questão racial que ocupa o centro de seus esforços de compreensão e análise, com o estudo da escravidão e seus efeitos ocupando um lugar pouco relevante em sua obra. Nabuco explica o Brasil por meio da organização econômica do País e das relações de trabalho nele existentes, ignorando as explicações ligadas ao meio e à raça às quais Euclides da Cunha e Romero, entre outros, apegaram-se.

Romero parte de um tópico que define como inquestionável e de uma realidade que, segundo ele, não pode ser negada ou alterada: o fundamento de sua análise é a desigualdade racial. Para ele, "a distinção e desigualdade das raças humanas é um fato primordial e irredutível, que todas as cegueiras e todos os sofismas dos interessados não tem força de apagar" (ROMERO, 1979, p. 129). A realidade é que o Brasil é um país mestiço, sem ser, nesse sentido, uma novidade histórica, já que o processo de miscigenação, para Romero, é um fenômeno que acompanha a história da humanidade. Segundo ele, "as raças préhistóricas nos aparecem já tão baralhadas como as históricas" (1887, p. 103).

Romero não é pioneiro no que tange à constatação da importância da mestiçagem. José Bonifácio, por exemplo já se refere a ela, ao fazer o elogio do mulato. Segundo ele:

> O mulato deve ser a raça mais altiva e empreendedora; pois reúne a vivacidade impetuosa e a robustez do negro com a mobilidade e sensibilidade do europeu; o índio é naturalmente melancólico e apático, estado de que não sai senão por grande efervescência das paixões, ou pela embriaguez: a sua música é lúgubre, e a sua dança mais ronceira e imóvel que a do negro. (BONIFÁCIO, 1998, p. 257)

O pioneirismo de Romero deriva das conseqüências por ele extraídas de tal processo. Devido a ele, constituímos já, e ainda mais no futuro, uma raça histórica, para tristeza dos defensores de nosso arianismo. E o fator que permitiu a criação de tal raça, escreve ele antecipando o argumento de Gilberto Freyre, foi a tendência e a facilidade do português, ele mesmo já miscigenado, em misturar-se com outras raças: "Inconscientemente, espontaneamente, sentem-se atraídos pelas Vênus escuras das terras tropicais. Cruzam com elas" (ROMERO, 1943, v. I, p. 188).

Romero busca definir aspectos positivos de um processo de mestiçagem que outros autores haviam, até então, visto apenas como um fator de desqualificação e inferioridade do povo brasileiro, inferior porque mestiço. Fazendo isso, ele cria uma perspectiva original e inovadora, de fundamental importância no pensamento brasileiro. O português, o africano e o índio selvagem são estrangeiros no Brasil. Para Romero (1977, p. 33), "o genuíno nacional é o descendente destas origens" ou seja, o mestiço. Ao mesmo tempo, tal processo de fusão e assimilação é incompleto e deverá levar alguns séculos para ser concluído. O brasileiro ainda não está pronto. E, finalmente, tal processo é estudado a partir de uma ótica rigidamente evolucionista, na qual o português é visto como a raça vencedora porque superior, em um processo que é, também, um combate. Para o autor, "o europeu foi o concorrente mais robusto por sua cultura e o que deixou mais tradições" (p. 39).

O brasileiro, enfim, é mestiço, mas a mestiçagem é uma etapa; estado transitório que prepara o triunfo do homem branco. Para Romero,

> o mestiço é a condição desta vitória do branco, fortificando-lhe o sangue para habilitá-lo lo aos rigores do clima. É uma forma de transição necessária e útil que caminha para proximar-se do tipo superior... Pela seleção natural, todavia, depois de apoderado do auxílio de que necessita, o tipo branco irá tomando a preponderância, até mostrar-se puro e belo como no velho mundo. (p. 231)

A história brasileira é a história de um processo de mestiçagem, e o que define racialmente o brasileiro é seu caráter mestiço, não se tratando, como ele acentua, apenas de uma mestiçagem racial, mas também, e o mais importante, de uma mestiçagem moral, com toda ambigüidade que esse termo possa acarretar (1943, v. I, p. 294). Para Romero, "todo brasileiro é um mestiço, quando não no sangue, nas idéias" (v. I, p. 275). Exatamente por isso, a formação racial brasileira apresenta caráter provisório, ainda não definido, mas sua evolução tende a levar ao desaparecimento de negros e índios e à formação de uma nova raça, brasileira porque mestiça.

E quem é o mestiço, para Romero? Para ele, "o mestiço é o produto fisiológico, étnico e histórico do Brasil; é a forma nova de nossa diferenciação nacional". O mestiço é o brasileiro, e é como mestiço que o brasileiro se define como povo dotado de identidade própria. É a mestiçagem que gera a identidade nacional. A conclusão do processo de construção do brasileiro, então, é: "O mestiço, que é a genuína formação histórica brasileira, ficará só diante do branco quase puro, com o qual se há de, mais cedo ou mais tarde, confundir... Dentro de dois ou três séculos a fusão étnica estará talvez completa e o brasileiro mestiço bem caracterizado" (v. I, p. 103). Mas ele diferencia, finalmente, mestiço e mulato:

> Não quero dizer que constituiremos uma nação de mulatos; pois que a forma branca vai prevalecendo e prevalecerá; quero dizer apenas que o europeu aliou-se aqui a outras raças, e desta união saiu o genuíno brasileiro, aquele que não se confunde mais com o português e sobre o qual repousa o nosso futuro. (v. I, p. 104)

Então, o fim do tráfico de escravos e o gradual desaparecimento do indígena tornarão tais influxos cada vez mais secundários no processo de formação do brasileiro. O mestiço é o branco brasileiro (v. I, p. 282). E deve ser visto como o símbolo da confraternização racial, não do conflito. Para ele, "a ação fisiológica dos sangues negro e tupi no genuíno brasileiro, explica-lhe a força da imaginação e o ardor do sentimento. Não deve haver aí vencidos e vencedores; o mestiço congraçou as raças e a vitória deve ser de todas três" (v. I, p. 116).

Toda uma explicação sobre a questão racial e a formação histórico-social brasileira, que teria fundamental importância nas décadas seguintes e em Gilberto Freyre seu representante máximo, já está sintetizada nesses trechos da obra de Romero. A influência telúrica exercida pelo índio e, principalmente, pelo negro, o caráter mestiço da identidade nacional, a valorização de outras contribuições que não a do homem branco, as relações raciais tendendo para um ideal de confraternização; tudo isso Romero sintetiza: os fundamentos estão lançados.

A influência de Romero pode, por outro lado, ser definida como uma bomba de efeito retardado, apenas aceita e plenamente absorvida a partir do modernismo, quando seus fundamentos raciais já haviam caducado. Como acentua Zilberman (2000, p. 46), "Romero introduz dados novos, como o fator racial e o mestiço, na interpretação da vida nacional; os estudiosos da cultura brasileira demoraram a absorvê-lo, tendo de aguardar a explosão modernista, para admitir a mestiçagem e a confluência dos povos".

Ao mesmo tempo, todas as conclusões às quais ele chega são contraditadas pela teoria por ele adotada, que salienta os maléficos efeitos da mestiçagem, e, ao adotar tal teoria, Romero retira os fundamentos do edifício que ele próprio havia construído. A mestiçagem é enaltecida por ter gerado o brasileiro enquanto tipo específico e deplorada pelas teorias raciais aceitas pelo autor, em uma contradição que fundamenta o pensamento romeriano. Mestiço, pois, o brasileiro é por definição decadente, ou nem isso, já que sequer uma grande raça ele chegou a ser um dia. A decadência a que chega o europeu torna-se, assim, a condição nacional. Todo o futuro por ele descrito se esvai.

Romero cria, então, um projeto para o futuro, que visa atenuar, transformar ou eliminar as conseqüências dessa realidade. E chega, a partir daí, a uma conclusão que, se não é expressa, está implícita: se o Brasil do presente é habitado por uma raça inferior, o Brasil do futuro não o será. A questão racial, enfim, determina sua análise em diversos níveis e, mesmo no complexo de fatores que compõe o método utilizado por Romero, a raça é o fator predominante, perante o qual o clima fica em segundo plano, embora este tenha, também, atuado na formação racial (ROMERO, 1943, v. IV, p. 90).

Entender, em síntese, o processo de miscigenação, para o autor, é condição indispensável para entender o próprio brasileiro, pois foi esse processo que o gerou e é por ele que o brasileiro pode reivindicar alguma pretensão à originalidade entre os outros povos. Desse processo deriva a identidade nacional em toda sua essência. Deriva dele, ainda, a heterogeneidade racial que marcaria indelevelmente o brasileiro como um ser inferior perante o europeu, seguindo a cartilha dos teóricos europeus que Romero sempre teve na conta de mestres insuperáveis e inatacáveis mas, aqui, ele opera uma inversão de valores que abriria caminho para a obra de Gilberto Freyre, Euclides da Cunha e Oliveira Vianna, entre outros.

A solução encontrada foi, sem negar validade às conclusões destes teóricos, adaptá-las ao contexto nacional e buscar o branqueamento como solução conciliatória entre tais conclusões e tal contexto. Não foi, porém, uma solução pacífica, já que, no esquema racial proposto por esses autores, o brasileiro mestiço descrito pelo autor deveria ocupar uma solução necessariamente inferior e fadada a ser superada pela supremacia do homem branco. Tal pressuposto terminaria colocando Romero em um impasse que os pensadores brasileiros (e foram muitos) que se envolveriam, mais tarde, no debate sobre a questão racial com base em premissas semelhantes às suas tentariam resolver: o que é a origem do sucesso do processo de colonização e a chave da formação nacional fundamenta a inferioridade racial do brasileiro.

Foi, contudo, uma solução que pressupunha a superação impossível das ambigüidades e contradições mencionadas por Odália (1997, p. 21) e oriundas do conflito "entre as teorias científicas européias, em relação à raça e ao meio, e as condições raciais herdadas da colônia", e que não se manteve. A adoção de uma perspectiva cada vez mais negativa perante o branqueamento, induzida pela adoção de um arianismo ortodoxo à maneira de Gobineau, levaram-no a um beco sem saída, na medida em que a miscigenação que agiu como diretriz básica da identidade nacional passou a ser vista apenas como um mal irremediável. E Ventura (1991, p. 64) data essa mudança: "Sua confiança nos lucros evolutivos de tal contabilidade racial foi, porém, abalada a partir de 1900, quando se mostrou cético quanto ao futuro branqueamento da população brasileira e passou a aceitar as teorias arianistas contrárias à mestiçagem, que antes rejeitara".

É o próprio Romero, de qualquer forma, quem se encarrega de datar seu crescente pessimismo. Ao comentar um ensaio de Euclides da Cunha sobre Floriano Peixoto no qual nega que este se diferencie em relação aos defeitos predominantes em conterrâneos, Romero (1943, v. V, p. 405) conclui:

> É verdade que o caráter nacional tem se despenhado num declive de meter dó, bastando para prová-lo as inqualificáveis vilanias da política dos últimos anos, de que é inútil citar exemplos, porque se contam aos milheiros. Em todo caso, é inegável que nos tempos de Floriano não tínhamos ainda descido tanto e que ele se manteve firme na história pela virtude da resistência.

Romero parte de Gobineau, contudo, para universalizar o próprio processo de miscigenação, negando que este seja específico das novas civilizações, atingindo o que ele chama de genuíno ariano, desfigurando e tornando-o, portanto, cada vez menos genuíno. Foi Gobineau com sua admirável visão genial, segundo Romero, quem descreveu "as causas da decadência do poder, da grandeza e da cultura, iniciada por toda parte pela grande raça, como resultantes do cruzamento com elementos inferiores, ali e noutras regiões". A própria superioridade racial do europeu, nessa perspectiva, deriva de um processo de miscigenação com outras raças que a formou e a condicionou. Mas que também gerou problemas, como ele conclui logo depois: "a mistura de Europeus com Acrognonus, Contractus, Meridionalis, Alpinus e outros tipos antropológicos não tem sido estreme de sérios defeitos, estigmatizados pelos grandes conhecedores científicos e por espíritos de primeira ordem" (v. V, p. 157).

Se o mestiço é o problema, contudo, ele também faz parte da solução, atuando como instrumento no processo de supremacia da raça branca e que terá como conseqüência sua própria absorção por esta raça. Para Romero (1977,

p. 231), "o mestiço é a condição desta vitória do branco, fortificando-lhe o sangue para habilitá-lo aos rigores do clima. É uma forma de transição necessária e útil que caminha para aproximar-se da raça superior". Romero define as raças históricas, enfim, como raças mestiças: produtos híbridos. Partindo desse pressuposto, que, aliás, jamais abandonaria, Romero abre um caminho pelo qual passariam gerações de pensadores. O mestiço torna-se a figura central da formação nacional e, para fazer isso, ele precisa combater o índio, ou melhor, o indianismo.

A mestiçagem que interessa a Romero como objeto de estudo é a do branco com o negro, ficando o indígena relegado a um plano inteiramente inferior em termos de elemento formador da nacionalidade. O esquecimento ao qual o negro foi relegado é, para Romero (1943, v. I, p. 287), "a mais censurável ingratidão de toda a nossa história". O índio, na obra de Varnhagen (1948, v. V, p. 171), representa a barbárie em oposição ao homem branco, e uma barbárie de tal modo irrecuperável que, depois de quase três séculos de contato com o homem branco, ele chegou a mudar pouco ou nada: "Quanto aos índios, pouco ou nada se havia melhorado. Ou seguiam nos bosques matando-se e comendo-se uns aos outros, ou, à custa de esforços, gastos e sacrifícios, se chegavam por muito favor a aldear sem vantagens decididas para a sociedade". Romero segue a trilha aberta pelo autor, sendo o índio, para ele, pouco mais que uma mistificação sem importância real na constituição do brasileiro construída pela escamoteação da importância do negro. Compreender adequadamente esse processo, para ele, implicava invertê-lo, relegando o índio à sua insignificância e conferindo ao negro o papel fundador que era seu de direito e de fato.

A constante preocupação em ressaltar a importância do negro no processo de formação nacional levou o autor a tornar-se um crítico feroz do indianismo – por ele chamado de "caboclismo de opereta" (apud MENDONÇA, 1938, p. 49) – e dos autores que o representavam, entre eles, e principalmente, José de Alencar. O desaparecimento do indígena é visto como um advento inelutável, e em momento algum Romero o lamenta. Para ele, "o índio brasileiro está condenado à sorte dos povos da Polinésia. Ali não só o homem desapareceu ante o concurso europeu, como ainda desapareceram algumas espécies animais e até vegetais com a introdução das espécies estrangeiras" (ROMERO, 1943, v. IV, p. 97). A mistura de índios, plantas e animais no mesmo balaio demonstra claramente o desinteresse do autor em estudar a dinâmica histórica e as conseqüências humanas do desaparecimento de toda um povo. Trata-se de um processo natural, inevitável e até desejável, uma vez que ele salienta, também, o mal que representaria o "Brasil tapuio", segundo ele, desejado pelo indianismo (v. IV, p. 99).

A influência do negro foi total, dando-se não apenas em termos socioeconômicos, mas determinando nosso íntimo e moldando nosso cotidiano. Somos, para ele, integralmente mestiços, e a cultura brasileira é uma cultura mestiça, o que reforça a alienação das elites antenadas com a cultura européia e avessas a esse processo. É fundamental assim, na abordagem feita pelo autor da questão racial, a valorização da influência negra na cultura e na sociedade brasileira em detrimento da cultura indígena. Romero define o negro como um objeto de estudo em desaparecimento, caminhando para a extinção com o fim do tráfico, e afirma:

> O negro não é só uma máquina econômica; ele é antes de tudo, e mau grado sua ignorância, um objeto de ciência... Apressem-se, porém, senão terão de perdê-lo de todo. E todavia, que manancial para o estudo do pensamento primitivo! Este mesmo anelo já foi feito quanto aos índios. (1977, p. 35)

O negro nunca é visto por Romero como um membro legítimo do processo civilizador que deve ser conduzido, necessariamente, pelo branco, mas como um elemento racial que tende a dissolver-se no interior desse processo devido à primitividade que o transforma em um precioso campo de estudo. E a legitimação do negro levada adiante por Romero é vista por ele como uma bandeira a ser erguida contra todos os que buscam desmerecê-lo como influência determinante no processo cultural brasileiro. Cabe estudá-lo em toda a dimensão de sua importância:

> Depois do português é ele o fator mais valente de nosso progresso; de alto a baixo a vida do brasileiro mostra a sua ação: língua, costumes, contos, canções, tudo no Brasil é de formação tríplice, e o olhar adestrado vai mostrar o veio negro seguindo o branco de perto e deixando o vermelho quase obliterado. (p. 60)

Na lista de influências aqui proposta, entretanto, ficam patentes os limites impostos: ela não chega ao campo delimitado, grosso modo, como alta cultura. Na antropologia, na sociologia e em outras áreas, a contribuição potencial do negro simplesmente não é levada em conta.

O reconhecimento dessa importância caminha a par com o habitual reconhecimento, pelo próprio autor, de seu pioneirismo e com uma enfática afirmação de suas origens raciais:

> Ninguém se lembrou de um dos nossos principais elementos políticos, sociais e econômicos: o negro, e seu parente o mestiço... Nós fomos os primeiros a clamar contra essa lacuna e essa injustiça, apesar de não sermos suspeitos, pois somos filhos diretos de portugueses. (p. 153)

Romero sugere aqui, como acentua Risério (1993, p. 117), o temor de – ao acentuar tal influência negra – ver-se suspeito, "de se ver subitamente vinculado à laia escura, independentemente do que ousassem dizer os seus formantes genéticos". De fato, ao ser chamado de mestiço por Teófilo Braga, Romero (1904, p. 52) reage com a ira de quem foi ferido em um ponto sensível: "Quem lhe disse que sou um mestiço e faço etnografia para meu uso? Porque e para que é assim mau e leviano".

Encontramos já delineado na obra de Romero também o conceito de democracia racial, que tão larga influência teria na cultura brasileira, sendo o Brasil um país fatalmente democrático e sendo a democracia e o mestiçamento "os dois maiores fatores de igualização entre os homens" (1979, p. 128). E, em 1892, ele define o Império como fazendo parte do passado, já que o tempo das aristocracias já passou. Para ele, mestiço por definição, "o Brasil é um país fatalmente democrático" (1969, p. 267). Aqui, os mestiços são maioria e ditam a lei.

Em um período histórico, entretanto, em que a desigualdade racial era tida como pressuposto inquestionável inclusive por Romero, a idéia de democratização social por meio da mestiçagem termina solapando a pretensão à superioridade racial do homem branco que Romero mesmo defendia. A mestiçagem torna-se um instrumento indispensável de adaptação aos trópicos (idéia a ser adotada por Euclides da Cunha), implica a aceitação da herança cruzada das raças. Ajustam-se teorias que, de outra forma, seriam inadaptáveis ao País, em um processo descrito por Antônio Cândido (1989, p. 112):

> Sílvio Romero, sentindo naturalmente quanto poderia ser operativa no Brasil uma teoria da civilização como mestiçagem, procurou ajustá-la à nossa realidade, e começou por definir a função histórica das populações cruzadas como condição favorável à adaptação do branco ao trópico.

Romero demonstra, ainda, firme crença na eugenia e vê nela a solução para os problemas decorrentes da mestiçagem. Segundo ele:

> Causa ou efeito, ou, simultaneamente, causa em uns casos, efeito em outros, a severa solução energética, que tem nas gentes particularistas e eugênicas por excelência seus melhores modelos, é que nos convém, se nos queremos regenerar, se aspiramos especialmente a matar a politicagem e seus inqualificáveis e perniciosíssimos efeitos. (ROMERO, 1979, p. 321)

A eugenia é pensada por ele em termos mais amplos que o meramente racial, devendo não apenas funcionar como instrumento de melhoria étnica, mas buscando evitar a reprodução de "degenerados, loucos, epilépticos, tuberculosos, alcóolicos, morféticos" (p. 320). Ela passa a ser vista, então, como um instrumento de profilaxia médica, moral e social, eliminando-se toda e qualquer proliferação de categorias sociais consideradas problemáticas e indesejadas. Trata-se de um programa de saneamento social cuja amplitude antecipa as mais sinistras experiências nazistas. E trata-se de um programa que busca soluções políticas, visando erradicar a politicagem por meio de melhorias na constituição da população. É como se tais soluções fossem inviáveis com a população disponível no Brasil.

Conclusão

Se para Eça de Queiroz a importação de idéias levada adiante no Portugal de seu tempo caracteriza-se pela gratuidade, Marx assinala, precisamente, a necessidade de correspondência entre determinada teoria e as necessidades da sociedade que a adota, não havendo gratuidade nessa relação. As teorias importadas por Sílvio Romero não foram idéias fora do lugar; cumpriram um papel específico. Suas idéias correspondem às necessidades de modernização e reordenamento social características de uma sociedade que vivia a transição para a sociedade de classes sob a égide de um novo regime político. As teorias raciais por ele defendidas dizem respeito à necessidade de criar um corpo de idéias que justifique a nova desigualdade a ser implementada, e que não poderia ser mais justificada pelo estatuto servil. Por outro lado, sua crítica às elites atende à necessidade de renovação social a ser feita em um processo de circulação das elites, no qual ele pertence aos setores que buscam a ascensão social e que dependem da modernização para obtê-la.

E concluo, enfim, retomando a questão inicial: Por que comecei por Romero? Vale, aqui, a observação de Moreira Leite (1976, p. 320) sobre o autor:

> A sua interpretação do Brasil impregnou de tal forma os estudos brasileiros que não será difícil perceber sua influência em Euclides da Cunha, em Oliveira Vianna, e até em Gilberto Freyre, para não mencionar a História da Literatura, onde sua influência foi predominante durante muito tempo.

Tomar como ponto de partida a obra de Sílvio Romero significa, portanto, reconhecer sua precedência em mais de um aspecto. Torna-se indispensável, analisando seus parâmetros metodológicos, reconhecer seu esforço pioneiro – mesmo que tantas vezes equivocado – em sistematizar uma análise, que se pretendia científica, da realidade e da história brasileira, abrindo caminho para que outros explicadores do Brasil – e Euclides e Freyre surgem como os nomes mais óbvios – pudessem seguir o mesmo caminho. Também a importância assumida pela questão racial em sua obra e a valorização da miscigenação como eixo formador da identidade nacional deixam claro o caráter pioneiro e inovador de sua obra no contexto da cultura brasileira. E situando a questão da identidade nacional em seu pensamento, relacionando-a ao crescente pessimismo que nele se constata, busco acentuar como o autor trata da questão da modernidade tomando como ponto de partida a análise da própria identidade.

Identidade nacional, cultura popular e raça são temas fundamentais em toda a obra do autor. A cultura popular tem seu valor específico reconhecido como produção cultural, e não apenas como documento popular, e serve como instrumento indispensável de análise e compreensão da identidade nacional. Compreender o processo de formação racial do brasileiro e, mais especificamente, a importância da miscigenação como elemento central desse processo torna-se condição indispensável para compreendermos a construção e os sentidos adquiridos pela identidade nacional. E decifrar essa identidade, em seus aspectos positivos e negativos, sempre foi a preocupação central da obra da Sílvio Romero.

EUCLIDES DA CUNHA:
MODERNIDADE E SERTÃO

O povo está num nível moral e material tão baixo que decerto se oporá a aceitar aquilo de que necessita. Na Europa a propriedade racional faz progressos, porque o povo está educado. Por conseguinte, o que temos a fazer é educar o povo, e pronto.

Tolstoi – *Ana Karênina*

Euclides da Cunha nasceu em 1866, no interior fluminense, e morreu no Rio de Janeiro, em 1909, após envolver-se em duelo com o amante de sua mulher. Serviu o Exército, desligou-se da corporação e dedicou-se ao jornalismo, tendo *Os sertões* nascido de sua atividade como jornalista. Foi engenheiro e funcionário público, nunca tendo conseguido dedicar-se integralmente à sua atividade de escritor, embora tenha alcançado a consagração com rapidez e intensidade incomuns.

Sua obra pertence, ao mesmo tempo, à literatura e às ciências sociais e, em ambas as áreas, foi saudada como marco fundador: o momento no qual o sertão foi revelado ao litoral, não por idealizações, mas em um sentido de análise e resgate. Estudar a obra de Euclides significa problematizar o encontro entre duas temáticas: a modernidade e a identidade nacional, a civilização e o sertão, com esse encontro estruturando todo o pensamento do autor.

Consagração e marginalidade

Euclides da Cunha nasceu à margem. Criado em uma fazenda fluminense por uma família que não era a sua, ele cresceu e viveu em uma posição sempre relativamente marginal em relação ao sistema patriarcal, com a tradição que ele defende não sendo representativa desse sistema e da qual, por exemplo, Joaquim Nabuco e Gilberto Freyre foram herdeiros. Nesse sentido, é precisa a comparação feita por Sylvio Rabello (1966, p. 14): "a posição de Euclides menino, na casa-grande de São Joaquim, é exatamente o inverso de Nabuco também menino, na casa-grande de Massangana".

Essa posição relativamente marginal marcou toda sua existência. Euclides foi um intelectual de prestígio que cedo foi eleito acadêmico, mas que jamais alcançou a influência política e social que sempre almejou; seus projetos literários e profissionais, após a publicação de *Os sertões*, nunca alcançaram plena concretização. Crítico radical de sua época foi também um intelectual que buscou a participação política, mas sempre foi mantido à margem do processo político.

É exemplar sua frustrada tentativa de seguir carreira política. Euclides tentou, em 1908, lançar-se candidato a deputado por Minas, e sua correspondência com seu amigo Francisco Escobar – que foi o articulador da tentativa –, no período, está cheia de referências a essa candidatura. Mas foi uma candidatura que gorou, por motivos não muito claros. Para Broca (1975, p. 87), "a versão corrente é de que muitos próceres das Alterosas vetaram-na, pelo fato do escritor não ser mineiro". Não se trata, contudo, de mera questão geográfica; diz respeito, igualmente, à posição ocupada por Euclides no processo político e cultural brasileiro: um *outsider* louvado e admirado, mas um *outsider*.

O caráter um tanto marginal da atividade profissional e intelectual de Euclides é percebido com clareza por ele próprio, como acentua Ventura (2003, p. 253): "Autor consagrado, seguiu sendo um eterno insatisfeito com as condições de exercício de suas atividades profissionais... Arrastou consigo a incômoda contradição entre a face pública do escritor e a busca inglória de emprego mais propício à atividade literária". Já Costa Lima (1984, p. 201) define Euclides como um deslocado entre os intelectuais de seu tempo; entre os "academicamente reconhecidos, entre os mundanamente legitimados, entre as estrelas aristocráticas", e questiona: "com efeito, onde se enquadrar entre os tipos de intelectuais dos já distantes 1900?". No final de sua vida, tal sentimento de exclusão e inadaptação se agrava. Seguindo a observação de Coelho Neto, que esteve com ele na antevéspera de sua morte, Euclides falava sem nexo, aludindo a supostos inimigos, como se estivesse obcecado pela mania de perseguição (LINS, 1972, p. 56).

Euclides foi rapidamente consagrado após a publicação de *Os sertões*, transformando-se em um *best-seller* de seu tempo. Como isso se deu? O livro de Euclides leva ao ápice o sentimento de escândalo e remorso que se seguiu, em todo o Brasil, ao massacre de Canudos. Segundo Galvão (1981, p. 79),

> como todo grande livro, este também organiza, estrutura e dá forma a tendências profundas do meio social, expressando-as de maneira simbólica. Tudo se passa como se o processo de expiação da culpa coletiva tivesse atingido seu ponto mais alto neste livro.

Contudo, Euclides viveu sempre em uma situação ambígua, consagrado, mas jamais plenamente aceito. Mesmo já autor famoso viveu, como funcionário público, uma situação permanentemente instável e, sem nunca se fixar realmente em uma posição no serviço público, mais de uma vez esteve desempregado. Essa ambigüidade foi por ele mesmo reconhecida, pouco antes de morrer, ao ser preterido em um concurso acadêmico vencido por "um cearense que há vinte e cinco anos escreve uma interminável *Finalidade do mundo*, que ainda ninguém leu" (evidentemente, Farias Brito). E ele conclui, expressando ao mesmo tempo seu desalento e sua recusa em manipular os cordéis da influência:

> Com o atual governo tenho poucas esperanças. Embora o barão seja, de fato, o dono da situação – isto constitui mais um motivo para que eu não me aproveite da sua influência. Felizmente mudei-me para Copacabana (rua N. S. de Copacabana n 23 H) onde estou numa situação maravilhosa... para ver navios! Nem outra coisa faço nesta adorável República, loureira de espírito curto que me deixa sistematicamente de lado, preferindo abraçar o preto Monteiro Lopes. (CUNHA, 1997, p. 409)

A opção de Euclides pela engenharia militar faz todo sentido quando vista nesse contexto. Como acentua Regina de Abreu, referindo-se especificamente ao autor, é possível afirmar que os engenheiros militares estavam mais próximos de uma lógica individualista e modernizante e que, neste sentido, entraram inevitavelmente em choque com as elites tradicionais, "movidas pela lógica hierárquica da sociedade de corte". E como ainda acentua a autora,

> os engenheiros haviam constituído sua identidade em ligação estreita com o crescimento da atividade industrial no Brasil, derivando-se, a partir daí, um conceito de modernidade que significaria a incorporação de todos a uma temporalidade comum na direção do progresso. (ABREU, 1998, p. 94)

Euclides, como engenheiro, assume esta identidade, definindo e encarnando a tarefa de sua profissão, ao afirmar: "a nossa engenharia não tem tarefa mais nobre e mais útil que esta conquista racional de nossa terra" (CUNHA, 1995, v. II, p. 553).

A atuação como engenheiro era vista por Euclides como sua contribuição profissional para o advento da modernidade. A engenharia teria uma função essencialmente modernizante mas, ao pensar em modernidade, Euclides virava as costas ao que considerava modernidade postiça e efêmera dos grandes centros urbanos e postulava uma modernidade que visasse à incorporação das populações mantidas tradicionalmente à margem do progresso. Escrevendo sobre os engenheiros alemães da República de Weimar, Herf (1993, p. 199) assinala o ideal que os orientava: "A tarefa do engenheiro era criar formas permanentes e duradouras que se erguessem em aguda contraposição às formas efêmeras e cambiantes do mercado". Era essa também a missão que o engenheiro Euclides da Cunha se colocava. Já a função do escritor – dele, Euclides – seria nomear o inominado por ainda não ter sido incorporado à civilização. Seria descrever o espaço ainda vazio de marcos da modernidade e incorporar à história o tempo que ainda não se fez histórico.

A engenharia foi, também, uma forma de ele afirmar-se como agente da transformação republicana na qual apostava todo seu capital social. Foi a forma que o jovem pobre e idealista encontrou para dar praticidade a seus ideais perante as elites bacharelescas. Sua atividade de engenheiro foi, igualmente, a expressão de suas idéias de escritor, de tal forma que o Euclides engenheiro e o Euclides escritor são indissociáveis: um não é compreensível sem o outro.

Ele fez parte ainda de uma nova elite cuja principal característica foi a contraposição às elites dominantes, cujas origens estavam intimamente ligadas às estruturas políticas, sociais e econômicas vigentes durante o Império e identificadas com ele. Eram jovens de origem humilde que buscaram e encontraram no Exército um canal de afirmação social e, nesse processo, terminaram por identificar-se fortemente com os valores vigentes na corporação e com a mentalidade ali dominante, impregnada de positivismo e republicanismo intransigente (ideais que, para Euclides, tiveram em Benjamin Constant seu representante máximo. Sua decepção com Constant simboliza sua decepção com a República). Euclides foi fruto desse meio, e só como tal ele pode ser compreendido. Ele não teve protetores, não dispôs de patronos particulares. Seu patrono foi o Exército, e seus valores permaneceram definitivamente marcados pelo ambiente militar, tal qual ele o vivenciou no período da Proclamação da República. Daí sua eterna dificuldade em conviver com regimes civis e em adaptar-se a uma política cotidiana na qual sua intransigência espartana não tinha lugar.

É comum a definição de Euclides como representante de um novo espírito científico que surgia em oposição ao espírito literário e bacharelesco vigente até então na cultura brasileira. Roger Bastide, por exemplo, retoma essa dualidade e chega a defini-la em termos geográficos. Para ele, Euclides seria representante de um "novo espírito científico, prático, matemático, que caracterizou os paulistas que fizeram a república, e que se opõe à maneira de ser do Rio de Janeiro, mais literária e mais musical" (BASTIDE, 1969, p. 222).

A formação técnica de Euclides da Cunha contrasta, de fato, com a erudição de molde beletrista que era, então, requisito para a plena aceitação nas elites intelectuais. Da mesma forma, seu ascetismo e seu rigor moral contrastam com certos hedonismo e diletantismo comuns aos intelectuais do período. Gilberto Freyre ressalta tal contraste, vendo no comportamento de Euclides a antítese de seu próprio comportamento: ele, um gourmet a escrever livros de receitas, sempre disposto a aproveitar os prazeres da vida e, nesse sentido, considerando-se a si próprio um brasileiro típico. Já o retrato que ele traça de Euclides contrapõem-se a toda essa tipicidade: "Ele foi o 'celta', o brasileiro, o baiano raro que não riu; ou riu tão raramente que nunca o imaginamos rindo nem mesmo sorrindo". E ao mencionar uma série de iguarias, festas e costumes nacionais em cuja descrição ele próprio se esmerou, Freyre (1944, p. 50-51) conclui: "Em nenhuma dessas alegrias caracteristicamente brasileiras Euclides da Cunha se fixou". Tomando-o como oposição a si próprio, Freyre define características fundamentais do comportamento de Euclides: seu rigorismo monástico, seu ascetismo intransigente que o transformaram, na perspectiva freyreana, no oposto do Homem Cordial.

E Euclides era, de fato, um inadaptado, alguém incapaz de aceitar e manipular as regras de convivência e ascensão social. Nesse sentido, Oliveira Lima narra um episódio no qual o Barão do Rio Branco mostra uma caricatura sua, na qual ele surge muito gordo a Euclides, que responde: "Não deixa de estar parecido". Entrando nesse momento Graça Aranha, o Barão pergunta a ele o que acha da caricatura, e Graça responde: "Que horror, que porcaria! Não tem a menor parecença". Contando o caso ao próprio Oliveira Lima, Euclides observa: "Posso eu porventura competir com gente d'essa?" (LIMA, 1937, p. 208).

Do rigorismo intransigente que pautou todo seu comportamento derivou um código de honra inflexível que o levou à morte em um duelo ao saber-se enganado pela esposa. Na mesma época, Raul Pompéia, contemporâneo de Euclides, suicidou-se após um artigo publicado pela imprensa o chamar de covarde por ter se recusado a participar de um duelo com Olavo Bilac:

> Pompéia escreveu um artigo de resposta, mas não conseguiu publicá-lo nos jornais em que colaborava. Sentindo-se desmoralizado e desonrado, suicidou-se com um tiro no coração, mas deixou antes a seguinte nota: "Ao jornal A Notícia, e ao Brasil, declaro que sou um homem de honra". Com a honra maculada e impossibilitado de se defender na imprensa, Raul Pompéia purificou seu nome com o sacrifício de sua própria vida. (VENTURA, 1991, p. 45)

Ventura compara as atitudes fatais de Pompéia e Euclides, mas é um amigo de ambos que é pioneiro em assinalar esse ponto em comum na personalidade dos dois autores, tomando como ponto de partida a semelhança entre suas mortes: "Quando comparo Euclides da Cunha ao autor do Ateneu, capacito-me de que nunca a natureza caldeou dois temperamentos tão semelhantes, ainda mesmo nas suas entrelinhas" (ARARIPE JÚNIOR, 1966, p. 295).

Euclides não cabe no perfil de um pensador marcado pelo racionalismo. Seu ateísmo não convence, e seu comportamento é marcado por crenças ligadas à religiosidade popular (Amory, 1996, p. 670). Ele tinha temores muito pouco racionais como, por exemplo, "um medo pavoroso de almas-do-outro-mundo" (ANDRADE, O. S., 1960, p. 197). Medeiros e Albuquerque narra um episódio ilustrativo a esse respeito, contado por um anfitrião de Euclides durante sua permanência no Amazonas. Todas as noites, o quarto de Euclides amanhecia com o leito em um local diferente e uma vela consumida. Questionado, o hóspede deu sua explicação:

> Este lhe confessou que era perseguido pelo espectro de uma mulher que toda noite ora vinha pela janela, ora pela porta. O único meio de evitá-la era manter a luz perto dele. Punha então um castiçal com a vela acesa sobre o peito e era assim que conseguia adormecer. (ALBUQUERQUE, 1945, p. 229)

Brito Broca (1993, p. 158) menciona ainda um relato feito por um contemporâneo de Euclides no tempo em que este viveu em Lorena, no interior de São Paulo, e ouvido por Broca quando adolescente. A história narra como Euclides, cheio de superstições, alertou toda a vizinhança ao descobrir, à noite, um gato dormindo debaixo de sua cama. Esses relatos não são meramente anedóticos; mostram como o escritor, que se pretendeu fiel cultor da objetividade científica e que pretendeu confinar sua obra aos rigores da ciência, deles esteve longe na sua vivência cotidiana e deixou-se levar por temores nada científicos.

Os mendigos fartos

O método euclideano toma como fatores explicativos elementos genéticos, sociais e físicos e nega preponderância a qualquer um deles, não sendo por acaso que ele utiliza os mais diversos fatores para explicar Canudos. Como ressalta Levine (1995, p. 50), "ele explicou a base e o sentido do conflito não só em termos humanos como também a partir da história geomorfológica, climática e demográfica da região". Referindo-se aos agentes físicos, por exemplo, Euclides afirma: "Se por um lado, as condições genéticas reagem fortemente sobre os últimos, estes, por sua vez, contribuíram para o agravamento daquelas; – e todas persistem nas influências recíprocas". Tal método pressupõe um conhecimento sobre todos os fatores em interação que se pretende totalizante, mas é a obtenção desse conhecimento que ele reconhece, logo a seguir, ser inviável no Brasil, já que nunca houve a preocupação, por parte das elites, em obter um conhecimento adequado em relação às influências mútuas desses fatores: "Escasseiam-nos as observações mais comuns, mercê da proverbial indiferença com que nos volvemos às cousas desta terra, com uma inércia cômoda de mendigos fartos" (CUNHA, 1984, p. 22).

O tema da alienação das elites perante a realidade nacional surge logo no início de *Os sertões*, mas está presente em toda a obra do autor. Aqui, os membros das elites são ironicamente chamados de "mendigos fartos", satisfeitos com o pouco que conhecem de sua terra, contudo, em texto posterior, onde eles são chamados de sonâmbulos, a indiferença é associada ao medo: mantemos distância do Brasil real porque o tememos. E ele conclui:

> Alheamo-nos desta terra. Criamos a extravagância de um exílio subjetivo, que dela nos afasta, enquanto vagueamos como sonâmbulos pelo seu seio desconhecido. Daí, em grande parte, os desfalecimentos da nossa atividade e do nosso espírito. O verdadeiro Brasil nos aterra; trocamo-lo de bom grado pela civilização mirrada que nos acotovela na Rua do Ouvidor. (CUNHA, 1975c, p. 67)

É a crítica à alienação das elites, entre outros fatores, que dá à obra de Euclides um papel de fundamental importância na cultura brasileira. Não pela originalidade de tal crítica, que já havia sido formulada por Sílvio Romero, mas pela forma ampla e consistente com a qual Euclides a levou adiante, contrastando-a com um episódio deste Brasil real – Canudos – chegando a fazer dele um mito da nacionalidade, e transformando-a em uma corrente de pensamento que seria seguida à direita e à esquerda a ponto de se constituir em um divisor de águas. Cruz Costa (1967a, p. 355) sintetiza, nesse sentido, o papel desempenhado pelo autor: "Não é, pois, como filósofo – o que seria ridículo – que ele tem lugar saliente na história das idéias no Brasil. É porque com ele se inicia a reação contra o sibaritismo dos copistas dos pensadores de empréstimo".

Ao refletir sobre Canudos Euclides formula o cerne de sua crítica às elites, com base em uma inversão da perspectiva teórica com a qual ele, inicialmente, abordara o sertanejo. O atraso do sertanejo, conclui ele, não se deve basicamente à sua inferioridade racial – pressuposto inicial do autor –; ocorre um deslocamento, e a culpa recai sobre as elites que não têm olhos para o sertão e o condenam ao mais completo abandono.

Qual seria, então, o papel a ser cumprido pelas elites brasileiras? Podemos vislumbrar uma resposta a essa questão na maneira como Euclides enxerga ou idealiza Rio Branco. Euclides vê, no Barão, o representante de uma elite ideal: preocupada com o interior do Brasil, buscando conhecê-lo, congregando um grupo de intelectuais, um círculo de sábios para atuarem nesse sentido. Aproximando-se dele, sendo cooptado pelo projeto de Paranhos, Euclides vê a oportunidade de pôr-se a serviço de seu próprio projeto de modernização. Caberia às elites, então, o papel que Euclides vê Rio Branco desempenhar: construir um projeto de incorporação do Brasil à modernidade por meio do conhecimento adequado da realidade brasileira; do interior do Brasil. Ao não cumprir tal papel, as elites omitem-se e traem seu papel específico. Seu projeto toma, por outro lado, o povoamento de todo o território nacional como eixo, questão de importância primordial no projeto de nação euclideano.

Uma análise comparativa entre as obras de Euclides da Cunha e Tavares Bastos no que tange à questão da incorporação da população e do território nacional a um projeto de modernidade nos ajuda a compreender a dimensão do projeto euclideano. Cabe à civilização, segundo Bastos (1937, p. 39), superar o atraso, em um processo assim descrito:

> O vapor e a moeda levam hoje materializados o selo e o cunho das obras maravilhosas da civilização. São os primeiros instrumentos com que o espírito do século derruba as florestas primitivas da ignorância dos povos bárbaros: e assim como a foice e o machado desembaraçam o terreno que o arado irá aproveitar, assim os dois grandes instrumentos atuais do comércio abrem o caminho à palavra sagrada do sacerdote, à flama ardente do jornalista, às máximas severas do filósofo e às variadas combinações do estadista. Tal é a dura condição da natureza humana.

Ou o povo brasileiro adapta-se à modernidade trazida por esses personagens ou sucumbe: essa é a dura condição anunciada pelo autor. Já Euclides, embora concorde com a idéia central defendida por Bastos (não restaria outro caminho ao sertanejo, por exemplo, senão adaptar-se aos tempos modernos, ou históricos), demonstra preocupação com a criação de mecanismos que viabilizem tal processo de incorporação que Bastos pouco deixa transparecer.

Sertão e sertanismo

O que é sertão? Para entendermos como Euclides o define e o analisa, acredito ser importante entendermos como se constituiu o conceito de sertão na cultura brasileira.

A contraposição entre cidade e campo como os espaços da civilização e da barbárie é milenar. Segundo Montanari (2002, v. I, p. 35):

> A cultura grega e a cultura romana tinham traçado os contornos de seu espaço ideal, organizando ao redor da cidade um campo metodicamente cultivado, o ager. Comparado a este espaço, o terreno não cultivado (saltus) adquiria uma significação negativa, como um lugar que não era humano, civil, produtivo.

Na cultura brasileira, a visão do sertão como uma região distante, temporal e geograficamente da civilização é bastante anterior a Euclides, tanto que em 22 de julho de 1776 é publicada uma Carta Régia "ordenando vivessem em povoados os vadios e criminosos que andavam errantes nos sertões repartindo-se entre elles as terras adjacentes" (DOCUMENTOS INTERESSANTES, 1932, p. 129). O sertão já surge, então, como o território a ser civilizado, onde predomina a violência a ser domada.

Tal concepção retorna em relatório do Ministro da Justiça publicado em 1841, no qual a população sertaneja é descrita:

Essa população que não participa dos poucos benefícios da nossa nascente civilização. Falta de qualquer instrução moral e religiosa, porque não há quem lha subministre, imbuída de perigosas idéias de uma mal-entendida liberdade, desconhece a força das leis, e zomba da fraqueza das autoridades, todas as vezes que vão de encontro aos seus caprichos. Constitui ela, assim, uma parte distinta da sociedade do nosso litoral e de muitas de nossas povoações e distritos, e principalmente por costumes bárbaros, por atos de ferocidade, e crimes horríveis se caracteriza. (apud MATTOS, 1994, p. 32)

O sertanejo, aqui, não é visto apenas como um ser que vive à margem da civilização, imerso na barbárie. O que se salienta é, basicamente, seu caráter perigoso, hostil à lei que rege o mundo civilizado mas que não o alcança. Urge domá-lo, enquadrá-lo; eis o sentido não tão oculto do relatório, e a perspectiva com base na qual Guimarães Rosa o analisa, segundo Starling (2002, p. 264), que salienta: "Visto por essa perspectiva, o Sertão é a materialização da vida política quando fundamentada por uma simbologia de força que introduz nas relações entre os homens a necessidade do uso de instrumentos que servem para dominar ou matar".

O sertanejo é visto, com freqüência, também como preguiçoso. O *Jornal do Recife*, por exemplo, define o retirante durante a seca de 1877 "como um homem saudável e robusto, caracterizado pela preguiça e pela falta de hábitos de trabalho, formando uma população inerte e viciosa" (*apud* GREENFIELD, 1992, p. 379). E Olavo Bilac (1996, p. 913) vai ainda mais longe, ao afirmar: "Nos rudes sertões, os homens não são brasileiros, nem ao menos são verdadeiros homens".

Mas o termo "sertão" é mais antigo, já sendo utilizado em carta de doação da capitania de Pernambuco a Duarte Coelho, datada de 1534. A expressão tinha o sentido, inicialmente, de lugar distante do litoral, ganhando, posteriormente, o sentido que Euclides utilizaria, de região oposta ao litoral e à civilização (ARAÚJO, 2000, p. 79-82). Já no final do período colonial firmara-se o sentido dado ao sertão como oposto à civilização. Como acentua Delson (1994, p. 812), "por toda a parte a povoação tinha-se tornado símbolo de civilidade; mesmo quando as aparências o contradiziam, os portugueses decidiram que a pior povoação era melhor para viver que o isolamento do sertão".

O sertão constituiu-se, porém, no período colonial, em sinônimo de lugares não-povoados, mas também em espaço de aventura: "espaço desconhecido, atraente e misterioso a um só tempo, despertava o ímpeto de desbravamento, o sonho do enriquecimento fácil" (HERMANN, 2000, p. 529). O sentido da expressão variou regionalmente, mas mantendo sempre o sentido de lugar ermo, afastado das atividades econômicas dominantes. Em Minas Gerais, por exemplo, "sertão era a denominação dada aos locais que não tinham minas. Aqueles que nele habitavam formavam um grupo de proprietários distinto do das minas" (SCHNOOR, 2000, p. 169).

Euclides aborda o sertão por meio de um determinismo geográfico e racial estrito; outros autores, por sua vez, utilizariam um enfoque mais voltado para questões sociais. Ao relatar, por exemplo, em cadernos de viagem – o chamado "Relatório Neiva-Pena" –, uma excursão por Goiás e estados do Nordeste feita em 1916, dois médicos, Belisário Pena e Artur Neiva (1999), efetuam o estudo de problemas sociais, enfocando as precárias condições de saúde da população, sua pobreza e a virtual ausência de marcos legais a balizarem o cotidiano. O determinismo euclideano é deixado de lado, mas a dicotomia sertão-civilização permanece presente.

> Qualquer que, ao atravessar aquelas plagas, examinar as condições sociais daquele povo, logo surpreende uma organização atrasada e rudimentar; as caatingas estão povoadas de habitantes vivendo à margem da civilização; a organização da família legalmente não existe pois só por exceção os casais se unem pelo casamento civil; os filhos quase nunca são registrados, os enterros realizam-se na ausência de qualquer formalidade legal. (Neiva; Pena, 1999, p. 179)

Oposição e conflito: a noção do choque entre o litoral civilizado e o sertão inculto como uma guerra surge, inicialmente, em um texto de Nina Rodrigues chamado "A loucura epidêmica de Canudos. Antônio Conselheiro e os jagunços", publicado em 1897 (cf. Villa, 1995, p. 241). Mas essa é uma noção que permaneceria na cultura brasileira, apenas ganhando sua expressão clássica no pensamento euclideano. De fato, Euclides inseriu a contradição no cerne da cultura brasileira. Transformou a condição sertaneja no que Alfredo Bosi (2002, p. 220) chama de "estatuto da contradição".

O termo "sertão" é vago e pode referir-se às mais diversas áreas, dependendo do *locus* de quem o utiliza (Alencar, M. A. G., 2000, p. 243), mas a dualidade entre sertão e cidade permaneceu, enfim, como idéia estruturante na cultura brasileira. Tal dualidade é retomada, por exemplo, por Vicente Licínio Cardoso (1938, p. 74) ao enfileirar os fatores que teriam relegado ao abandono a região do São Francisco: motivos históricos, climáticos, políticos. O sertanejo é identificado com a tradição enquanto o litoral é identificado com a mudança, gerando uma dicotomia que não é realçada apenas por quem estuda o Norte. Oswaldo Cabral (1937, p. 25) assim escreve sobre o sertanejo de Santa Catarina:

> O sertanejo, sem ser retrógrado, sem ser inimigo do progresso, é um grande amigo da tradição. Os seus hábitos são sempre os mesmos, passando através de gerações sem a mínima alteração. É amigo da comodidade, custando a adquirir hábitos diferentes do seus antepassados.

E a necessidade de incorporar o sertão à modernidade permanece reafirmada.

Um livro publicado nos anos 1940 (SAMPAIO, 1944) sobre os padrões de alimentação do brasileiro ajuda a entendermos como as idéias de Euclides sobre o sertão encontraram repercussão e continuidade. Nele, o autor enfatiza a importância da assistência estatal a ser prestada ao sertanejo, tendo em vista a superação de sua dificuldade de integração à civilização. É indispensável, para Sampaio, que o sertanejo tenha um representante que registre todas suas queixas com o objetivo de transmiti-las aos poderes públicos (p. 15). Trata-se, também, de utilizar o sertanejo como mão-de-obra desbravadora do que ele chama de "desertos brasileiros" e da Amazônia, com o símbolo do atraso transformando-se em agente de ocupação e modernização (antecipando plano levado adiante durante os anos 1970 com os resultados conhecidos). De acordo com Sampaio (1944, p. 172), "os sertanejos e os índios terão de ser os povoadores, por excelência, de nosso imenso hinterland".

O reconhecimento da necessidade de povoar o interior brasileiro é comum a mais de um autor no período. Escrevendo um relatório no qual defende, já nos anos 1940, a transferência da capital federal para o Planalto Central, Cruls (1947, p. 58) assinala: "como demonstra a exploração à qual procedeu esta comissão, existe no interior do Brasil uma zona gozando de excelente clima, com riquezas naturais, que só pedem braços para serem exploradas".

E como deveria se dar o processo de ocupação? Segundo Sampaio (1944, p. 30),

> os novos territórios terão de ser delimitados na extensa faixa de fronteiras; cada um deles, com as novas cidades que vai comportar, à maneira de Goiânia, será um foco de abrasileiramento, socialização, humanização dos sertões atuais, nos termos de Gilberto Freyre.

A dualidade sertão-cidade anunciada e denunciada por Euclides é retomada por Sampaio, mas os caminhos da modernidade por ele propostos passam pela anulação do sertão pela cidade: por sua urbanização nos moldes inaugurados pela construção de Goiânia, já que "quanto maior o número de cidades, que futuramente vierem a surgir, esparsas, em nosso vasto hinterland, nos modernos moldes de Goiânia, tanto mais numerosos os centros de irradiação da cultura, visando a demogenia" cultural. E uma urbanização seguida por um extenso e efetivo processo de industrialização, "valendo assim cada novo bloco industrial como uma cidade em perspectiva" (p. 108-109). O projeto modernizante de Sampaio, portanto, toma os pressupostos euclideanos para invertê-los, na medida em que o sertanejo deixa de ser o núcleo da identidade nacional para ser apenas o agente desbravador de um processo no qual ele entra tão-somente como mão-de-obra. Nesse sentido, é Sampaio quem anuncia os destinos do desenvolvimento social brasileiro, e não Euclides.

Outro autor que escreveu sobre o interior brasileiro, também nos anos 1940, retoma, igualmente, os parâmetros euclideanos. Segundo Paternostro

(1945, p. 20), o sertanejo foi transformado em pária por incúria: "Quem habita o nosso grande espaço continental é o sertanejo. Pária da civilização brasileira, magnificamente aclimatizado e marcado por grande docilidade de caráter, estaria em outra fase cultural se houvéssemos tido outra orientação administrativa". Ele define, ainda, a existência de dois tipos de sertanejo: um, indolente, a imagem do atraso (um Jeca transplantado para o sertão); o outro, sadio, ativo, trabalhador e alegre, tocador de violão (um toque folclórico a acrescentar autenticidade ao sertanejo ideal). Comparando-os, o autor retoma e matiza o determinismo euclideano:

> Uma pequena distância separava estes dois tipos opostos de sertanejo. Daí a inconsistência do critério de atribuir apenas à influência geográfica a caracterização psicobiológica dos indivíduos. A conduta destes diverge do meio. Essa diversidade provém da espécie. É fenômeno observado em toda parte. Não podemos abstrair a influência hereditária e a do ambiente dos primeiros anos de vida, quando quisermos generalizar a conduta de um "determinado meio geográfico". (p. 322)

Já Alcântara Machado (1953, p. 198), mantendo a visão dualista, mas de uma perspectiva desfavorável ao sertanejo, descreve assim, a religiosidade sertaneja:

> Em suas crenças o sertanejo é tão mestiço como em sua constituição física. Reflete as concepções das três raças de que provém: o misticismo, o fetichismo e o animismo. Imagine-se um santuário em que Jesus e a Virgem se acotovelam e acompadram com sacis e orixás... Nada mais lógico, afinal, do que esse disparate. Só as criaturas de mentalidade superior se contentam com abstrações.

Em uma perspectiva favorável e próxima ao pensamento euclideano, contudo, os sertões teriam resguardado a identidade nacional da descaracterização promovida pela civilização litorânea: esta seria sua função e, assim assinala Alberto Rangel (1916, p. 115), um autor próximo a Euclides, em um trecho que remete diretamente ao ideário euclideano:

> O seu papel proeminente é o de um conservador de nossos traços étnicos mais fundos, como povo vencedor de uma adaptação estupenda. Se os sertões não fossem algo de estorvo passivo às fáceis desnaturalizações da beira-mar, seríamos uns descaracterizados; na salsugem do contato marinho dar-nos-ia um uniforme total a civilização dos paquetes e couraçados.

A noção de um sertanejo fortalecido pelo isolamento prosperou na cultura brasileira. Segundo Luis Vianna Filho (1938, p. 581), a pobreza e o isolamento enrijaram a fibra do sertanejo. Segregado, desconheceu o que fosse a sujeição de outra vontade além da sua. Tal perspectiva manteve-se, e o sertão foi, por ela, valorizado no contexto de uma ideologia eminentemente conservadora e autoritária como foi a de Plínio Salgado. Para ele, a democracia liberal foi adotada pelas elites cultas do litoral, e, em contraposição a ela, Plínio evoca o mito do sertão, substrato autêntico de nossa nacionalidade. O sertão é, para ele, a "verdadeira idéia-fato", contraposta ao litoral hipócrita e malévolo (cf. CHAUÍ; FRANCO, 1978, p. 146-148).

A perspectiva modernizante de acordo com a qual o sertão deveria ser ocupado pelas cidades e invadido pela modernidade é invertida na proposta de Plínio: nela, "o 'espírito' e a 'mentalidade' do 'Sertão' do nosso Hinterland, é que deveriam comandar e dirigir o nosso processo de civilização" (MEDEIROS, 1978, p. 530). Em síntese, o potencial subversivo das grandes cidades poderia funcionar como fator de dissolução da identidade nacional: eis seu temor (TRINDADE, 1979, p. 52). Um episódio narrado por Paulo Emílio Sales Gomes (1986, p. 27), em artigo publicado em 1934 é ilustrativo da maneira como ele busca incorporar Euclides ao integralismo:

> O chefe nacional e seus companheiros, chegando a Cantagalo, dirigiram-se para o jardim onde foi erigida a erma a Euclides da Cunha. Aí, cercaram o busto indefeso, chamaram-no de integralista, e em seguida Plínio fez a chamada do novo companheiro. Thompson comovidamente respondeu: presente! Plínio soluçava.

E Cassiano Ricardo, autor simpático ao Estado Novo, ao fazer o elogio da pureza sertaneja em contraposição à corrupção urbana, retoma a dualidade euclideana:

> O sertão e a cidade prestam-se obséquios mas não se casaram ainda em definitivo. Casa-se o homem com a terra, casam-se as raças. O sertão e a cidade são noivos há 400 e tantos anos e ainda não se casaram. Ela não compreende, por preconceitos e defeitos culturais, o seu noivo sedutor e feroz. (RICARDO, 1940, v. I, p. 227)

A partir do Estado Novo, o sertanejo perde espaço no imaginário nacional e passa a ser visto como símbolo de um atraso a ser superado. Com isso, sua imagem deveria necessariamente desaparecer em tempos de modernidade e ser substituída, por exemplo, pelo candango construtor de capitais. É exatamente o que faz Juscelino Kubitschek, em discurso lido em Brasília. Ali, ele proclama: "A aparência triste de um inválido esmorecido, com que Euclides da Cunha pintou o retrato do nosso sertanejo, tende a apagar-se do panorama brasileiro. Não a encontrareis no tipo do candango, a quem devemos esta cidade" (*apud* CASCUDO, 1984a, p. 186). O candango seria, grosso modo, o sertanejo que migrou para a civilização e modernizou-se.

O sertão, na cultura brasileira, não possui, em síntese, apenas um sentido geográfico, regional, mas também um sentido metafórico que se torna múltiplo e ultrapassa, em vários sentidos, o aspecto territorial. Guimarães Rosa (1980, p. 9) percebeu a dimensão polissêmica da palavra, ao afirmar: "O sertão está em toda a parte". E ao reafirmar: "O sertão é do tamanho do mundo" (p. 59). Lippi Oliveira (2000, p. 70) acentua esse caráter metafórico do sertão ao enumerar as características que lhe são atribuídas e concluir: "Para além destes atributos, aparece no imaginário social a idéia de que não há um sertão, mas muitos sertões, e que o sertão pode e deve ser tomado como metáfora do Brasil".

O mito do sertão – o sertanismo – não pode, contudo, ser confundido com uma vertente literária que se estruturou sob o nome de regionalismo, à qual Antônio Cândido (1975, p. 114) refere-se ao mencionar "toda a aluvião sertaneja que desabou sobre o país entre 1900 e 1930 e ainda perdura na literatura e no rádio". Tal vertente possui, por outro lado, origens anteriores ao período mencionado por Cândido, servindo como fonte de inspiração para poetas como Juvenal Galeno e romancistas como Franklin Távora, além de ser tematizado no ciclo sertanejo de José de Alencar: idealização romântica e pioneira do sertanejo.

Temos, então, um regionalismo que se expressa pelo folclore e outro de cunho literário. Em ambos, surge a preocupação em moldar uma identidade nacional com base na definição de feições regionais e do desenho freqüentemente epidérmico do que se supunha serem os traços da autenticidade cultural brasileira. Em ambas as vertentes define-se a busca por uma certa pureza a ser contrastada com a corrupção urbana. Ao estruturar sua obra sob a mesma dualidade, Euclides, aí sim, apresenta evidentes pontos de contato com a produção regionalista.

E como Euclides, finalmente, pensa o sertão? Ele usa o termo principalmente como conceito antitético ao litoral, não se preocupando em contextualizá-lo historicamente de forma precisa. Por outro lado, Euclides vai além da história factual, baseada em acontecimentos políticos, privilegiando a dimensão sociocultural do processo de formação nacional, tomando Canudos como episódio paradigmático no qual o passado permanece intocado, podendo, a partir daí, ser estudado no presente.

E quem é o sertanejo? Na abordagem inicial deste, Euclides da Cunha parte de uma negação: o sertanejo não é civilizado, não vive no tempo histórico, não é moderno. Vive como que ausente, e seu arraial torna-se um buraco negro no contexto da nacionalidade. Mais tarde, contudo, tal eixo ganha vida própria, tornando-se não mais bárbaro, apenas atrasado. A trajetória analítica por meio da qual Euclides estuda o sertanejo vai da barbárie ao atraso, com o segundo conceito deixando de lado o primeiro.

Ao definir o sertanejo como cerne da nacionalidade, Euclides está indicando o caminho pelo qual esta possa – necessidade imperiosa – ser construída.

E se a nacionalidade toma como ponto de partida uma sub-raça, contrariando todos os pressupostos teóricos nos quais o autor se ampara, este busca desviar-se da contradição a partir da constatação da inexistência, segundo ele, do escravo no sertão. Para Euclides (1984, p. 66), "o elemento africano de algum modo estacou nos vastos canaviais da costa, agrilhoado à terra e determinando cruzamento de todo diverso do que se fazia no recesso das capitanias".

Em relação ao índio, temos processo oposto: "ali, a população indígena, aliada aos raros mocambeiros foragidos, brancos escapos à justiça ou aventureiros audazes, persistiu dominante" (p. 74). Gera-se assim, no pensamento euclideano, uma retomada da valorização da influência indígena, que caminha a par com a desvalorização da herança africana, em um processo que remete ao indianismo romântico e que ignora a inversão proposta por Sílvio Romero.

A inexistência, ou pouca presença, do elemento negro no sertão serve como elemento de valorização do sertanejo, filho do índio e do bandeirante, gerado em um meio isolado no qual permaneceu, o que permitiu que se conservasse prolongando, intacta, no Brasil contemporâneo, a índole varonil e aventureira dos seus avós (p. 71). Cria-se um contraste pela expressão célebre, tornada banal pela repetição a ponto de ser quase constrangedor escrevê-la, mas que é a chave da obra do autor: "O sertanejo é, antes de tudo, um forte. Não tem o raquitismo exaustivo dos mestiços neurastênicos do litoral" (p. 81).

Temos o cerne da nacionalidade, então, constituído por uma sub-raça alheia aos valores da modernidade. Não podemos simplesmente virar as costas ao sertanejo, sob pena de sacrificarmos a própria nacionalidade, mas a modernidade também é um projeto indispensável. Cria-se assim um impasse para o qual Euclides oferece a solução escrevendo não sobre o Brasil, mas sobre a Rússia, em texto intitulado "A missão da Rússia". Ali, ele afirma: "Ninguém pode prever quanto se avantajará um povo que, sem perder a energia essencial e a coragem física das raças que o constituem, aparelha a sua personalidade robusta, impetuosa e primitiva, de bárbaro, com os recursos da vida contemporânea" (1975c, p. 75). Uma solução para o Brasil, segundo Euclides.

Uma solução que, se não ocorreu em Canudos, frustrada pela miopia criminosa do Exército e dos políticos, pode estar ocorrendo na Amazônia, que surge, aos olhos do autor, como uma promessa contraposta à corrupção do litoral. Euclides vê realizar-se ali seu ideal étnico e nacional e afirma:

> Lá estão todos os destemerosos convergentes de todos os quadrantes. Mas, sobrepujando-os pelo número, pela robustez, pelo melhor equilíbrio orgânico da aclimação, e pelo garbo no se afoitarem com os perigos, os admiráveis caboclos do Norte que os absorverão, que lhes poderão impor a nossa língua, os nossos usos e, ao cabo, os nossos destinos, estabelecendo naquela dispersão de forças a componente dominante da nossa nacionalidade. (p. 105)

São retomados, nos textos sobre a Amazônia, os temas do isolamento étnico e do determinismo geográfico. Como acentua Santana (2000, p. 904), "novamente estavam em pauta os modelos do cientificismo que tanto impregnara *Os sertões*". E o sertão de Canudos é definido como uma síntese dos sertões do Norte, seu representante exemplar no que tange ao aspecto físico: "resume-os, enfeixa os seus aspectos predominantes numa escala reduzida. É-lhes de algum modo uma zona central comum" (CUNHA, 1984, p. 26). Tal caráter exemplar tem conseqüências metodológicas: permite a Euclides tomar o arraial como ponto de partida para demonstrar a influência do meio sobre a ação humana. Pelo fato de Canudos ser exemplar, essa influência se dá, ali, também de forma exemplar.

Naquele ambiente hostil, contudo, a vila destaca-se como um oásis possível e, como tal, ela forma um contraste isolado com o ambiente estéril (p. 173). E isso também teve conseqüências, com Monte Santo transformando-se em ponto de parada para desbravadores do sertão; bandeirantes, principalmente.

Fatores históricos e mesológicos determinaram a formação nacional. No Norte, foram criadas capitanias dispersas e amorfas, sob o manto de uma Coroa centralizadora. Já no Sul, criou-se uma onda conquistadora e aventureira que invadiu e semeou o sertão, canalizada, por sua vez, pelas características geográficas da região na qual se formou (p. 60). E o sertanejo nasceu desse processo; elemento admirado pelo autor por sua tenacidade e bravura, nasceu do bandeirante e herdou suas qualidades; assim Euclides explica-as.

A formação cultural do sertanejo seria insuficiente, por outro lado, para a criação de padrões de civilização condizentes com os tempos modernos, e ele permanece, portanto, um retardatário, se não for impulsionado – civilizado seria o termo correto. Ao mesmo tempo, seu atraso é sua arma; é seu instrumento de resistência. Sua incapacidade em adaptar-se ao progresso transforma-se em virtude. Perfeitamente adaptado a um espaço atemporal, ele resiste às novas tecnologias. Uma questão, contudo, permanece em aberto: a solução proposta por Euclides – o sertanejo – situa-se fora do tempo. Integrado à história, inserido na modernidade, ele dissolve-se. Modernidade e identidade nacional continuam sendo pólos irresolvidos.

Mas a necessidade de incorporá-lo permanece, e o autor em momento algum a coloca em questão; o que Euclides discute e critica são os meios. Um paralelo: no contexto da Revolução Soviética, Lênin menciona a necessidade de não se hesitar em usar a barbárie para combater a barbárie (COLAS, 1993, p. 637). E em texto intitulado "Plano de uma cruzada", Euclides (1975c, p. 73) fala em compensar o duro esmagamento das raças incompetentes com a redenção maravilhosa dos territórios. Nesse sentido, porém, uma contradição básica estrutura *Os sertões*: Euclides, na nota preliminar, define o sertanejo como "uma sub-raça instável e de deplorável situação mental, talvez efêmera, talvez fadada ao desaparecimento" (1984, p. xxix). Mas a campanha de Canudos, que Lênin definiria como a necessária destruição da barbárie, foi, para Euclides, um crime a ser denunciado.

Canudos e o tempo

Como Euclides via Canudos? O arraial estava fora da civilização em termos espaciais e temporais; assim Euclides o via. E, por Canudos situar-se fora do tempo, ele, ao descrevê-lo, como lembra Nogueira Galvão (1972, p. 52) utiliza com fartura elementos feudais para estabelecer suas metáforas e símiles, embora lance mão igualmente de traços histórico-literários de outras épocas. Ele funde homem e terra no passado que é o tempo do sertão, na ancestralidade nacional, a qual, à maneira de um mito, se encontra o lar da verdade (VILLAS BOAS, 1997, p. 155).

E qual a importância de Canudos, segundo Euclides, para a compreensão do País? Canudos surge, para o autor, como episódio a partir do qual se torna possível decifrar a identidade nacional; e essa é sua ambição. Nesse sentido, ele surge como o protótipo do explicador do Brasil. A formação dessa identidade obedece a leis que cabe a seu estudioso explicar; tais leis obedecem a determinismos e causalidades que cabem a seu estudioso definir; e esse é seu objetivo. Canudos seria, assim, um estudo de caso que permitiria, se devidamente decifrado, conhecer a realidade nacional.

Ao mesmo tempo, para Euclides (1984, p. 382), Canudos é, antes de tudo, um anacronismo:

> Canudos tinha muito apropriadamente, em roda, uma cercadura de montanhas. Era um parêntese; era um hiato; era um vácuo. Não existia. Transposto aquele cordão de serras, ninguém mais pecava. Realizava-se um recuo prodigioso no tempo; um resvalar estonteador por alguns séculos abaixo.

Ao pensar Canudos como um hiato, contudo, Euclides apercebe-se, por outros meios, de uma realidade socioeconômica que esteve na gênese do surgimento e do desenvolvimento do arraial, surgindo no momento em que a interiorização de um capitalismo incipiente conviveu, de forma problemática, com formas rudimentares de exploração e estruturas pré-capitalistas de interação social. Encontramos novamente a expressão "hiato" em Florestan Fernandes (1972, p. 35), em um trecho no qual ele descreve tal processo:

> Interpõe-se um penoso e longo hiato entre o primeiro ato de modernização, através do aparecimento de um Estado nacional e a montagem de economias de mercado urbanas, e o período em que a própria expansão interna do capitalismo comercial e financeiro fez pressão sobre a diferenciação da produção e a reorganização do mercado.

Canudos seria, então, um doloroso episódio da incorporação dos excluídos a um processo de modernização no qual eles formariam a mão-de-obra para um novo sistema de exploração; mais moderno, vinculado ao Estado, estruturado pelo mercado e elaborado na perspectiva das elites urbanas. *Os sertões* estrutura-se por uma inclusão: o que era externo à Nação torna-se o núcleo da identidade nacional.

Mas nesse processo eles entrariam e permaneceriam, no final das contas, como excluídos, e Euclides pensa seu relato como uma denúncia dessa exclusão. É importante compreendermos, também, a importância da dimensão temporal na análise que o autor faz, porque é pela perspectiva histórica que ele busca enquadrar a realidade na qual Canudos se situa. O passado, para Euclides, permanece intocado, imemorial, no sertão. Recuperando-o e transformando-o em promessa, estaríamos efetuando o resgate das raízes nacionais.

Canudos é um hiato temporal e essa questão assume importância crucial em Euclides. Os imigrantes, por exemplo, estão mais próximos da civilização do litoral que os próprios sertanejos, já que, no caso daqueles, a distância é de ordem física. Já no caso dos sertanejos, a distância é temporal e é secular: "porque não no-los separa um mar, separam-no-los três séculos" (CUNHA, 1984, p. 138). E Euclides (1975a, p. 185) delimita geograficamente, também, a civilização e a barbárie: "O raio civilizador refrangia na costa. Deixava na penumbra os planaltos". A formação histórica brasileira obedece, assim, a uma dualidade precisa, ou seja, assim como Gilberto Freyre o delinearia, Euclides traça um retrato da sociedade brasileira estruturado por antagonismos.

Tomemos, então, algumas questões, segundo Rezende (2001, p. 203), formuladas por Euclides e referentes a *Os sertões*:

> Qual era o projeto de civilização que o país possuía? Ele tinha realmente tal projeto? O que se assistia (o massacre de Canudos) em nome do fim da barbárie, no final do século XIX, implicaria a destruição do cerne da identidade e da nacionalidade brasileiras? No que consistiam estas duas últimas, bem como as mudanças civilizatórias que as destruíam?

O projeto de civilização consiste nas mudanças prometidas pela República, em relação à qual Euclides mostra-se cada vez mais cético. Tais mudanças deveriam implicar a incorporação do sertanejo à modernidade, mas o que Euclides descreve é apenas seu abandono, ou seu massacre. O cerne da nacionalidade – a identidade nacional – reside no sertão abandonado e desprezado pelas elites, com Euclides tomando como eixo de seus esforços a reconstituição de seu processo de formação: a problemática formação da identidade nacional.

Tal processo teve como bases a inexistência de uma identidade racial e a dispersão geográfica. Esses fatores dificultaram, segundo Euclides (1995, v. I, p. 547), a criação de uma vida social autônoma e o estabelecimento de diretrizes para o futuro:

O fato inegável é que em plena formação ainda – porque não há etnologista de gênio capaz de delinear sequer os atributos físicos do brasileiro nesse complicado caldeamento de raças que o formam – jazemos bloqueados entre os sertões inabordáveis e o litoral, sem que em toda a longura da tarja povoada, do Pará ao Rio Grande, se lobrigue uma fisionomia original bem nossa, estímulos próprios, vida autônoma, solidariedade de esforços, e uma diretriz vigorosamente traçada para o futuro.

Esta questão fundamental ele busca responder ao longo de toda a sua obra: até que ponto podemos falar do brasileiro como uma realidade concreta? Buscando uma resposta, sua obra dá, permanentemente, a impressão de um beco sem saída, bem delineado por José Murilo de Carvalho (1998, p. 438) com base na tentativa de Euclides de definir um parâmetro para a identidade nacional: "Sua idéia de nação parece perder-se entre as imagens de um sertão autêntico, mas retrógrado e sem futuro, de um deserto amazônico, desafio e paraíso, mas já perdido, e de uma 'civilização pesteada', utilitária e parasitária dos centros urbanos do litoral".

O pensamento de Euclides move-se através de antinomias sem resolução, e a questão da identidade nacional, em sua obra, estrutura-se de forma marcantemente dualista: empréstimo e imitação de um lado, autenticidade e originalidade de outro, artifício de um lado, natureza de outro, civilização amorfa de um lado, organicidade bárbara de outro. A cristalização da identidade nacional depende, com base nessas antinomias, da capacidade do brasileiro afirmar-se perante a civilização que lhe é imposta. Ao mesmo tempo, a adaptação a essa civilização importada e a absorção de seus valores são a única ponte que o Brasil tem disponível para a modernidade. Identidade nacional e modernidade terminam definindo-se, na obra de Euclides, como valores incompatíveis, com a consolidação desta comprometendo irremediavelmente aquela.

Euclides busca mobilizar o aparato científico à sua disposição para formular indagações sobre a identidade nacional. Mas as bases de tal indagação radicam-se, assim, na impossibilidade da manutenção de uma essência perante a modernidade. Tais antinomias e impossibilidade seriam legadas por Euclides à cultura brasileira, e os pensadores que viriam depois dele – Mário de Andrade, Gilberto Freyre e Câmara Cascudo, por exemplo – dedicariam boa parte de seus esforços a tentar resolver as contradições e perplexidades euclideanas.

Na ambigüidade, por exemplo, com a qual o próprio Mário vê Macunaíma, encontramos ecos da perplexidade euclideana: "Nos momentos mais anedóticos, mais engraçados do entrecho, eu não deixava de sofrer pelo meu herói, sofrer a falta de organização moral dele (do brasileiro que ele satiriza), de reprovar o que ele estava fazendo contra a minha vontade" (ANDRADE, 1981, p. 29). E ainda, no primeiro dos prefácios a *Macunaíma* não publicados por Mário, encontramos preocupações e conclusões que remetem inequivocamente a Euclides: "O que me interessou por Macunaíma foi inquestionavelmente a preocupação em que vivo de trabalhar e descobrir o mais que possa a entidade nacional dos brasileiros. Ora depois de pelejar muito verifiquei uma coisa que me parece certa: o brasileiro não tem caráter" (*apud* CAMPOS, 1973, p. 75).

Ao mesmo tempo, Euclides ressalta sua empatia não com a civilização, mas com o sertanejo, cujo modo de vida está fadado a desaparecer sob o impacto daquela. Já ao fazer a apologia de Castro Alves, ele afirma ter sido este "altamente representativo da nossa raça. Por isso mesmo não teve medida, consoante nos ensinaria qualquer crítico reportado e sabedor". Tal crítico hipotético é representante de uma cultura urbana para a qual Euclides, deliberadamente, virou as costas: "Por uma felicidade rara, calcei, há muito, umas velozes 'botas de sete léguas', que me tornaram arredio das cidades, perdido, esquivo e errante no meio dos nossos simples patrícios ignorados". E, assim como Castro Alves, Euclides coloca-se, implicitamente, como o porta voz desses patrícios perante as cidades, definindo, na expressão destes, a mesma contradição que fundamenta sua obra:

> Somos uma raça em ser. Estamos ainda na instabilidade característica das combinações incompletas. E nesses desequilíbrios inevitáveis o que desponta na nossa palavra – irresistivelmente ampliada –, parece-me, às vezes, ser o instinto, ou a intuição subconsciente de uma grandeza futura incomparável. (CUNHA, 1995, p. 474)

Temos, assim, um otimismo alicerçado na intuição popular em contraste com um pessimismo proveniente da certeza científica. Esse otimismo o faz afirmar, contrariando suas próprias contradições: "Senhores. Temos mudado muito. Partiu-se nos últimos tempos o seqüestro secular, que nos tornava apenas espectadores da civilização [...] Penso que seremos em breve uma componente nova, entre as forças cansadas da humanidade" (p. 482).

O otimismo euclideano se manifesta, finalmente, em crônica publicada em 1892, quando ele afirma: "Tudo o que por aí tumultua num aparente caos de agitações e revoltas é o reflexo de uma vasta diferenciação, através da qual se opera, majestosa, a seleção do caráter nacional" (p. 641). E se o pensamento de Euclides proclama-se herdeiro da ciência, seu estilo, assim como o de Castro Alves – embora ele mesmo não faça a comparação direta – aproxima-se da expressão popular. E Euclides conclui, descrevendo indiretamente seu próprio estilo: "É que somos, ainda, sobre todos os outros, o povo das esplêndidas frases golpeantes, das imagens e dos símbolos" (p. 478). Um estilo, enfim, marcado pela obsessão estilística, de forma que Olímpio de Sousa Andrade (1960, p. 195) acentua, analisando as mudanças introduzidas pelo autor no texto de *Os sertões* ao longo de seu processo de elaboração: "Essas páginas apontam no escritor o gosto parnasiano, a paixão da forma, sempre presente na exposição de suas idéias".

Euclides busca a unidade na diversidade, antecipando uma operação que seria largamente utilizada por Gilberto Freyre: busca definir uma identidade nacional comum ao brasileiro não fundamentado em um tipo nacional abstrato, mas em identidades regionais em relação às quais o sertanejo surge como a unidade possível, ao mesmo tempo enraizadamente regional, síntese e possibilidade de uma identidade nacional ainda por ser construída. E o sertanejo ainda tem uma característica que o diferencia de seus compatriotas, ao transformar uma desvantagem natural em vantagem identitária. Nascido em uma natureza áspera e adversa, ele molda seu caráter na adversidade, ao contrário dos habitantes de outras regiões, como o gaúcho, por exemplo, acostumado a uma natureza pródiga e, por isso mesmo, pouco apto a enfrentar dificuldades, e que é mais de uma vez comparado ao sertanejo.

Para compreendermos como o autor interpreta Canudos é preciso entendermos, também, como ele interpreta o Conselheiro, já que este, para Euclides, é a síntese de seu meio e a antítese da ordem a ser instaurada pela República. O Conselheiro é o pólo negativo de uma equação na qual Pajeú – um dos líderes de Canudos – encarna os valores positivos. Isso porque se o Conselheiro retrata as tendências místicas do sertanejo, Pajeú, com sua bravura inexcedível e ferocidade rara, simboliza sua força. Euclides atribui o heroísmo e a sagacidade do sertanejo ao seu isolamento e ao primitivismo da raça; sua força deriva de seus defeitos. A caracterização de Pajeú é a descrição dessa relação e a explicação dessa força:

> Legítimo cafuz, no seu temperamento impulsivo acolchetavam-se todas as tendências das raças inferiores que o formavam. Era o tipo completo do lutador – ingênuo, feroz e destemeroso – simples e mau, brutal e infantil, valente por instinto, herói sem o saber – um belo caso de retroatividade atávica, forma retardatária de troglodita sanhudo aprumando-se ali com o mesmo arrojo com que, nas velhas idades, vibrava o machado de sílex à porta das cavernas [...].

Buscando compreender o Conselheiro, Euclides termina por realizar uma viagem ao tempo na qual ele localiza, em seu personagem, (e o Conselheiro é tanto uma figura histórica quanto um personagem euclideano) traços de psicologias remotas e na qual o próprio Conselheiro surge como guia para uma viagem a um passado do qual ele próprio é representante. Essa tentativa de compreensão padece, porém, de reducionismo, que, praticado por ele ao analisar as práticas religiosas de Canudos e do sertanejo, tem uma longa tradição. Quase um século antes, Koster (1942, p. 206) já efetuara análise praticamente idêntica ao descrever essas práticas: "A religião está limitada à observância de certas fórmulas e freqüente repetição de certas cerimônias e algumas orações, crença nas encantações, relíquias e outras coisas da mesma ordem".

O Conselheiro euclideano é, ao mesmo tempo, um personagem histórico e uma construção do autor, quase como um personagem de ficção no qual ele projeta características que funcionam como uma antítese da modernidade, da ordem republicana e de seus próprios fantasmas; daí, talvez, o ambíguo horror e fascínio que o personagem exerce sobre o criador. E ele é definido, também, como o produto do primitivismo social e atávico do meio, conseqüência e síntese de sua religiosidade primitiva, com o autor buscando nele, como salienta Dobroruka (1997, p. 51), "traços de uma psicologia remota que remonta a estratos culturais muito antigos". Para Euclides (1984, p. 101), "todas as crenças ingênuas, do fetichismo bárbaro às aberrações católicas, todas as tendências impulsivas das raças inferiores, livremente exercitadas na indisciplina da vida sertaneja, se condensaram no seu misticismo feroz e extravagante". O Conselheiro é um protótipo da raça no que ela tem de negatividade bárbara, e daí seu sucesso como líder: "ele arrastava o povo sertanejo não porque o dominasse, mas porque o dominavam as aberrações daquele" (p. 119). Ele é o pólo negativo que concentra o atraso e a barbárie do sertanejo.

A dualidade entre o Conselheiro e Pajeú remete a uma contradição que perpassa *Os sertões* e que Bosi (1977, p. 304) define como "uma oscilação entre a ciência do puro fato, todo século XIX, e a ética humanista de mais longa e não menos exigente tradição". Trata-se de uma contradição que Euclides vivencia e exprime em carta de 1908: "Sou o mesmo romântico incorrigível. A idealização submeto-a aos estudos mais positivos, envolvo-a no silício dos algarismos, esmago-a no peso das indagações as mais objetivas. E ela revive-me, cada vez mais forte e triunfante". E, romântico incurável, Euclides representa, segundo ele próprio, sua raça: "A emoção espontânea ainda nos suplanta o juízo refletido. Somos uma raça romântica" (CUNHA, 1997, p. 358).

De qualquer forma, o combate a Canudos foi o combate a estruturas sociais vindas de um tempo morto. Euclides (1995, p. 480) define Canudos como um anacronismo evolutivo e enfatiza este tópico: "Insistamos sobre esta verdade: a guerra de Canudos foi um reflexo em nossa história. Tivemos, inopinadamente, ressurreta em armas em nossa frente, uma sociedade velha, uma sociedade morta, galvanizada por um doudo". Nesse sentido, o combate ao que ele chama de sociedade de retardatários é plenamente justificado, já que "o ambiente moral dos sertões favorecia o contágio e o alastramento da nevrose. A desordem, local ainda, podia ser núcleo de uma conflagração em todo o Nordeste" (1984, p. 137). Misturam-se, no mesmo trecho, razões de ordem científica e política, e Canudos é, ao mesmo tempo, uma nevrose a ser eliminada e uma ameaça ao Estado. Mas fica a contradição exposta na discrepância entre a justificativa e a crítica, e é como se o próprio Euclides ironizasse os argumentos com os quais ele mesmo justifica a intervenção:

> Os rudes impenitentes, os criminosos retardatários, que tinham a gravíssima culpa de um apego estúpido às mais antigas tradições, requeriam

corretivo enérgico. Era preciso que saíssem afinal da barbaria em que escandalizavam o nosso tempo, e entrassem repentinamente pela civilização a dentro, a pranchadas. (p. 368)

A campanha de Canudos é definida, finalmente, como "uma tentativa de incorporar aquela sociedade aos deslumbramentos da nossa idade dentro de um quadrado de baionetas, mostrando-lhe o brilho da civilização através do clarão de descargas" (p. 247). A ironia e a crítica centradas nesse trecho não nos podem fazer esquecer, contudo, a postura inicial de Euclides perante os acontecimentos de Canudos. Ele silencia sobre atrocidades cometidas ao final da campanha, como a degola sistemática de prisioneiros e o tráfico de mulheres e crianças, que não entram nas reportagens enviadas, não são incluídas em *Os sertões*. Cabe aqui um paralelo: jornais europeus acompanharam e noticiaram os acontecimentos de Canudos e, como lembra Zilly (1999, p. 789), se a imprensa estrangeira não podia deixar de ser unilateral, era-o talvez num grau menor que alguns jornais brasileiros, pois na Europa havia menos interesses diretamente envolvidos. No caso brasileiro tais interesses acarretaram o silêncio, que, como salienta Ventura (2003) foi acompanhado por quase toda a imprensa. No caso de Euclides, tal silêncio trouxe conseqüências e culpas:

> A crítica à República trazia implícita a revisão de suas próprias posições políticas, marcadas pela adesão a um conjunto de crenças científicas e filosóficas, como o positivismo e o evolucionismo, que se materializaram no movimento republicano. Tal revisão resultou de uma longa e sofrida reelaboração, em que deixava transparecer certa culpa ou remorso pelo silêncio cúmplice a que precisou se submeter. (VENTURA, 2003, p. 74)

Em relação ao restante da imprensa brasileira, o silêncio de Euclides é ainda maior, ainda mais ensurdecedor. Ele não faz a menor alusão à censura férrea a que eram submetidos os escritos jornalísticos enviados do front – outros jornalistas o fizeram – e recusa-se a mencionar episódios pouco ou nada grandiosos como o recruta que prefere pular do navio a chegar em Salvador – outros jornalistas também o fizeram.

A postura crítica que Euclides acabou por adotar em relação ao massacre de Canudos vai ao encontro, por sua vez, de uma premissa com a qual o republicano Euclides justifica, inicialmente, a intervenção. Sua perspectiva sobre o assunto passa por uma rotação radical da indignação perante a derrota inicial à indignação perante o massacre final – registrada em carta de 1897, na qual ele registra o primeiro sentimento: "Creio que como eu estás ainda sob a pressão do deplorável revés de Canudos aonde a nossa República tão heróica e tão forte curvou a cerviz ante uma horda desordenada de fanáticos maltrapilhos" (CUNHA, 1997, p. 103). Em carta a Escobar, datada de 1902, contudo, ele anuncia sua nova missão:

> Serei um vingador e terei desempenhado um grande papel na vida – o de advogado dos pobres sertanejos assassinados por uma sociedade pulha, covarde e sanguinária... Além disto terei o aplauso de uns vinte ou trinta amigos em cuja primeira linha estás. E isto me basta. (p. 133)

Com base na primeira perspectiva, tornava-se indispensável a intervenção federal para a manutenção da própria ordem republicana, e ele conclui:

> Foi o que sucedeu. A nação inteira interveio. Mas sobre as bandeiras vindas de todos os pontos, do extremo norte e do extremo sul, do Rio Grande ao Amazonas, pairou sempre, intangível, miraculosamente erguida pelos exegetas constitucionais, a soberania do Estado. (1984, p. 168)

O combate a ser travado em Canudos é visto, inicialmente, como uma luta entre a República e seus inimigos e, antes de chegar ao campo de batalha, Euclides (1975b, p. 4) assim a define: "Em breve pisaremos o solo aonde a República vai dar com segurança o último embate aos que a perturbam". Se Euclides acreditou até o fim na existência de influências monarquistas em Canudos ou se descartou a existência de tais influências ao final do combate é um ponto que ainda não pode ser definido com precisão. O monarquismo é visto por Euclides (1997, p. 68), em 1895 – na antevéspera de Canudos, portanto –, como uma ameaça real: assim ele o define em carta escrita no período. É essa a perspectiva a partir da qual ele, inicialmente, aborda Canudos, e, nesse sentido, *Os sertões* é, também, uma autocrítica, já que, ali, ele afirma: "atribuir a uma conjuração política qualquer crise sertaneja, exprimia palmar insciência das condições naturais da nossa raça" (1984, p. 247). Ele, dessa forma, oscila e muda de perspectiva, como se tivesse dificuldade em adequar seus ideais e conceitos a uma realidade refratária a ambos. Mas que não se busquem linearidades em *Os sertões*, obra antilinear por excelência; como acentua Citelli (1998, p. 58), "assim ela deve ser compreendida e lida: respeitando-se o fogo vivo de suas contradições".

Mesmo a defesa que Euclides faz da intervenção feita pelo Exército é essencialmente contraditória. Ela surge, às vezes, como uma redenção, com os soldados ali reunidos como que se livrando da casca composta por antigos vícios e forjando uma nova nacionalidade. Referindo-se a eles, Euclides (1995, v. II, p. 533) afirma: "Creio que a organização superior da nossa nacionalidade, em virtude da energia superior acrescida, repele, pela primeira vez, espontaneamente, velhos vícios orgânicos e hereditários tolerados pela política expectante do Império". E mais contraditória se torna, quando, ao descrever o estado de espírito dos soldados, Euclides (1984, p. 310) traça um retrato que os torna próximos aos sertanejos:

> ao lutarem e morrerem carregando a efígie de Floriano Peixoto, estes soldados atuavam com o mesmo entusiasmo delirante, com a mesma

dedicação incoercível e com a mesma aberração fanática, com que os jagunços bradavam pelo Bom Jesus misericordioso e milagreiro [...].

Euclides mostra-se, porém, consciente em relação a essas contradições e busca resolvê-las pela via da modernização. Para ele,

> toda aquela campanha seria um crime inútil e bárbaro, se não se aproveitassem os caminhos abertos à artilharia para uma propaganda tenaz, contínua e persistente, visando trazer para o nosso tempo e incorporar à nossa existência aqueles rudes compatriotas retardatários. (p. 350)

A campanha de Canudos só teria validade e só seria justificável, portanto, na medida em que funcionasse como uma chave que permitisse abrir as portas do sertão para a modernidade.

Para uma melhor compreensão desse tópico, voltemos no tempo: ao espalhar conhecimento sobre um número cada vez maior de homens, a educação permitiria, para Condorcet (1994, p. 64), obter e conservar boas leis, criar uma administração sábia e uma constituição realmente livre. Já Diderot (2000, p. 377) contrasta instrução e barbárie:

> Se uma nação não é instruída, talvez seja numerosa e possante, mas será bárbara; e ninguém me persuadirá jamais que a barbárie seja o estado mais feliz de uma nação, nem que um povo se encaminha para a desventura à medida que se esclarece, ou se civiliza, ou que os direitos da propriedade lhe sejam mais sagrados.

Esta é a esperança iluminista que reaparece na obra de Euclides.

Uma modernidade cheia de contradições

Na obra de Euclides temos expressa pela primeira vez com toda clareza a dicotomia urbano X rural, atraso X modernidade, que já havia sido delineada, entre outros, por Romero, mas que a partir de *Os sertões* tornaria-se central na cultura brasileira.

Essa dualidade fundamenta a questão do atraso na obra de Euclides, que deriva, para o autor, não apenas de uma questão identitária, mas de fatos materiais que o engenheiro Euclides ressalta com vigor, por exemplo, na questão das ferrovias. Perdemos o trem da história quando, segundo ele, deixamos de implantar um forte e consistente sistema ferroviário em meados do século XIX, gerando um atraso impossível de ser superado (Martins, 1996, v. V, p. 429).

Este lamento por um atraso material insuperável torna-se contraditório quando Euclides, na expressão de Freyre (1988, p. 110), simboliza a chegada, no Brasil, da civilização corporificada pelo ferro em "'sulcos sanguinolentos' em terras brasileiras – as sertanejas – virgens dos sulcos de ferros construtores:

arados ou tratores. Virgens das presenças positivas de ferros civilizadores". Freyre descreve com precisão, em uma metáfora de fundo sexual, como a civilização violenta o Brasil ao nele se instalar – na perspectiva de Euclides. Ao mesmo tempo, o atraso dessa instalação é lamentado.

A modernidade, para Euclides, significa ainda a superação de uma etapa da vida brasileira em relação a qual ele se sente nostálgico e a criação de um mundo em relação ao qual ele se sente inadaptado, o que fica claro em carta escrita em 1907:

> A vida entre nós, como já to disse noutra carta, mudou. Há um delírio de automóveis, de carros, de corsos, de banquetes, de recepções, de conferências, que me perturba – ou que me atrapalha no meu ursismo incurável... Que saudades da antiga simplicidade brasileira. (CUNHA, 1997, p. 341)

Esse sentimento explica seu espírito nômade e é por ele explicado. A natureza que rodeia Canudos é selvagem, ainda não domesticada pela civilização e hostil a ela. Agreste, parece moldar a escrita de Euclides, que a descreve como que a enaltecendo. Seja descrevendo o sertão, seja descrevendo a Amazônia, Euclides depara-se com um vazio capaz de tragar qualquer intuito civilizador, inclusive o seu. E esse risco fascina-o, enquanto o conforto e a previsibilidade urbanas deprimem-no e o deixam sempre a preparar novas viagens.

A reflexão sobre Canudos funciona em sua obra como um ponto de inflexão em sua análise sobre a modernidade. As certezas sobre a função redentora (modernizante) da República em contraste com a ameaça não necessariamente monarquizante representada pela barbárie inimiga desaparece, criando o que Santiago (1989, p. 92) chama de "momento de reviravolta em seus escritos". Com isso, *Os sertões* passa a ser o texto em que Euclides procura conciliar criticamente as diretrizes modernizadoras da República com os segmentos mais desprivilegiados da Nação.

Essa reflexão ainda tem vínculos com o indianismo romântico. Temos, em Euclides, o remate de uma discussão central no indianismo e já presente na obra de Basílio da Gama. Como acentua Antônio Cândido (1968, p. 99), referindo-se a *O uraguai*:

> *O uraguai* se tornou um dos momentos-chave de nossa literatura, descrevendo o encontro de culturas (européia e ameríndia), que inspiraria o Romantismo indianista, para depois se desdobrar, como preocupação com o novo encontro entre a cultura urbanizada e a rústica, até *Os sertões*, de Euclides da Cunha, o romance social e a sociologia.

Partindo desse trecho, podemos rastrear as origens do debate sobre a modernidade levado a cabo por Euclides em um autor como José de Alencar, uma vez que está presente em seu indianismo. Segundo Martha Abreu (2000,

p. 626), o indianismo teria evoluído para uma versão mestiçada, onde a figura central, e mais real, tornava-se o sertanejo. E cotejando trechos de *Os sertões* com trechos de *O sertanejo* e *O gaúcho*, Bernucci (1995, p. 23) demonstra a influência textual de Alencar sobre Euclides, que repete de maneira quase literal trechos alencarianos para descrever seja o sertanejo, seja o Conselheiro. Euclides ainda retoma a dualidade cidade X sertão em moldes bastante próximos aos definidos por Alencar, transformando a oposição cidade X roça por ele cristalizada (e presente, também, nas obras de Joaquim Manoel de Macedo e de Martins Pena) na dicotomia cidade X sertão.

José de Alencar (1960, v. IV, p. 728) defende a imigração. Para ele,

> é uma inteligência prática que melhora a indústria do país e um grande elemento de atividade que desenvolve as forças produtivas da terra; é finalmente uma nova seiva que vigora, uma nova raça que vem identificar-se com a antiga aperfeiçoando-se uma pela outra.

Deriva o folclore das "latitudes sociais onde ainda não se dissiparam de todo a primitiva rudeza e ingenuidade do povo" (p. 979), latitudes ainda não atingidas pelo incremento da civilização. Alencar defende uma literatura nacionalista. Para o escritor brasileiro ser entendido pelo povo ele deve falar em sua língua, usar os seus termos e locuções (p. 966). O fundamental, para ele, é sentirmos em nós a alma nacional, e não nos preocuparmos apenas em imitarmos corretamente o estilo europeu (p. 983), o que o leva a afirmar: "É por isso que eu vejo com tristeza o espírito de estrangeirismo invadir a nossa política, ameaçando transformar a Pátria em um mercado cosmopolita de idéias como de capitais, de homens como de instituições" (1977, p. 55).

José de Alencar recusa a influência de Chateubriand e Feminore Cooper na execução de *O guarani* e cita como seus mestres "esta esplêndida natureza que me envolve, e particularmente a magnificência dos desertos que eu perlustrava ao entrar na adolescência, e foram o pórtico majestoso por onde minha alma penetrou no passado de sua pátria" (1990, p. 60), ressaltando, assim, sua formação nacionalista. O passado é assumidamente idealizado e recusa qualquer contato com a realidade de sua época: "n'*O guarani* o selvagem é um ideal, que o escritor intenta poetizar, despindo-o da crosta grosseira de que o envolveram os cronistas, e arrancando-o ao ridículo que sobre ele projetam os restos embrutecidos da quase extinta raça" (p. 61).

Tudo isso converge para seu indianismo e está presente em *Iracema* (1997). Todo o romance estrutura-se em torno de duas atitudes opostas: a submissão ao homem branco, simbolizada por Iracema, e a tentativa de revolta, simbolizada por Irapuã. Iracema pressente, desde o início, o mal que o branco trará, e Irapuã define-o como inimigo de Tupã (p. 30). Ambos pressentem ser ele o agente da destruição, mas têm reações opostas. Em torno dessa antítese gira o romance.

Em outro trecho do romance, Iracema quebra a lança com a qual acabara de ferir Martim e, antes de entregar-se a ele, oferece-lhe a jurema, bebida sagrada dos tabajaras (p. 40). Sela, assim, sua submissão ao homem branco, bem como o processo de miscigenação, o elo que fixará o homem branco à terra e o tornará o pai de uma nova raça. Em *Iracema*, a miscigenação surge como o elemento fundador da nacionalidade brasileira. Quando Martim descobre que terá um filho de Iracema, "anuncia que o guerreiro branco não quer mais outra pátria, senão a pátria de seu filho e de seu coração" (p. 54). Tal união será, contudo, fatal para o indígena e Iracema chama seu filho de "Moacir, filho de meu sofrimento" (p. 60). E à heroína indígena incapaz de adaptar-se à civilização e que, por isso, não sobrevive, e ao indígena inimigo (Irapuã) vencido em combate, Alencar contrapõe Poti, aliado de Martim, converso e integrado à civilização no final do romance.

Apesar da idílica descrição da cultura indígena, Alencar relega-a ao passado. O índio e o negro transformam-se em folclore, enquanto o imigrante é o novo civilizador. É somente na figura do índio aculturado e transformado em herói nacional que o autor visualiza alguma contribuição de sua raça à construção do País. Se o indianismo funciona como demonstração da superioridade da cultura branca, é porque esta é a única passível de transformação, o único agente viável da modernização. Somente integrando-se a ela o índio pode sobreviver. Aqui retomo a defesa que o autor faz da imigração: ela é análoga à apologia do papel desempenhado pelo homem branco em relação ao indígena e (o que Alencar não coloca explicitamente) em relação ao negro.

O relacionamento entre o índio e o branco, tal como idealizado por Alencar, baseia-se em um conceito de honra próprio de uma sociedade estamental. Essa interação exclui o negro, que não é reconhecido como agente histórico. A imagem do índio altaneiro e livre contrasta com a do negro submisso, trabalhador e leal. O índio não trabalha, uma vez que trabalho e liberdade são incompatíveis em uma sociedade escravocrata, e sabe-se que fidalgos não devem exercer trabalho produtivo; ora, o índio é idealizado à maneira de um fidalgo. Temos, enfim, na obra de Alencar, o índio assumindo o papel que seria desempenhado pelo sertanejo na obra de Euclides, ao mesmo tempo idealizado e condenado a ser ultrapassado; vítima inevitável da modernidade, mas, ao mesmo tempo, fadado a incorporar-se a ela.

A crítica ao indianismo de Alencar é feita por Joaquim Nabuco que não por acaso coloca-se no pólo oposto a ele no tocante à escravidão. O indianismo de Alencar, para Nabuco, transforma sua literatura em antinacional. Segundo ele:

> Quando leio o teatro do Sr. J. de Alencar, ponho-me a pensar que foi por estar dominado pela idéia de fundar a literatura tupi que ele quis desacreditar a sociedade brasileira, a vida civilizada do nosso país, os elementos de poesia que pode ter em si a raça européia que o povoou e

que, pela ação lenta do meio exterior, já se tornou verdadeiramente americana. (*apud* COUTINHO, 1978, p. 114)

Ao criticar o que chama de literatura indígena, Nabuco afirma, ainda:

> Sem dúvida quem estuda os dialetos selvagens, a religião grosseira, os mitos confusos, os costumes rudes de nossos indígenas, presta um serviço à ciência e mesmo à arte. O que porém é impossível, é querer-se fazer dos selvagens a raça, de cuja civilização a nossa literatura deve ser o monumento. (p. 190)

A crítica a Alencar feita por Nabuco poderia, com as devidas ressalvas, ser dirigida também a *Os sertões*. Nele, Euclides transforma o que seria uma sub-raça condenada pela modernidade em eixo a no qual deveria ser consolidada a identidade nacional, assim como José de Alencar idealiza o índio, encarnando nele virtudes que são, afinal, tomadas de empréstimo de um colonizador branco igualmente idealizado, deixando ao relento, propositalmente, a dura realidade de um povo esmagado.

A desilusão de Euclides com a República não advém do massacre de Canudos e, já em 1892, ela o leva a postular soluções radicais. Em carta escrita nesse ano, ele afirma:

> A verdade é que o estado atual do nosso país se define de um modo tão perigoso, em função da corrupção política, tão perigoso que o desmembramento, por exemplo, o que era dantes considerado um crime e uma coisa horrorosa para os verdadeiros patriotas, o próprio desmembramento que era um mal, é a melhor coisa que pode decorrer da situação atual – e alteia-se ante o espírito dos que ainda dedicam um pouco de amor a isto, belíssimo quase, como a visão do Fausto. (CUNHA, 1997, p. 42)

O conceito de República como um regime marcado pela corrupção atravessa todo o pensamento de Euclides e é retomado em 1907, quando ele salienta, em outra carta: "Aqui, há grande corrupção no ar e nos homens; não há pulmões nem almas que não sofram" (p. 339).

Essa desilusão gera um descompasso entre teoria e prática, ideal e realidade, cuja origem, em *Os sertões*, Euclides busca decifrar. Situa-o no que chama de inadaptabilidade popular à legislação superior introduzida pelo regime republicano, como se o País ainda não estivesse pronto para recebê-lo. O governo republicano torna-se presa de dois fatores que caracterizam a vida nacional, nas palavras de Euclides: "a imperfeição de sua organização intelectual e a incompreensão que cerca sua organização política". E ele conclui: "De sorte que lhe sendo impossível substituir o lento trabalho de evolução para alevantar a primeira ao nível da última deixava que se verificasse o fenômeno inverso: a significação superior dos princípios democráticos decaía – sofisticada, invertida, anulada" (CUNHA, 1984, p. 201).

O desencanto com a República que assalta Euclides em Canudos não nasce apenas do fato de seus ideais terem sido utilizados como pretexto para a execução de um crime. Nasce, também, de um descompasso temporal: os sertanejos viviam em uma época cuja mentalidade era simplesmente alheia ao conceito de República. Havia, ali, um descompasso insanável, que fazia a República parecer uma abstração urbana; um jogo de políticos alheios à realidade. Essa conclusão é tanto mais grave quanto a vitória da República significa, para ele, a vitória da ciência, o triunfo do espírito científico sobre as tradições retrógradas encarnadas pela Monarquia. Descoberto o descompasso, a viabilidade de tal triunfo terminaria sendo posto em xeque.

Euclides define, ainda durante o Império, sua noção de República: seria não apenas uma transformação política, muito menos uma simples vitória partidária; seu advento teria um caráter redentor e exprimiria "o renascimento da sociedade" (1995, v. I, p. 614). Ele nunca se afastaria de fato dessa perspectiva, e sua decepção com o rumo dos acontecimentos, uma vez feita a proclamação, ajuda-nos a entender seu pessimismo e seu desencanto contraditório perante a modernidade: porque os ideais republicanos eram científicos e modelados pela "cultura cientificista da 'mocidade militar'" (CASTRO, 1975, p. 142), e porque a República seria uma renovação que não houve e a porta de entrada de uma modernidade que não cumpriu suas promessas; exatamente porque a elite de cientistas e engenheiros da qual Euclides considera-se participante não logrou chegar ao poder. Seu fracasso como agente de transformações políticas simboliza para ele, então, o fracasso de um projeto e de uma mentalidade embasados no triunfo da ciência. A ciência é, finalmente, o instrumento a ser manipulado pelos agentes da modernidade, e apenas com seu predomínio o País estaria apto a superar o atraso. Sua hegemonia significaria o triunfo dos ideais da República, que necessitam de uma elite de cientistas que os conduza. Euclides vê na República o regime no qual o mérito dos indivíduos talentosos, sem padrinhos nem riqueza, provenientes de setores estranhos à aristocracia – indivíduos como ele – teriam, enfim, oportunidades reais de ascensão social: um regime meritocrático, não necessariamente democrático.

Vertentes euclideanas

Euclides é visto, ao mesmo tempo, como fundador da nacionalidade no terreno cultural e como o autor que descobriu o Brasil para a cultura brasileira. Um artigo apologético de Paulo Dantas resume ambas as perspectivas: nesse texto, ele é visto como "o grande definidor das linhas mestras da nossa nacionalidade... Além de gênio, foi Euclides da Cunha, acima de tudo, um demarcador das nossas dimensões emocionais e geográficas, históricas e sociais" (DANTAS, 1959, p. 138-142).

Já para Cruz Costa (1960, p. 111), "foi com Euclides da Cunha que a consciência nacional ganhou clareza, vigor, pujança – foi ele que deu o grito de alarma de um Brasil novo – este que está agora a surgir". Nessa perspectiva, Euclides teria revelado o interior da Nação às elites litorâneas. Antes dele, quando muito, os escritores arranhavam os problemas litorâneos ou dos núcleos formados ao longo da costa (GARBUGLIO, 1968, p. 84). É, novamente, o Euclides descobridor do Brasil que é aqui anunciado, e logo depois vem o Euclides construtor da nacionalidade: "De fato, entalhava-se o cerne da nacionalidade graças à visão que Euclides teve da realidade que observou e à força com que conseguiu transferi-la para a literatura, numa obra que se constituiu num marco extraordinário" (p. 98). Na perspectiva do euclideanismo, o autor representa o Brasil possível, com todas as suas falhas, suas contradições e seu vigor. Ele representa, então, a negação do esquema de hierarquias raciais por ele mesmo proposto: como se o autor contrastasse, com sua presença, fundamentos de sua obra. Como salienta Regina de Abreu (1994, p. 83), decifrando perspectivas euclideanas: "a mistura de raças sintetizada no corpo de Euclides teria gerado um gênio nacional, sinalizando assim para a viabilidade da própria nação brasileira".

Euclides foi apropriado de diversas formas: tornou-se, por exemplo, objeto de culto no Instituto Histórico e Geográfico de São Paulo, que sempre ressaltou o fato de ele ter lido um dos capítulos de *Os sertões* em uma das sessões do instituto anos antes de sua publicação (FERREIRA, A. C., 2002, p. 113). E sua influência é ritualizada nos diversos eventos – permanentes e temporários – realizados em homenagem ao autor em São José do Rio Pardo e descritos por Regina Abreu, que cataloga de 80 a 100 "euclideanos fiéis residentes na cidade, no interior paulista e em outros municípios do Brasil" e define-os como "agentes produtores da memória social". Retoma-se e celebra-se o Euclides fundador e descobridor, e valoriza-se o autor que soube contrapor o interior da Nação ao artificialismo do litoral. Celebra-se o interior, e idealizam-se os valores aos quais o nome de Euclides está associado. Como salienta a autora, "não importa o quanto esta visão tenha de idealizada e de imaginária, importa a sua eficácia num mercado de bens simbólicos" (ABREU, R., 1994, p. 217).

A influência de Euclides tornou-se um mito reverenciado na cultura brasileira, tanto quanto, e às vezes mais que, sua própria obra, e autores como Monteiro Lobato e Oswald de Andrade enfatizam-na de diferentes maneiras. Lobato (1951, v. I, p. 312) acentua a originalidade do estilo euclideano:

> Volto ao Euclides. Estive a lê-lo e pareceu-me que a sombria e vigorosa beleza do seu estilo vem de não estar cancerado de nenhum dos cancros do estilo de toda gente – estilo que o jornalismo apurou até ao ponto-de-bala acadêmico, tornando-o untuoso, arredondado e impessoal.

Lobato ressalta o caráter dissonante e bárbaro da obra de Euclides perante a literatura "tremendamente burocrática de Machado de Assis e perante nosso marasmo mental". A dualidade Euclides X Machado é fundamental em sua análise, e ela parte daí para fazer o enaltecimento do autor:

> Há homens que influem até no vocabulário dos países. Depois de Euclides da Cunha, a palavra "estupendo" passou a ter no Brasil um consumo triplicado – e um sentido euclideano. Não há estupendos em José de Alencar; não há só um estupendo em Machado de Assis. A língua literária no Brasil enriqueceu-se desse adjetivo depois que Euclides – o Estupendo, revelou o estupendo de certos contrastes da nossa tragédia geológica e humana. (LOBATO, 1968, p. 249)

Já Oswald, embora ressalte as diferenças entre ambos, busca reconciliá-los como as vertentes básicas da literatura brasileira, de forma que, como uma destas, surge Euclides, o anunciador:

> No pórtico de nossa literatura, se agigantam os dois guias de nosso pórtico intelectual – Euclides da Cunha e Machado de Assis. São as coordenadas mestras de nossa existência literária. Fora de suas rotas, nada de legítimo sairá de nossa capacidade criadora. E que nos ensinam os mestres inegáveis? O pessimismo de Machado é um pessimismo de classe. Nele, já existe fixado o germe de toda uma sociedade condenada. Em Euclides, surge a esperança do povo, a mística do povo, a anunciação do povo brasileiro. (ANDRADE, O., 1972, p. 101)

A obra de Euclides foi utilizada, ainda, como modelo para o que Sevcenko chama de "tradição da cultura nacionalista militante", que serviu como matriz tanto para o integralismo e para o verde-amarelismo de Plínio Salgado, que sempre reconheceu nele uma fonte de inspiração, quanto para a esquerda ortodoxa representada, por exemplo, por Nélson Werneck Sodré, sempre empenhado em ressaltar a importância e o pioneirismo euclideanos. Sua obra é, portanto, uma vertente apropriada por correntes de diversos matizes ideológicos que – à parte diferenças políticas e analíticas – convergem para o mesmo processo de valorização de *Os sertões* ressaltado por Sevcenko (1992, p. 327): "o que se queria destacar no livro era sobretudo a peculiaridade da cena brasileira e o empenho de se lhe revelar a originalidade como sendo a mais elevada das disciplinas intelectuais ou artísticas".

Ao mesmo tempo, a crítica ao liberalismo presente desde a República Velha e predominante a partir dos anos 1930 toma Euclides como fonte de inspiração e busca apropriar-se dele, elegendo-o como um de seus pioneiros. Ele teria, ao contrastar o Brasil real com o Brasil artificial e litorâneo, desmascarado o artificialismo do próprio liberalismo brasileiro, todo construído com base em fórmulas importadas e sem consonância com a realidade brasileira por ele revelada. Em texto escrito nos anos 1920, Tasso da Silveira (1981, p. 252) sintetiza esse processo de apropriação:

Sentindo a divergência trágica que iam tomando as diretrizes da ação social brasileira, Euclides da Cunha entrou deliberadamente na luta, inconsciente mesmo do papel que ia desempenhar. Sua obra teve uma repercussão que o tempo só tem feito crescer. Ele vinha mostrar, eloqüentemente, e com fatos, o erro do litoralismo político – que fora na Monarquia o parlamentarismo, importando fórmulas e confundindo ficções com soluções – embora tendo conseguido organizar a estrutura social da nacionalidade e fixar a face mais original de sua literatura, até então – e era agora na República o caudilhismo militarista, corrompendo as Forças Armadas pelo veneno politicamente.

Dentro dessa vertente, as conseqüências políticas das conclusões de Euclides seriam desenvolvidas por pensadores autoritários como Oliveira Vianna, que menciona, enfaticamente, a análise de Euclides e para quem o sertanejo é um inadaptado crônico à democracia. Segundo ele, "o sertanejo do Noroeste é um exemplo típico do homem que, pela peculiaridade da sua formação histórica e social, não adquiriu, nem podia adquirir, hábitos da vida democrática" (VIANNA, 1942, p. 148). Ecos políticos dessas conclusões podem ser sentidos na ideologia estado-novista, embasada, em escala considerável, no que se declarava ser a descoberta do interior pelo regime Vargas por meio da "marcha para o oeste": como se ele, enfim, estivesse concretizando os ideais euclideanos. Como lembra Levine (2001, p. 101-102), "Vargas foi o primeiro chefe de Estado a visitar os pontos mais longínquos do país. Em 1940, falou em Manaus, no coração da bacia amazônica, lembrando aos ouvintes a promessa secular de que no interior do Brasil estava o portal para o Eldorado". Não há, evidentemente, nenhuma menção a Euclides durante o episódio, mas a retomada – ideológica ou concreta, não vem ao caso – da interiorização do desenvolvimento e da cultura nacional proposta por Euclides fica clara.

A apropriação da obra de Euclides pela ideologia estado-novista, segundo Ângela de Castro Gomes, passa por aí; pela descoberta que teria sido levada a cabo, por ele, da originalidade e da viabilidade brasileiras, feita pela definição do sertanejo como uma raça original e fruto de fusões. Principal publicação cultural do regime, a revista *Cultura Política* apossa-se de um Euclides desproblematizado e isento de contradições e o enaltece como o descobridor do brasileiro puro. Conclui, então, a autora: "Ele teria descoberto nossa 'tendência' à fusão, nossa aptidão para a 'domesticação da natureza' e para a religiosidade. A figura do sertanejo como um 'forte de espírito' por excelência era o símbolo de nossa originalidade completa" (GOMES, 1996, p. 195). Euclides é, assim, reivindicado à direita e à esquerda e, em ambas as vertentes, ele é visto como o descobridor do Brasil: o descobridor da dualidade brasileira e o autor que valorizou a parte interiorana desta dualidade.

O Euclides literato ou cientista social já é figura louvada e reconhecida à exaustão, com Florestan Fernandes (1977, p. 35), entre tantos outros, definindo

Os sertões como "o primeiro ensaio de descrição sociográfica e de interpretação histórico-geográfica do meio físico, dos tipos humanos e das condições de existência no Brasil", mas o Euclides historiador, talvez, nem tanto. Temos, em sua obra, a preocupação em buscar captar o movimento histórico mesmo que em contraponto a uma comunidade que ele descreve como suspensa no tempo. E esse contraponto ilumina, em sua obra, o devir histórico. Segundo Sevcenko (2002, p. 34), "voltado para o sertão e suas gentes, Euclides renega os pressupostos de uma visão de história lusocêntrica, fundada ademais nos assentamentos litorâneos, nos latifúndios exportadores, no Rio de Janeiro e, em última instância, nos pés do trono". Nesse sentido, Euclides é o anti-Varnhagem, incorporando-se à linhagem de um Capistrano de Abreu e de um Manoel Bomfim.

O que caracteriza *Os sertões* é ser ela, essencialmente, uma obra híbrida, transitando entre a pretensão científica e o caráter literário. Nesse percurso, a terminologia científica ganha *status* literário, e a abundância de imagens serve para exemplificar o discurso científico. A obra, então, teve potencializada sua influência, transformando-se em marco das ciências sociais no Brasil e em ícone da literatura brasileira.

O estilo euclideano expressa a transição entre o predomínio literário e o ensaísmo de pretensão científica. A prosa utilizada por Euclides para descrever a Amazônia, por exemplo, é, como lembra Hardman (1996, p. 295), uma prosa que fica a meio caminho. Fica entre o literário e o não-literário, entre a natureza e a cultura, entre o elogio da ciência e a descrição pungente dos esquecidos pela civilização. Toda a obra de Euclides fica a meio caminho, e em seus textos sobre a Amazônia, como acentua Iglesias (2000, p. 149), o visionário supera o historiador.

Euclides consolidou, finalmente, os parâmetros "científicos" com base nos quais a geração de Sílvio Romero dedicou-se a pensar o País, em detrimento da predominância de literatos como Medeiros e Albuquerque e Coelho Neto. A partir daí, o ensaio ganhou força, em comparação ao romance, como instrumento de análise da realidade brasileira – o que explica o caráter precocemente datado, por exemplo, de *Canaã*, de Graça Aranha –, e a crítica literária tornou-se mais especificamente ligada a seu campo, abrindo caminho para estudos mais diretamente centrados na análise científica. Mesmo a ambivalência de Romero – crítico literário com múltiplas pretensões a sociólogo e antropólogo – perdeu viabilidade em função das novas exigências lançadas por *Os sertões*.

A partir de então, a exigência por um maior cientificismo na análise da realidade brasileira iria predominar, a ponto de gerar uma curiosa inversão registrada na crítica que Mário de Andrade faria a Euclides. Segundo Lima (1997, p. 220),

> a literatura outra vez se interpunha no destino de Euclides como escritor. Ao passo que ele próprio procurara conservá-la enquanto ajustada

a uma base científica, Mário, que não pretendia ser cientista, na anotação de seu diário o acusava de haver-se mantido excessivamente literário.

O padrão de rigor científico determinado por Euclides volta-se contra ele próprio e afirma como datado o aspecto literário de sua obra.

Euclides forneceu, com *Os sertões*, um novo instrumental à crítica literária. Levou o regionalismo a situar-se além da procura pelo exotismo que até então o caracterizava, e definiu o que até então era exótico como a essência da nacionalidade; sua "rocha viva", para usarmos sua expressão. Seguindo o caminho aberto por Sílvio Romero, buscou conjugar literatura e ciência, não mais como crítico, mas como literato. E os métodos científicos de crítica literária – criação de Romero – ganharam cidadania com Euclides, que criou, para o bem e para o mal, o ideal de uma literatura engajada, cuja função seria descrever e transformar a realidade. Recriar e transfigurar a identidade nacional.

E, como criador, ele passou a ser visto como o intelectual ideal: o modelo a ser seguido, preocupado com a realidade de seu país e com o futuro da Nação, avesso a estrangeirismos e modernidades. Segundo Joaquim Nabuco (1949, p. 44), o brasileiro não tem uma mentalidade nacional, sua mentalidade é parisiense. Ele está descrevendo, aqui, o imaginário da elite a qual pertenceu, imaginário que não era, por exemplo, o de Sílvio Romero e Euclides da Cunha, autores profundamente nacionalistas e que foram louvados precisamente por seu nacionalismo. Mas essa idealização tornou-se problemática, não porque seu retrato esteja errado ou porque suas características tenham sido inventadas com o passar do tempo. É que o Euclides canonizado que passou a circular, principalmente após o Estado Novo, tende a escamotear as contradições do autor e do homem e a deixar de lado o potencial crítico de sua obra e a deixar escapar o essencial.

Pensando influências

Euclides construiu seu cabedal de conhecimentos com a indisciplina e a voracidade dos autodidatas e nunca soube estabelecer critérios razoáveis para julgar a qualidade dos diferentes autores com os quais entrou em contato. Dessa forma, enquanto enaltece um secundário e hoje esquecido Mach, chamando-o de "lúcido e genial", define Kant, já no final de sua vida, como um "Aristóteles estragado" e Espinosa como "um sujeito que arranjou artes de ser doido com regra e método, pondo a alucinação em silogismos" (CUNHA, 1997, p. 406).

As influências sofridas por Euclides são de diversas procedências, indo das mais evidentes, como Gumplowicz e Ratzel, a literatos como Renan, de quem Mário Carelli salienta citações quase textuais, comparando um trecho do Marco Aurélio onde se lê: "O assunto único das profecias frigianas era o próximo julgamento de Deus, a punição dos perseguidores, a destruição do mundo profano, o reino dos mil anos e suas delícias" a um trecho de *Os sertões* no qual, referindo-se ao Conselheiro, Euclides escreve: "Como vemos, as profecias tinham, na boca do sertanejo, o mesmo tom daquelas que, nascidas na Frígia, iam para o Ocidente. Elas anunciavam todos os julgamentos de Deus, a infelicidade dos poderosos, o esmagamento do mundo profano, o reino de mil anos de delícias" (CARELLI, 1994, p. 157-158). A importância do herói no desenvolvimento histórico segue uma linha contrária ao determinismo oriundo de Buckle – das extravagâncias geniais de Buckle (CUNHA, 1984, p. 5) – e baseia-se em Renan, mas também em Carlyle, criando uma linha de pensamento que se torna contraditória no conjunto de sua obra. Como assinala Galvão (1984, p. 36), mencionando as linhas básicas que fundamentam o referencial teórico de *Os sertões*:

> A primeira linha é nitidamente determinista, vinda da Inglaterra com Buckle e da França com Taine, ambos de extraordinária influência no Brasil da passagem do século... A segunda linha vem da visão dos heróis segundo Carlyle, justificados por este autor enquanto encarnações do espírito divino que levam a história avante: o que se acomoda mal com o ideário positivista, anticlerical e até anti-religioso de Euclides.

Outros comentaristas sublinham diferentes influências, definindo-as como determinantes: segundo Clóvis Moura (1964, p. 32), por exemplo, a obra de Euclides da Cunha reflete na sua construção e nas suas conclusões a influência do evolucionismo spenceriano.

Seu ponto de partida na análise da questão racial é o pensamento de Gumplowicz, e daí deriva seu pessimismo perante o impacto da mestiçagem sobre o brasileiro. Euclides menciona-o, ressaltando sua "lucidez surpreendedora", e conclui:

> Seguindo paralelamente o pensamento do escritor germânico, que entretanto, ao delineá-lo, não cogitava do Brasil, podemos caracterizar o nosso movimento evolutivo como um resultado de raças heterogêneas que se acham num equilíbrio mais ou menos estável, obtido de compromissos políticos, determinando uma superposição de classes que se erige na ordem política, como – a seleção natural de raças. (CUNHA, 1995, v. I, p. 455)

E o próprio Euclides assume enfaticamente a influência de Gumplowicz:

> Sou um discípulo de Gumplowicz, aparadas todas as arestas duras daquele ferocíssimo gênio saxônico. E admitindo com ele a expansão irresistível do círculo singenético dos povos, é bastante consoladora a idéia de que a absorção final se realize menos à custa da brutalidade guerreira do "Centauro que com as patas escarvou o chão medieval" do que à custa da energia acumulada e do excesso de vida do povo destinado à conquista democrática da terra. (CUNHA, 1997, p. 151)

Essa é, de fato, uma influência decisiva, e buscarmos uma compreensão, mesmo que sumária, do pensamento de Gumplowicz ajuda-nos a entender melhor o próprio Euclides; para entender aquele, contudo, é necessário contextualizá-lo.

Hannah Arendt (1990, p. 238) define o racismo como "a fuga para a irresponsabilidade desprovida de qualquer aspecto humano". O racismo não pode, contudo, ser definido, como o fez a autora, como uma corrente subterrânea, e tem uma longa história, da qual o anti-semitismo, quer como sentimento, quer como concepção, é uma ilustração precisa e está presente em diversos autores e épocas.

O racismo está presente também em autores canônicos como Montesquieu, Hegel e Comte. Hegel, acentua White (1992, p. 96), via na miscigenação uma degeneração e uma corrupção das espécies e, para ele, "o negro representa o homem natural em toda a sua selvageria... cumpre fazer abstração de todo o respeito e de toda moralidade se quisermos compreendê-lo; não se pode encontrar nada em seu caráter que lembre o homem" (HEGEL, 1997, v. III, p. 55).

Schopenhauer (1998, p. 208) define a qualidade moral de um povo primitivo como sendo resultante da ausência de miscigenação. Para ele, "um tal povo isolado surgiu de uma única família, e assim tem o mesmo ancestral, que era justamente um homem bom, e não se miscigenou". Nietzsche (1985, p. 37) sugere serem os negros menos sensíveis à dor e define a feiúra como sendo muitas vezes "o sinal duma evolução entravada, pelo cruzamento, ou então o sinal duma evolução descendente" (s.d., p. 32).

Em Stuart Mill (1963, p. 13), o racismo surge como justificativa do imperialismo. Segundo ele, "para tratar com bárbaros o despotismo constitui forma legítima de governo, contanto que a meta seja melhorá-los e os meios justificados pela real efetivação daquele objetivo". Para Comte (1983, p. 44), mesmo a elite da raça negra e a parte menos avançada da raça branca ainda permanecem imersas no estado teológico. Montesquieu (1973, p. 223) recusa a possibilidade de Deus ter introduzido uma alma boa em um corpo completamente negro, e, no século XX, Mauss (1981, p. 43) opera uma perigosa aproximação entre eugenia e sociologia ao colocar que "não só o problema da confecção de uma raça, mas o problema mais nobre da formação de uma nação, de sua constituição moral e física, se colocam lá [na sociologia] de maneira consciente e são tratados de um modo que se pretende racional". Max Scheler (1971, p. 111) caminha na mesma direção ao alertar para os riscos da mestiçagem:

> Uma conciliação entre os povos brancos e os de cor virá necessariamente. Mas ela pode realizar-se de uma forma boa ou ruim: com a mistura de sangue adequado, que se complementa produzindo valores superiores de acordo com experiências científicas, ou então com a mistura de sangue inadequado, que leva à diminuição do valor da espécie.

Um autor como Marx recusa qualquer alteridade colocada em termos biológicos e transforma o outro configurado na figura do selvagem no outro encarnado na figura do proletário, imbuído agora de uma missão revolucionária (MAZZOLENI, 1992, p. 55). A dualidade civilizado-selvagem, com a condenação pesando sobre o segundo e a função transformadora sendo desempenhada pelo primeiro, é substituída pela dualidade burguês-operário, sendo que o primeiro passa a ser o elemento fadado ao desaparecimento, embora ainda tenha uma função civilizadora a cumprir em sociedades como, por exemplo, a hindu, que Marx (1984, v. I, t. II, p. 89) define como indispensável.

O inegável eurocentrismo de Marx não é, contudo, de fundo racial, decorrendo antes de sua concepção histórica. Para ele, "a indústria moderna nunca encara nem trata a forma existente de um processo de produção como definitiva. Sua base técnica é, por isso, revolucionária, enquanto a de todos os modos de produção anteriores era essencialmente conservadora" (MARX, s.d., v. II, p. 292-297). Agente da revolução, ela torna-se indispensável instrumento civilizador. É nesse contexto que Engels (s.d., v. II, p. 122) coloca a questão: "Acaso o troglodita com a sua caverna, o australiano com o seu casebre de adobe ou o índio com a sua casa própria farão jamais uma Insurreição de Junho ou uma Comuna de Paris?". E é o próprio Engels (1981, p. 131) quem responde, ao analisar a ação dos anarquistas na Espanha:

> A Espanha é um país tão atrasado do ponto de vista industrial que nem sequer é possível falar de uma emancipação imediata da classe operária. Antes de se poder chegar a isso, a Espanha tem que atravessar um desenvolvimento de várias fases e que superar uma série de obstáculos.

Evans-Pritchard (1978, p. 20) lembra a tendência dos viajantes europeus em contato com as nações africanas em anotar preferencialmente o que seria capaz de criar impacto por ser curioso, rude e sensacional. Trata-se de usar o que é excêntrico como justificativa para o exercício do domínio paternal. Trata-se, também, da incapacidade de apreender concepções diferentes por meio de sua mera tradução para concepções já estabelecidas: para os missionários europeus no Brasil, os indígenas estavam situados aquém do paganismo, na medida em que a dimensão religiosa parecia faltar completamente à sua cultura (CLASTRES, 1978, p. 21). Mesmo o relativismo cultural, quando conduzido de forma acrítica, torna-se uma forma de paternalismo: por serem diferentes (inferiores?), as sociedades primitivas podem adotar qualquer tipo de comportamento.

E finalmente em *A luta de raças*, livro publicado por Gumplowicz em 1882, que se encontra uma síntese das teorias raciais bastante representativa de sua época e de muita influência, esta, sim, subterrânea no sentido proposto por Hannah Arendt.

Gumplowicz (1944, p. 1) postula um método que pressupõe a existência de leis eternas e necessárias, assim como o racismo pressupõe a existência de leis eternas e necessárias que determinam as características de cada raça. Tais leis baseiam-se, para ele, na existência de diversos grupos étnicos e sociais que constituiriam elementos estáveis e passíveis de ser tomados como objetos de investigação regular (p. 47). O desenvolvimento étnico da humanidade caminha, para o autor, rumo à homogeneidade, partindo de uma diversidade étnica infinitamente grande para a criação de grupos étnicos cada vez mais amplos e em número cada vez mais reduzido (p. 71). A miscigenação ganha, assim, um sentido de conquista e absorção. Toda relação étnica é, para ele, uma relação de força e dominação, com o mais forte buscando dominar e utilizar o mais débil para a realização de seus objetivos (p. 157). É essa luta racial que constituiria o que ele chama de essência do processo histórico (p. 189). Cria-se, assim, uma divisão de trabalho considerada por Gumplowicz como necessária, na qual os esforços das raças inferiores permitem aos elementos étnicos superiores a criação e o desenvolvimento da civilização (p. 227-229). Nesse contexto, a teoria racial euclideana condenaria irremediavelmente o mestiço, mas não é bem isso o que acontece.

Entre fortes e neuróticos

Euclides retoma a questão da mestiçagem e, assim como Romero e Freyre, define-a como central na formação brasileira. Mas o faz de uma perspectiva crítica, bem distante do que seria a apologia freyreana. Tão preocupado com essa questão quanto Romero, Euclides atribui à mestiçagem papel fundador no processo de formação nacional e preocupa-se em estudar as sub-raças por ela geradas. Ambos, contudo, buscam decifrar a síntese que seria o ponto de chegada do processo para Euclides, a única solução possível para os problemas por ele gerados e que atuaria como antítese em relação a tal processo, marcado pela mestiçagem.

Isso porque a unidade racial é, para ele, a antítese da mestiçagem e, ao mesmo tempo, o único caminho para o Brasil definir-se como uma nação original. Nas palavras do autor,

> e quando uma raça se unifica – autônoma, forte, original – o que se observa, de golpe, é um complexo de idéias firmando um modo de agir, patenteando pelas criações intelectuais as qualidades que a aparelham para adaptar-se ao ambiente da civilização geral. (CUNHA, 1995, p. 442)

País composto por raças heterogêneas, o Brasil estaria, na perspectiva do autor, singularmente despreparado para levar adiante um processo de adaptação, que teria a criação de uma raça original como a única saída para o Brasil enquadrar-se no contexto civilizacional, com o próprio isolamento no qual o sertanejo vive tornando-se o pressuposto que o transforma no eixo da raça a ser criada, gerando, assim, o núcleo da nacionalidade. Euclides chega à conclusão oposta a que deveria chegar por meio das teorias raciais por ele adotadas.

Essa oposição fundamenta sua denúncia. Em nota preliminar a *Os sertões*, ele afirma sua crença na teoria como que a justificar a campanha de Canudos: "A civilização avançará nos sertões impelida por essa implacável 'força motriz da História' que Gumplowicz, maior do que Hobbes, lobrigou, num lance genial, no esmagamento inevitável das raças fracas pelas raças fortes". Na mesma página, contudo, a justificativa transforma-se em denúncia e o esmagamento inevitável transforma-se em crime a ser denunciado: "Aquela campanha lembra um refluxo para o passado. E foi, na significação integral da palavra, um crime. Denunciemo-lo" (CUNHA, 1984, p. xxix). A oposição se define com toda a nitidez.

Apesar disto, a escolha feita por Euclides também é clara, e daí a famosa assertiva: "Estamos condenados à civilização" (p. 52). Tal escolha é feita, porém, baseada no termo "condenação", que dá à frase um conteúdo de perda e desolação. Ela não é pacífica, nem é feita de forma tranquila, lembrando, antes, uma dolorosa constatação.

Se o mestiço é a raça inferior e se o português é "o fator aristocrático de nossa gens" (p. 59), este, em condições adversas, simplesmente não sobrevive e é inteiramente suplantado pelas raças que, mesmo sendo reputadas inferiores na hierarquia racial euclideana, triunfam. O que acontece com o português na Amazônia, por exemplo?

> A aclimação traduz uma evolução regressiva. O tipo deperece num esvaecimento contínuo, que se lhe transmite à descendência até a extinção total... A raça inferior, o selvagem bronco, domina-o; aliado ao meio vence-o, esmaga-o, anula-o na concorrência formidável ao impaludismo, ao hepatismo, às pirexias esgotantes, às canículas abrasadoras, e aos alagadiços maleitosos. (p. 59)

A teoria racial euclideana é, aqui, simplesmente invertida pela natureza, mas em momento algum é abandonada. Ao descrever Canudos, por exemplo, o autor conclui: "O mesmo desconforto e, sobretudo, a mesma pobreza repugnante, traduzindo de certo modo, mais do que a miséria do homem, a decrepitude da raça" (p. 123). Se no trecho anterior a hierarquia racial é invertida pela natureza, aqui o determinismo racial sobrepuja a análise socioeconômica e afirma-se como determinante.

Se o brasileiro é um "tipo abstrato que se procura" (p. 50), é porque a unidade étnica e nacional do Brasil é artificial, tendo sido criada politicamente a partir do Império. Até então

> Os vários agrupamentos em que se repartia o povoamento rarefeito, evolvendo emperradamente sob o influxo tardo e longínquo dos alvarás

da Metrópole, e de todos desquitados entre si, não tinham uniformidade de sentimentos e ideais que os impelissem a procurar na continuidade da terra a base física de uma pátria. (1975a, p. 157)

E Euclides então conclui: "Somos o único caso histórico de uma nacionalidade feita por uma teoria política" (p. 170). É a unidade política que se torna o pressuposto para o surgimento de uma unidade racial; daí estarmos condenados à civilização, daí a promessa republicana. É a única maneira de diferenciarmo-nos do retrato que o autor faz do Peru. Definindo como inevitável a guerra a ser travada contra esse país por questões fronteiriças, o autor busca compreendê-lo, e nessa busca, conclui: "Ninguém lhe lobrigou ainda um aspecto estável, um caráter predominante, um traço nacional incisivo" (1975c, p. 94). Isso porque, semelhantemente ao que ocorre no Brasil, não é possível falarmos em um tipo étnico peruano, predominando "a aglomeração irrequieta em que há todas as raças e não há um povo" (p. 95). E a construção de uma nacionalidade, indissociável da criação de um tipo étnico definido, é vista por ele retomando-se a teoria racial no aspecto competitivo em que ele sempre a utiliza, como uma questão de sobrevivência: "Na pressão atual da vida contemporânea, a expansão irresistível das nacionalidades deriva-se, como a de todas as forças naturais, segundo as linhas de menor resistência... É o darwinismo social rudemente aplicado à vida das nações" (p. 114-115). Aqui, a análise de Euclides sobre o tema surge invertida em relação à defesa da imigração majoritariamente feita no período, análise onde modernidade e raça são questões que se cruzam (1975a, p. 135-139).

Euclides problematiza a mestiçagem e define o mestiço como racialmente inferior, sendo que em momento algum de sua obra esse pressuposto é abandonado. Ora, geograficamente isolado o sertanejo manteve-se à margem do processo de miscigenação que moldou a nacionalidade e no litoral gerou mestiços neurastênicos. Daí suas qualidades, daí ele ser o cerne da nacionalidade. E quanto à formação racial do brasileiro, ele oscila claramente entre a inexistência de uma unidade racial e a possibilidade de formação de uma raça histórica. Essa ambigüidade surge sem solução em *Os sertões* e a permanece ao longo de toda a obra do autor.

A unidade racial, assinalaria ele anos depois, ao traçar um esboço da trajetória política brasileira, inexistia por volta de 1800, como tampouco inexistia o próprio sentimento de nacionalidade, a ponto de o drama da Inconfidência manter indiferentes os moradores do Norte, e os moradores do Sul permanecerem divorciados dos destinos do Norte perante a invasão holandesa. Naquele período

> Formações mestiças, surgindo de uma dosagem variável de três raças divergentes em todos os caracteres, em que as combinações díspares e múltiplas se engravesciam com o influxo diferenciador do meio físico, de

par com as mais opostas condições geográficas num desdobramento de 35 graus de latitude, chegavam ao alvorar da nossa idade com os traços denunciadores de nacionalidades distintas. (1975c, p. 157)

O ponto de partida para a superação da inferioridade racial não deve ser o branqueamento, e sim a manutenção de características próprias ao brasileiro. Só abrasileirando-se cada vez mais o brasileiro irá conseguir superar os defeitos de sua formação racial.

Mas nem só o mestiço litorâneo funciona como contraponto ao sertanejo. O caipira – abrindo uma vertente que seria estruturante na obra de Monteiro Lobato – surge como o contraponto rural ao sertanejo, sem as virtudes deste. Euclides descreve-o, ao cruzar com ele pelas estradas paulistas:

> O caipira desfibrado, sem o desempeno dos titãs bronzeados que lhe formam a linha obscura e heróica, saúda-nos com uma humildade revoltante, esboçando o momo de um sorriso, deplorável, e deixa-nos mais apreensivos, como se víssemos uma ruína maior por cima daquela enorme ruinaria de terra. (1975c, p. 132)

A fórmula clássica esconde, contudo, um significado que tende a passar desapercebido: o mestiço e o sertanejo são, para Euclides, seres distintos, as teorias que condenam o mestiço como ser inferior e degradado não valem para o sertanejo. Aplicam-se ao litoral, mas perdem sua validade no sertão.

Conclusão

Euclides da Cunha legou, enfim, mais perguntas que respostas: quem somos, como surgimos, se temos uma identidade, como defini-la, como consolidarmos o caminho da modernidade sem nos desfigurarmos enquanto povo; questões que os pensadores brasileiros do século XX buscaram responder. As respostas dadas pelo autor são contraditórias, mas este não é um defeito que se possa imputar à sua obra, já que a contradição euclideana é um dos fatores que conferem grandeza a ela.

Câmara Cascudo
e o elogio da tradição

*Os menores fatos daquele tempo agradam-me somente
porque são daquele tempo.*
Jean-Jacques Rousseau – *As confissões*

Luís da Câmara Cascudo nasceu em Natal em 1898, filho de duas famílias tradicionais. Seu pai foi o coronel Francisco Cascudo; um homem que, apesar do título, não exerceu o poder coronelístico. Foi um funcionário público, lutando contra cangaceiros, impondo a ordem no sertão, e possuía uma situação econômica instável, algumas vezes rico, outras vezes pobre, no dizer do próprio filho: representante típico de uma elite provinciana em declínio, assim como seu filho, que foi estudante abastado e adulto remediado. Cascudo, assim como o pai, foi basicamente um funcionário público, mas atuando na educação, não na segurança. Sua atividade profissional foi ligada sempre ao magistério, e ele chegou a ser diretor do Ateneu Norte-Rio-Grandense, certamente o principal colégio potiguar no tempo em que ele ali trabalhou.

Os filhos bacharéis das elites provincianas urbanizaram-se e burocratizaram-se progressivamente, tomando o rumo das capitais ou do Sul: Luís, o frustrado burocrata filho de uma decadente elite rural, personagem central de *Angústia*, de Graciliano Ramos, exemplifica esse processo. Com isso, o bacharel passou a depender progressivamente de sua capacidade profissional, e não apenas do *status* de sua posição ou da família da qual descendia.

A trajetória de Cascudo representa esse processo de mudança histórica, mas ele manteve-se apegado aos valores encarnados pela elite da qual descendeu, adotando, ao longo de sua vida, uma postura aristocrática que se reflete mesmo em seus estudos sobre cultura popular. Formado em Direito, portanto, exerceu cargos ligados à área, como secretário do Tribunal de Justiça e consultor jurídico do Estado, sendo, também, professor de Direito Público Internacional na Universidade Federal do Rio Grande do Norte, onde entrou em 1951. Toda sua atividade como professor e escritor, entretanto, foi marcada pelo estudo contínuo da cultura popular. Provinciano irredutível, Cascudo sempre viveu em Natal, onde faleceu em 1986.

As práticas e os discursos sobre o folclore

A adequada compreensão do pensamento de Câmara Cascudo implica uma análise, mesmo que sumária, do desenvolvimento histórico das práticas e dos discursos sobre o folclore no Brasil. Não apenas porque este foi o seu objeto de estudo, mas também porque sua obra foi um diálogo permanente com esse discurso, do qual, aliás, faz parte.

Manifestações folclóricas tenderam a ser vistas por seus estudiosos como expressões de harmonia social, não de conflito. A percepção de tais manifestações dentro de uma cronologia evolutiva gerou, por sua vez, uma busca de origens que desconsiderou mudanças históricas e diferenciações, criando-se uma linha de continuidade na qual manifestações singulares, múltiplas e contraditórias misturaram-se em um amálgama chamado cultura popular. Esta foi, então, reificada e liberta de impurezas, sendo construída à base de representações que são, ao mesmo tempo, conflitantes e filhas do conflito. É preciso, pelo contrário, pensá-la em sua historicidade, como prática e como discurso.

Parto, então, de uma questão: até que ponto é possível falarmos historicamente em maior ou menor intolerância dos poderes constituídos em relação à cultura popular? Na Inglaterra dos séculos seguintes à Reforma, por exemplo, a absorção de práticas religiosas ligadas a um catolicismo popular pelos fiéis foi vista pelos protestantes com certa irritação, às vezes, ou com indiferença: como uma prática inofensiva (HUTTON, 1995, p. 114). E no Brasil, como se deu esse processo?

Criou-se, no período colonial, uma dualidade entre a tentativa da Igreja, especialmente do Santo Ofício, de reprimir qualquer culto que não seguisse a ortodoxia católica e uma relativa condescendência por parte do Estado e dos senhores de engenho. Assim, uma pastoral do bispo do Rio de Janeiro, proibiu sob pena de excomunhão, no século XVIII, "os bailes e serenatas em que entrarem pessoas de diversos sexos, compreendendo também aos que assistirem a elas pelas ocasiões em que nestas ações há pecado" (*apud* BOTELHO, 2004, p. 95). Del Priore (1994, p. 55), por sua vez, menciona o que considera a causa do que define como a relativa tolerância que teria regido a política colonial em relação às festas profanas no período colonial: "Elas, finalmente, incentivaram a canalização da capacidade de resposta das culturas dominadas frente à situação de conflito criada com a escravidão negra e o trabalho compulsório indígena".

Em 1780, por exemplo, o representante do Santo Ofício expressou sua reprovação em relação aos cultos populares, enquanto o governador de Pernambuco os desculpou, alegando-se tratar de danças puramente profanas, transformando-as em folclore (HOORNAERT, 1992, t. II, v. I, p. 326). Um ano antes, ainda em Pernambuco, foi denunciada ao Santo Ofício a excessiva condescendência do governador em relação a esses ritos (SILVA, M. B. N., 1993, p. 278). E nas *Cartas chilenas* (11a, 123-125), o aristocrático poeta recrimina o governador Cunha Menezes exatamente por participar dessas festividades: "Tu também já batucas sobre a sala / da formosa comadre, quando o pede/a borracha função do Santo Entrudo".

Certa tolerância que não implicou, contudo, em legitimação das práticas populares, da mesma forma como as práticas e normas oficiais permaneceram, muitas vezes, obscuras aos olhos da população. Indagado pela Inquisição, por exemplo, se havia cometido heresias, um soldado responde: "não sei, os letrados é que sabem" (*apud* VAINFAS, 1997, p. 250). Os agentes da cultura popular negam validade às suas práticas perante a cultura letrada; para garantir sua sobrevivência, neste caso, mas também por aceitar o próprio discurso que os inferioriza e os deslegitima. Isto embora as verdades produzidas e legitimadas misturem as práticas dominadas e as práticas dominantes.

Houve uma boa dose de repressão por parte da Igreja e certa tolerância por parte da sociedade. Embora tal repressão estivesse, como sempre, longe de ser eficaz, e embora a integração das festas populares à religião institucionalizada via irmandades ainda tornasse a relação entre Igreja e religião popular bem mais ambígua e complexa, integrando essas manifestações a mecanismos de poder e à construção de identidades.

As manifestações ligadas à cultura popular, principalmente quando realizadas por negros, eram vistas, no início do século XIX, como manifestações de uma sociedade arcaica, ora toleradas, ora combatidas e perseguidas. Aceitas oficialmente ou não, eram encaradas pelas elites como expressões do atraso e da ignorância. Exemplifica tal tendência uma postura municipal que proibia a capoeira em São Paulo, em 1832, relacionando-a a atos de violência, e o aluguel de quartos "para escravos e vadios que se ajuntavam para maus fins, nos domingos e dias santos, com escândalo, fazem reuniões para deboches e batuques" (*apud* DIAS, 1995, p. 163).

Em 1822, d. Pedro I ordenou ao comandante da Guarda da Polícia que prendesse qualquer capoeira que fosse escravo e lhe aplicasse uma pena de 100 açoites (PRADO, 1968, p. 254). Além disso, foi publicado em Curitiba, em 1807, um "Edital para se invitarem os 'fandangos'", dentro de um conjunto de medidas que visavam reprimir certas atividades lúdicas dos escravos, tidas como manifestações perigosas e/ou inferiores (IANNI, 1962, p. 147).

O batuque permaneceu proibido por posturas municipais no Rio de Janeiro imperial, mas um delegado de polícia, como relata Ferreira de Resende (1944, p. 188), teria preferido, uma vez presenciado a dança, juntar-se a ela a prender seus participantes. Mas a norma era a crítica e a reprovação, com um comentário publicado em um jornal baiano em 1856 e mencionado por Verger (1987, p. 531) dando o tom: "Ontem era dia da lavagem da igreja do Sr. do Bonfim, para sua festa que celebrar-se-á Domingo próximo. Como sempre, a afluência era muito grande, e como sempre houve no templo atos de desrespeito capazes de fazer estremecer um herético". E um sacerdote ao mesmo tempo conservador e crítico feroz dos costumes de seu tempo como Lopes Gama fazia eco, ao enfatizar, no século XIX, este aspecto da religiosidade popular: "O pretexto é o culto religioso, mas na realidade essas festividades, parece, foram inventadas para dar azo a folgares, a pagodes, a rega-bofes, etc." (GAMA, 1996, p. 278).

Referindo-se, nos anos 40, a estrangeiros residentes em Salvador, Donald Pierson (1945, p. 333) afirma: "Os europeus tendem a considerar as crenças e práticas dos africanos como objeto de ridículo, desdém, menosprezo e reprovação". Sem entrar no mérito da afirmação do autor no que tange à situação específica, ela descreve o que foi a reação de um viajante como Biard (1945) ao visitar o Brasil durante o século XIX, ser despertado pelos cantos religiosos de um grupo de escravos e observar: "Esses berros eram apenas um canto religioso entoado por negros que consideram esses habituais urros como se fossem orações" (p. 61). E ao presenciar uma cerimônia indígena, o autor repete a mesma observação: "Em todos os tetos que entrávamos bebia-se 'caoueba' e cachaça e, a pretexto de se cantar, urrava-se" (p. 100).

Outros viajantes, contudo, reagiram com maior empatia quando presenciaram festas populares. Visitando o Brasil em 1886, Courcy (1997, p. 94), por exemplo, emocionou-se ao presenciar uma festa de São João, "esse tocante e edificante costume dos tempos legendários".

O crescimento urbano impôs, entretanto, a presença cada vez mais ostensiva e irrecusável das classes populares e de seus costumes; excluí-las e segregá-las dentro do espaço urbano tornou-se, ao fim e ao cabo, inviável, a não ser dentro de certos limites. Essa inviabilidade criou padrões de convivência que exigiram a aceitação, mesmo que seletiva, desses costumes e manifestações.

Ao mesmo tempo, o que era visto como mera manifestação de atraso incapaz de despertar interesse tornou-se, cada vez mais, objeto de estudo. Mesmo que no Rio de Janeiro do início da República o chefe de polícia tenha dado início a uma campanha contra as capoeiras que resultou na deportação de mais de 500 capoeiristas para Fernando de Noronha (MOURA, R., 1988, p. 60) e que o candomblé tenha sido alvo de constante repressão policial nas primeiras décadas do século XX, com os objetos apreendidos e às vezes destruídos, eles já eram freqüentemente levados para o Instituto Histórico e Geográfico. Ao lado da repressão, portanto, já se afirma o interesse por seu estudo. Uma situação um tanto contraditória que evoluiria até que os anos 1930 e 1940 representassem o coroamento de um processo de nacionalização de elementos da cultura negra. Suas manifestações passaram a ser vistas como parte da cultura brasileira, e não mais como uma herança nociva da escravidão, uma influência africana indesejada ou manifestações explicadas por teorias raciais. Entretanto, isso não significou, evidentemente, o desaparecimento do racismo.

Mas, voltando no tempo, o interesse pelas manifestações culturais dos negros não pode ser dissociado do desenvolvimento de teorias raciais das últimas décadas do século XIX em diante. A adoção dessas teorias deriva da necessidade de pensar o negro não mais como escravo, mas como agente social que se situa, oficialmente, em condições de igualdade com o branco. Para que tal igualdade não ameace o domínio das elites brancas, ou seja, não transborde para a realidade, novas hierarquias precisam ser criadas, e se a desigualdade sancionada pela escravidão não pode mais ser evocada, uma nova é construída, agora baseada em princípios "científicos". Por outro lado, a adoção dessas teorias incentivou a transformação do negro e, concomitantemente, de sua cultura em objeto de estudo, sem que fosse dada a ela o *status* de igualdade perante a cultura branca; é com base nessa perspectiva que Sílvio Romero, por exemplo, defende seu estudo

O negro tornou-se objeto de estudo em função das análises que tomavam como pressuposto sua inferioridade, e o interesse sobre manifestações culturais nas quais ele era o agente também tomou tal inferioridade como pressuposto. E o surgimento dos estudos folclóricos no período é indissociável do debate sobre a identidade nacional que se tornaria central, a partir de então, na cultura brasileira. Tais estudos – e Romero assume explicitamente tal perspectiva – seriam o caminho para compreender a identidade nacional por meio do contato com as manifestações culturais de seu depositário: o povo, a ser estudado pela da especificidade de suas manifestações culturais. De fato, um conceito de identidade nacional é criado quando a experiência histórica de um povo passa a ser vista como conseqüência de seu caráter, e o estudo do folclore, no período em questão, visou precisamente a codificação de um complexo de símbolos que fundamentasse a criação de uma identidade específica à Nação.

O estudo das manifestações folclóricas passou a ser visto por alguns estudiosos na virada para o século XX – e Romero tem primazia nesse processo – como caminho privilegiado para o estudo de certa "alma popular". É o que afirmou, por exemplo, João Ribeiro (1916, p. 215). O folclore, para ele, é o estudo do "enciclopedismo ingênito de todos os povos... Nesse enciclopedismo inculto, formado de pensamentos elementares, de emoção e de inteligência, é que consiste a alma popular". Consolidou-se, por parte desses autores, uma empatia com a cultura popular já sentida por alguns membros das elites como Júlio Bello, senhor de engenho que Freyre tanto admirou, que registrou sua emoção perante as festas populares, e exclamou: "E a festiva alegria do povo, como ela se comunica à gente" (BELLO, 1944, p. 170).

Criou-se ainda, entre o final do século XIX e o início dos anos 1920, a construção de uma versão musical da identidade nacional (ABREU, M., 2001, p. 684). O que seria isso? Seria a decodificação em termos musicais da "fala do povo", visando a representação tanto da identidade nacional quanto das identidades regionais, bem como sua transposição para obras eruditas. Como acentua Contier (1996, p. 274), "a música deveria refletir temática e tecnicamente as mais diversas falas populares internalizadas no 'povo brasileiro' e passíveis de serem antropofagicamente deglutidas pelos artistas preocupados com a busca do 'som nacional'". O folclore tornou-se, então, o eixo para a construção de um projeto de nacionalidade, que, por sua vez, orientaria em escala considerável, por exemplo, os estudos folclóricos de Mário de Andrade, nos quais a música popular seria resgatada como a mais completa expressão da identidade nacional.

Mário defendeu a criação de uma arte nacional que funcionasse como transposição da cultura popular. Em relação à música, por exemplo, ele afirma: "O artista tem só que dar pros elementos já existentes uma transposição erudita que faça da música popular, música artística, isto é: imediatamente desinteressada" (ANDRADE, 1962, p. 16), o que não quer dizer obrigatoriedade de produzir-se música que tenha caráter étnico. Trata-se de utilizar o material popular não para mimetizá-lo, mas para produzir cultura erudita. E a crítica de Mário aos compositores eruditos brasileiros incide exatamente neste ponto, o que esclarece e define sua importância no contexto de sua obra. Segundo ele:

> Esses autores tinham já fontes, embora escassas. Porque se resguardaram dentro duma nacionalidade, mas não tiveram sede nunca dessas fontes. Resultado: não acharam ninfa que os protegesse e, hoje, só encontram naqueles brasileiros que querem ser dum povo mais que das suas pessoinhas individuais e desprezíveis, memória e juízo frio. (1964, p. 8)

A diminuição da distância entre a cultura erudita e o povo somente seria possível pela apropriação por parte daquela de elementos da cultura popular, e o caminho a ser percorrido para que tal incorporação fosse possível seria o "estudo sistemático das manifestações culturais populares e a incorporação de técnicas tradicionais de artesanato ao fazer artístico da arte erudita" (FACINA, 2000, p. 162).

A perspectiva citada por Facina não se referiu apenas à música. O folclore como manancial que permitiria o surgimento de uma autêntica literatura brasileira (embora o conceito de autenticidade seja ambíguo) foi a promessa vislumbrada, por exemplo, por Antônio de Alcântara Machado (1970, p. 46): "E afirmarei mesmo que é com essa matéria-prima [do cancioneiro popular paulista] que se há de fazer amanhã a verdadeira literatura paulista". Temos, em Alcântara Machado, o elogio do folclore urbano, que não foi o estudado por Sílvio Romero e Câmara Cascudo, mas que teve em João do Rio (1997, p. 377), por exemplo, um defensor pioneiro. Para ele, a Musa das ruas é a Musa que viceja nos becos e rebenta nas praças, entre o barulho da populaça e a ânsia de todas as nevroses, é a Musa igualitária, a Musa-povo, que desfaz os fatos mais graves em lundus e cançonetas, é a única sem pretensões porque se renova como a própria vida.

O interesse pela cultura popular gerou ainda projetos de coleta e pesquisa que aspiravam a uma maior sistematicidade. Visando esse objetivo, Lima Barreto (1953, p. 248) criou a proposta de fazer, em 1919, um inquérito com base no que hoje seria chamado de história "oral, em que se mostre que a nossa cidade não é só a capital política do país, mas também a espiritual, onde se vêm resumir todas as mágoas, todos os sonhos, todas as dores dos brasileiros, revelado tudo isso na sua arte anônima e popular". Retoma-se aqui a idéia de cultura popular como índice da nacionalidade e como expressão do povo brasileiro. E um personagem anuncia, em *Triste fim de Policarpo Quaresma* (1986, p. 34), o que pode ser tomado como um manifesto estético do autor: "Há no nosso povo muita invenção, muita criação, verdadeiro material para *fabliaux* interessantes... No dia em que aparecer um literato de gênio que o fixe numa forma imortal... Ah! Então!"

Outros autores ressaltaram a importância do folclore em sua formação e em seu imaginário. Oswald de Andrade (1974, p. 15) o fez: "De qualquer lado, para onde girasse minha curiosidade, alimentavam-na do mais rico material da imaginação e da realidade brasileira. No dia-a-dia de meus estudos e do meu primeiro futebol, São Paulo contrastava gelado com aquele fabulário familiar". O primitivismo buscado por Oswald pode ser visto também como um retorno ao seu imaginário quando criança, e vale aqui a observação de Jose Paulo Paes (1990, p. 67) sobre o primitivismo dos modernistas: a regressão por eles empreendida era menos rumo a uma infância individual que a uma infância nacional. Na perspectiva de quem as estudou, o intelectual brasileiro não se poderia manter alheio às tradições populares, e Rui Barbosa – o paradigma do erudito para certa parcela da intelectualidade brasileira – foi exaltado precisamente por não ignorá-las. Segundo Joaquim Ribeiro (1952, p. 20), "Rui, na sua grandeza espiritual, não desprezou o folclore elaborado, na humildade, pelo espírito obscuro e anônimo do etnos".

O folclore entrou na moda nos anos vinte, embarcando na torrente de textos regionalistas que marcaria o período, na busca por um rústico peculiar, autêntico, cujo objetivo, pelo menos em São Paulo, seria fazer o contraponto ao crescimento urbano e a suas conseqüências. Esse resgate esteve presente em episódio ocorrido na cidade no final dos anos 1920, e impensável no início do século. O Clube da Antropofagia organizou, em 1929, um recital folclórico no Teatro Municipal para o qual Sinhô foi convidado e ao qual compareceu Júlio Prestes, presidente da província. Após o espetáculo, Oswald e Tarsila ofereceram uma recepção ao compositor à qual Prestes compareceu e terminou dançando cateretê com a cozinheira do casal ao som do piano de Sinhô, demonstrando ser um hábil dançarino (DEBES, 1982, p. 89).

Se o folclore foi reconhecido e exaltado como legítima expressão da nacionalidade por um grupo de intelectuais, outros, contudo, permaneceram definindo-o como índice de um atraso que deveria ser combatido, não enaltecido. Tomo quatro exemplos. Souza Barros (1971, p. 25) associa diretamente subdesenvolvimento e folclore, apontando para a inviabilidade de sua sobrevivência em uma nação industrializada e desenvolvida, e define o folclore como a manifestação cultural de uma sociedade agrária. Alberto Rangel (1934, p. 32) define assim o participante de manifestações folclóricas: "Tem eles a sensibilidade mal coordenada das crianças, a inteligência percuciente dos primitivos que descobriram o fogo e a domesticação do boi, do cavalo e do cão". Viajando pela região do Rio São Francisco, Arthur Ramos (1938, p. 62) associa o folclore à miséria. Seria uma forma de superstição por ela criada e que, ao mesmo tempo, a descreve: "O *folk-lore* conta-nos o signo destas cidades abandonadas do S. Francisco, com as suas linhas de casta e classe, os seus crimes, a sua miséria, a cachaça, a carestia". E Basílio de Magalhães (1952, p. 3), finalmente, define o folclore como uma mistura de "fetichismo afro-ameríndio e catolicismo rudimentar".

Segundo Veyne (s.d., p. 216), "o termo folclore, como se sabe, está marcado por um desprezo secreto: é 'popular' o que a classe superior desdenha e os poderes públicos ignoram". A perspectiva crítica em relação às tradições populares oriunda desse desprezo permaneceu, e, com ela, o objetivo de normatizá-las quando não fosse possível erradicá-las. A Campanha Nacional de Educação Rural, criada por Vargas em 1952 e oficializada por festas tradicionais, propôs como substituto um "lazer formativo e organizado" (Barreiro, 1994, p. 153). E Kubitscheck, em 1956, caminhou nessa direção, definindo como "recreação inadequada" as atividades folclóricas, que se transformavam, nessa perspectiva, em índice negativo de um Brasil que deixava de ser visto como lírico para ser visto como subdesenvolvido. A preocupação que orientou os elaboradores do programa foi de cunho nitidamente paternalista e a mesma que norteou, por exemplo, Orlando Carvalho (1937, p. 43) ao escrever sobre a região do Rio São Francisco:

> Pois que em meio às suas atividades lembrem-se os nossos dirigentes de olhar um pouco para este problema das artes populares do Sertão, como elemento primordial de uma grande ação entre os operários, que cada vez mais precisam de ocupação extra-fábrica para distrairem-se das desorientações de que estão constantemente cercados.

Reconhecida, valorizada, regulamentada. O enquadramento da cultura popular na esfera do trabalho com a normatização estatal foi objetivo perseguido com afinco durante o Estado Novo, em que o malandro do morro foi substituído no cancioneiro popular pela figura do trabalhador, sob as bênçãos e o direcionamento do Departamento de Imprensa e Propaganda. E não apenas no Brasil. Tradicionalmente ligado à boemia, o fadista em Portugal, após o golpe militar de 1926, teve sua atividade enquadrada sob rígidos mecanismos de controle. Suas canções passaram a ser censuradas, os locais onde cantava passaram a necessitar de licença, foi exigida carteira profissional para que ele pudesse cantar em público (BRITO, 1999, p. 36). No Brasil e em Portugal, tratou-se de regulamentar a cultura popular dentro de padrões políticos e culturais aceitáveis. No caso brasileiro, "realçar aquilo que se julgava ser 'intrínseco' ao homem brasileiro implicava o interesse pelo samba. Mas aos olhos da elite intelectual era claro que não se podia deixá-lo proliferar em qualquer direção" (AUGRAS, 1998, p. 52).

Reconhecido, valorizado, precário. O folclore foi visto por seus estudiosos como estando em risco permanente. Nessa perspectiva, segundo Vilhena (1997, p. 259), "o nosso 'folclore nascente', representado pelos 'processos aculturativos' dos folguedos, ainda não estaria estabilizado, o que torna a urgência de sua proteção ainda mais dramática". Não é por acaso, portanto, que, descrevendo a festa de Pirapora no interior paulista, Mário Wagner Vieira da Cunha (1937, p. 30-33) localize as causas de sua decadência no próprio crescimento da festa: a maior facilidade de acesso à cidade aumentaria o número de participantes, muitas vezes alheios ao caráter religioso da festa, o que a descaracterizaria. A cidade preparava-se para receber novos turistas e terminava por introduzir elementos alheios à festa como expressão religiosa. Mas ao purismo pessimista e preocupado de Cunha temos anteposto o otimismo de Hermilo Borba Filho (1966, p. 256), para quem "os artistas populares incorporam e absorvem qualquer fato novo que lhes fira a imaginação, sem que por isto abastardem sua arte". Duas visões antagônicas quanto à capacidade de sobrevivência das manifestações folclóricas e paradigmáticas em seu antagonismo.

Os estudos sobre a cultura popular desenvolveram-se no Brasil pioneiramente em relação ao conhecimento acadêmico. Segundo Ortiz (1990, p. 166),

> as análises sobre a cultura popular antecedem uma Ciência Social propriamente universitária... Os sociólogos devem portanto enfrentar uma disciplina tradicionalmente estabelecida nos Institutos Históricos e Geográficos cujo padrão se contrapõe ao que está sendo gestado nas universidades.

Já segundo Vilhena (1997, p. 75), "o movimento folclórico, mesmo tendo sido em grande parte derrotado ao longo do processo de consolidação do campo intelectual brasileiro, teve na criação de instituições um dos seus objetivos centrais". Os estudos folclóricos não foram estruturados no espaço acadêmico, mas de forma alheia e, muitas vezes, em oposição a ele, priorizando o estudo de tradições ameaçadas pela modernidade, enquanto as ciências humanas foram organizadas, no Brasil, tendo como objetivo primordial estudar os efeitos e o desenvolvimento do processo de modernização. Assim, quando um estudioso do folclore como Cascudo aborda esse processo, o faz para lamentá-lo, não o tomando como objeto de estudo.

A derrota mencionada por Vilhena deveu-se ao fato de a consolidação institucional dos estudos folclóricos não ter coincidido com a abertura de espaços para eles no meio acadêmico. Como ressalta ainda o autor, "pelo contrário, no plano dos estereótipos, o folclorista se tornou o paradigma de um intelectual não acadêmico ligado por uma relação romântica ao seu objeto, que estudaria a partir de um colecionismo descontrolado e de uma postura empiricista" (p. 22). Reforçando tal estereótipo, referindo-se, nos anos 1960, à situação dos estudos folclóricos latino-americanos, Robe (1967, p. 26) acentua o contraste entre um punhado de profissionais atuando na academia e uma maioria de amadores: dois grupos atuando com escassa conexão e diálogo.

A crítica aos estudos folclóricos efetuados no Brasil está presente, por exemplo, nos textos de Mário de Andrade (1972, p. 41), que, ao mesmo tempo que ressalta sua importância vital, lamenta a situação marginal de tais estudos na cultura brasileira: "folclore entre nós é pior que poesia: recurso remançoso dos que desejam a toda força publicar livro". É, portanto, seara de amadores e os métodos utilizados na coleta de material são essencialmente amadorísticos, o que o leva a concluir: "A nossa literatura popular, por muitas partes ainda está para ser verdadeiramente estudada. Então o folclore, de qualidade verdadeiramente científica, é de produção miserável entre nós" (p. 191). Mas exatamente nesse cenário, e devido a ele, Câmara Cascudo é saudado por Mário como um divisor de águas, um autor preocupado em levantar o material folclórico de forma sistemática e fundamentado em critérios científicos.

Outros folcloristas criticaram durante décadas o estado em que se encontrava sua disciplina. Souza Carneiro (1937, p. 37), por exemplo, define tal estado, nos anos 1930, como "uma fase rudimentar e acanhada" e ainda como "um caminho transposto às tontas num deserto de Ciência e de Arte" (p. 185), criticando o excesso de cultura, ou seja, a teorização improdutiva e a escassa coleta de material. O estudo do folclore deve, finalmente, visar um objetivo específico: "A análise dos personagens leva à identificação da peça folclórica, isto é, à feição, ao que justamente corresponde ao arranjo ou arquitetura da peça de acordo com a índole, os hábitos e os costumes de um determinado povo" (p. 88). O estudo do folclore é, portanto, definido por ele – assim como por Cascudo e Romero – como o caminho a ser seguido para a compreensão das características específicas de uma nacionalidade (p. 185).

Também Dante de Laytano (1956, p. 162) reconheceu implicitamente essa situação ao reclamar, nos anos 1950, da inexistência de um estudo erudito especialmente dedicado às lendas gaúchas, que se encontrariam nas mãos de escritores de ficção. Já Édison Carneiro (1967) buscou um ponto de ruptura com a situação descrita por Laytano ao mapear, no início dos anos 1960, a evolução dos estudos folclóricos brasileiros, tomando a criação da Comissão de Folclore por Renato Almeida, em 1947, como divisor de águas. Segundo ele, "inicialmente concebia-se o folclore como parte da literatura" e, referindo-se ao estágio de tais estudos nos anos 1930, ele salienta:

> Os estudos de folclore eram, assim, em sua grande maioria, meros trabalhos literários, se não reportagens pretensiosas. A partir daí, assistiu-se a uma maior sistematização dos estudos folclóricos, que teve, como conseqüência, a criação de uma Campanha de Defesa do Folclore, em 1958. (p. 47-62)

Pelo lado dos sociólogos, a postura de Florestan Fernandes (1978, p. 84) perante o folclore foi ambígua. Como sociólogo, ele reconhece sua empatia com o objeto de estudo:

> Foi a primeira vez que pude relacionar um grupo em atividade com a cultura, que pude analisar a socialização como um processo em desenvolvimento; enfim pude colocar problemas que, no ensino, aparecem abstratamente, em termos de categorias e conceitos sociais.

Mas como militante, ele afirma os limites do mesmo: "Se nós dependêssemos da dinâmica dos grupos de folk, nós nunca teríamos revoluções socialistas" (p. 109).

A preocupação em definir os limites da sociologia como disciplina científica sempre foi primordial na obra e na atuação de Florestan, o que o levou, por outro lado, a impor limites à própria atuação dos folcloristas, negando ao folclore o caráter de ciência autônoma e criticando os folcloristas pelo caráter diletante de suas atividades. Mas esse foi, porém, um problema agravado pelo relativo isolamento a eles imposto pela academia. De fato, o folclore encontrou guarida em instituições associadas em maior ou menor grau à iniciativa governamental: institutos, museus, comissões de folclore. Com isso, seu estudo tendeu à elaboração de uma imagem oficial do brasileiro, positiva e relativamente hostil a mudanças. Pesquisando a tradição popular e buscando conservá-la, o folclore tornou-se, ele próprio, conservador.

Consciente dessa dinâmica, Florestan buscou a conciliação e a interação entre estudos folclóricos e sociológicos, o que, segundo ele, enriqueceria ambas as áreas de conhecimento. Para isso, porém, seria necessário que tanto o folclorista como o sociólogo redefinissem suas tarefas intelectuais e reconhecessem os limites de suas especialidades; que demarcassem seus respectivos terrenos. O cumprimento das tarefas assinaladas daria *status* científico à atividade do folclorista e limparia o terreno da ação de amadores, eliminando "a perpetuação indefinida de atitudes ambíguas, que liberam os estudiosos de padrões definidos de produção intelectual, como se o folclore fosse um campo ideal para os livres-atiradores e para a gratuidade de pensamento" (FERNANDES,

1979, p. 19). Florestan defendeu, em síntese, a necessidade de ampliar os padrões de trabalho intelectual referentes aos estudos folclóricos e polemizou com os folcloristas que buscavam situar indevidamente e de forma incompetente as manifestações folclóricas nas situações de vida na qual ocorrem. Conclamou: "O folclore é uma realidade social: muito bem! Então adotem procedimentos que permitam descrevê-lo e interpretá-lo como realidade social. Não garatujem escritos sem seriedade científica, sem caráter sistemático e sem espírito positivo" (p. 34).

Os folcloristas, por sua vez, reagiram, e a crítica virulenta que um folclorista como Rossini Tavares de Lima fez a uma socióloga como Maria Isaura Pereira de Queiróz diz bem desse certo clima de animosidade. Negando validade aos estudos da autora que, segundo ele, definem o folclore como algo em vias de desaparecimento, Lima (1973, p. 51) esclarece, de passagem, o motivo central de suas críticas:

> Na realidade, o trabalho criticado, feito na técnica da pesquisa folclórica, teoricamente teve a única finalidade de defender a tese de que o assunto – folclore – só podia e deveria ser tratado, cientificamente, pela sociologia e na aplicação do método sociológico, cuja aplicação não constitui privilégio de sociólogos. Aliás, é uma abordagem usual do método folclórico, que tem características ecléticas.

Articulou-se, por outro lado, a criação de pontes, e a conciliação entre estudos folclóricos e sociológicos foi tentada, por exemplo, por Zahidé Machado Neto (1960, p. 117), em um estudo sobre *Memórias de um sargento de milícias*, quando ela afirma:

> Talvez interesse mais ao folclorista do que ao sociólogo a consideração do retrato que das crendices da época nos pinta o romance de Manuel Antônio. Entretanto, se consideradas em si mesmo as crendices populares são temas de folclore elas abrem uma vertente ao interesse da sociologia se encaradas como expressão de um contexto sociocultural.

Também Roger Bastide buscou uma articulação entre ambos os campos, sendo que a observação deveria levar em conta o condicionamento imposto pela posição do participante, os preconceitos e complexos dela resultantes (Queiróz, 1983, p. 17). Deveria levar em conta, portanto, o fato de manifestações folclóricas só serem compreensíveis com condicionamento imposto pela própria posição do agente, determinada, muitas vezes, pelos valores e preconceitos existentes na sociedade à qual ele pertence. O preconceito racial, por exemplo, faz parte, como demonstraram Florestan Fernandes e Bastide, do folclore paulistano (mas não só dele), sendo expresso em inúmeros ditos populares (Bastide; Fernandes, 1955, p. 111).

E Regina Sader (1990), finalmente, contestou o caráter meramente antiquário das manifestações folclóricas por meio da realização de entrevistas com participantes do bumba-meu-boi no Maranhão. Com base na análise que fez, a autora conclui que "a 'dança do bumba' não é, assim, mera 'dança folclórica', uma peça de museu. É o ritual vivo de uma continuidade cultural, uma representação simbólica da terra perdida pela comunidade negra" (p. 117). A autora coloca-se, assim, na contramão da tendência apontada por Bosi (1996, p. 323) referente aos estudos sociológicos convencionais, que tendem a definir como residuais e sobreviventes de culturas arcaicas as diferentes manifestações folclóricas. Busca uma ponte entre disciplinas que se constituíram antes em conflito que em consonância; e é esse conflito que ajuda a entendermos a posição de Câmara Cascudo na cultura brasileira.

A consolidação dos estudos acadêmicos e da academia como espaço da atividade intelectual erigiu em princípio a ser seguido por uma especialização e um rigor metodológico que contrariam frontalmente o caráter ensaístico da obra de Câmara Cascudo. Alheio às normas acadêmicas, ele se preocupou em alcançar uma expressão que fosse científica, mas que não renunciasse à forma literária, mesmo que para isso fosse preciso ignorar a precisão conceitual exigida por um sociólogo como Florestan Fernandes. Mas, fazendo isso, ele e Gilberto Freyre desbravaram, de forma não-acadêmica, amplas áreas de pesquisa ligadas ao cotidiano e a uma história da intimidade que os estudos acadêmicos explorariam com considerável atraso.

Se Florestan transformou a academia em um laboratório de pesquisas sobre o Brasil e construiu toda sua carreira dentro de seus muros, Cascudo foi professor universitário durante décadas, mas sua obra como historiador e estudioso da cultura popular é não-acadêmica, assim como as obras de Euclides da Cunha, Sílvio Romero e Gilberto Freyre também o são. Foi feita fora dos meios universitários e ele praticamente não publicou em revistas universitárias nem seguiu os trâmites oficiais da hierarquia profissional pertinente à vida universitária. Não orientou teses, não formou discípulos, não se envolveu nos debates comuns ao meio. Seu reconhecimento oficial, traduzido em uma série de homenagens feitas principalmente na província, veio antes do reconhecimento acadêmico. Sua atividade intelectual enquadra-se de forma paradigmática no panorama em que se desenvolveram os estudos folclóricos brasileiros. Explica-o e é por ele explicada.

A defesa da "jumentalidade"

Como definir Câmara Cascudo? Ele é conhecido como folclorista, mas a ele próprio desagrada essa definição. Por outro lado, ele confessa a sua maior intimidade com a etnografia em contraste à antropologia: "a antropologia cultural é, para mim, visita cerimoniosa, imponente, de indispensabilidade decretada. Não posso, psicologicamente, ter a mesma facilidade de aproximação tida com a velha Etnografia" (CASCUDO, 1967, p. 12). E declara-se "etnógrafo: Sempre me considerei etnógrafo sem conseguir sintonizar a 'Antropologia Cultural', mera convenção verbal" (1972a, p. 93). E como etnógrafo, qual é seu objeto de estudo? Para ele, "a etnografia estuda a origem e estabelecimento, modificações e vitalidade das culturas humanas" (1973, v. I, p. 6).

Cascudo define cultura como "o patrimônio tradicional de normas, doutrinas, hábitos, acúmulo do material herdado e acrescido pelas aportações inventivas de cada geração" (p. 23). Com base nesse conceito, ele define sua tarefa como estudioso: "A batalha do etnógrafo é identificar o que é essencial numa cultura. Identificar os elementos indispensáveis de cada cultura no complexo da civilização condicionadora" (p. 103). E distingue, ainda, civilização e cultura: "Cultura, conjunto de técnicas, doutrinas e atos, transmissíveis pela convivência e ensino, de geração a geração" (1988, p. 15). Já a civilização é definida pela identidade de um povo:

> Há sempre algo de COMUM e de PECULIAR em cada grande grupo humano, sedentário e secular e sua construção social. As nações semelham elas próprias. Este índice diferencial, esta marca coletiva, indisfarçável, visível através das idades, denuncia o NACIONAL, fixando a paisagem do país. É a sua civilização. O que se transmite é a sua cultura. (p. 17)

E a função da academia é defendê-la: "A Universidade deve valorizar, estudar, defender a civilização do Brasil. Primeiro porque é bela, sugestiva, original, humana. Segundo porque é a nossa" (p. 20).

Cascudo é, portanto, etnógrafo, mas é também historiador, embora raramente seja reconhecido como tal. Como historiador, ele aventura-se muito pouco além das divisas do Rio Grande do Norte, o que ajuda a explicar o reduzido impacto de seus textos históricos. Ele próprio recusa o título, pelo fato de os historiadores aterem-se em demasia, segundo ele, a "fatos, documentos, logismos, ossos do tempo" (s.d.a., p. 1). Mas exatamente essa crítica pode ser empregada, em boa medida, à sua própria obra como historiador.

Brites (2003, p. 14) define corretamente o método e a concepção históricas adotadas pelo autor:

> A concepção de história do próprio Cascudo valoriza aquela busca centrada nos arquivos. Tal caracterização é importante para os estudos históricos, mas ela se limita, muitas vezes em seu texto, a uma história factual, menos preocupada com diálogos críticos, enfatizando o caráter da descrição daquilo que o documento diz.

Da mesma forma, Marco Antônio da Silva (2003, p. 115) afirma serem as opções interpretativas do autor "derivadas da acumulação de informações lastreadas em fontes, e negligenciando o olhar indagador de quem pesquisa e formula problemáticas de conhecimento". Cascudo, enfim, não segue a lição de Marc Bloch (2002, p. 78) referente ao estudo de documentos: "Apegamo-nos geralmente com muito mais ardor ao que ele nos deixa entender, sem haver pretendido dizê-lo".

Se como etnógrafo ele busca estudar as vivências cotidianas e os hábitos e festas populares, em termos históricos ele constrói uma espécie de história oficial, estruturada pelo enaltecimento dos grandes vultos e dos grandes acontecimentos, desconfiada em relação a qualquer tentativa de mudança mais ou menos radical, sempre tomando o branco e o colonizador como referencial, pouco ou nada crítica em relação aos poderes dominantes. Vários dos livros que constituem sua obra como historiador, como é o caso de *Notas e documentos para a história de Mossoró, Uma história da Assembléia Legislativa do Rio Grande do Norte, Movimento da independência do Rio Grande do Norte e Notícia Histórica do município de Santana do Matos,* foram escritos, não por acaso, por encomenda oficial. O povo, tão estudado e enaltecido por ele como criador de cultura, como personagem histórico é situado como apenas um figurante.

Por que isto ocorre? A obra do historiador Cascudo é centrada em uma perspectiva marcadamente elitista; são as elites que fazem a história, cabendo ao povo o papel de espectador passivo. São os documentos produzidos pelos poderes constituídos que atuam como fontes preferenciais para a reconstituição do processo histórico, o que não é questionado pelo historiador. O povo inexiste como agente histórico, mas é exaltado como produtor de cultura; a cultura popular pela qual Cascudo manifesta profunda admiração e empatia, dedicando toda sua vida a estudá-la.

Se ele tende à interpretação literal dos documentos oficiais, contudo, ele busca ir além deles. Tanto quanto, ou talvez mais, que o documento histórico, uma simples anedota, por exemplo, pode, para Cascudo, retratar toda a mentalidade de uma época e de um povo: "Uma anedota expressa uma época, uma fisionomia, um temperamento, como raros documentos conjugados" (1984, p. 75). O professor Cascudo reitera seu apego à anedota como material explicativo mesmo em termos didáticos, perguntando: "Anedota é útil na preleção? Não a dispensava quando na necessidade de transmitir a característica psicológica de uma época, mentalidade de classe ou indivíduo, com movimento, cor e fideísmo superiores a uma dissertação laboriosa e grave" (1972a, p. 19).

Como a anedota, "o conto popular revela informação histórica, etnográfica, sociológica, jurídica, social. É um documento vivo, denunciando costumes, idéias, mentalidades, decisões, julgamentos" (1984b, p. 236). E Cascudo (1985, p. 392) proclama a confiança em suas fontes: "Informações de Fé, vieram das vozes populares, às quais proclamo confiança plenária". Confiança, de resto, reafirmada em outro trecho: "Sem que o documento histórico garanta veracidade, o povo ressuscita o passado, indicando as passagens, mostrando, como referências indiscutíveis para a verificação racionalista, os lugares onde o fato ocorreu" (p. 52).

Outras fontes são importantes, e a relevância da obra do historiador Cascudo ao ser um dos primeiros a utilizá-las no Brasil é nítida, mas é importante acentuar também o papel fundamental por ele conferido ao documento escrito produzido por órgãos oficiais. O historiador Câmara Cascudo define tais documentos como fonte insubstituível e de importância indisputada. Para ele, "contra o documento não vale a simples tradição local desacompanhada de provas e mesmo de elementos lógicos" (1949b, p. 7). Mas isso não torna inútil o uso, pelo historiador, da tradição oral; ela pode, por exemplo, apontar com exatidão, após três séculos decorridos, o local onde sucedeu um massacre de colonos nas mãos de indígenas (p. 49). Mas Cascudo chega ao final de seu estudo sobre os holandeses no Rio Grande do Norte com uma conclusão que torna nítido seu método como historiador: "Este é realmente o Rio Grande do Norte que o holandês conheceu. As outras estórias são tradições orais desacompanhadas de provas dignas de respeito e merecedoras de citação" (p. 72).

A tradição oral pode e deve, portanto, ser utilizada como fonte histórica, mas de forma auxiliar em relação ao documento escrito, este sim de validade inquestionável. O grande problema da historiografia de Cascudo é que ela, de fato, não os questiona, fazendo deles uma leitura crítica e não problematizadora: inequívoca.

Como etnógrafo, por sua vez, Cascudo tem a mesma preocupação com os diferentes aspectos da cultura material que já havia sido demonstrada por Gustavo Barroso, integralista como Cascudo o fora, e admirado por ele como folclorista, ao afirmar: "Não me limitei unicamente aos homens, tratei das coisas: a jangada, a casa, o carro de boi, os aviamentos de fazer farinha" (BARROSO, 1937, p. 57). Cascudo também valoriza as mais diversas e desprezadas fontes como meios legítimos de expressão da cultura popular, defendendo a validade de seu estudo. Um exemplo, entre tantos:

> Os desenhos pornográficos dos mictórios públicos valem muitas vezes como jornais murais, anônimos, espontâneos e sinceros, expressando recalques e mesmo sublimando constantes íntimas do pensamento e da crítica pessoal tornada coletiva pela sua insistência e obstinação na representação gráfica dos mesmos motivos inspiradores. (CASCUDO, 1955c, p. 18)

Em suas palavras, enfim, no registro de uma conversa informal com Augusto Guilherme Lima (2000, p. 50), Cascudo define e sintetiza o que seria seu objeto de estudo: "O que me interessa é a vida do povo na sua normalidade, como ele vive, as manifestações de legitimidade social. Dedico-me a descobrir as permanências da vida brasileira".

Franco Júnior compara Câmara Cascudo a James Frazer, donos de grande erudição, mas predominantemente livrescas. Segundo ele, "ambos recolheram, sistematizaram e interpretaram materiais etnográficos de forma geral já conhecidos em suas épocas, porém muito vastos e dispersos" (FRANCO JÚNIOR,

2003, p. 47). Ele seria, portanto, basicamente um compilador pouco afeito a pesquisas de campo. Já Roberto Motta (2003, p. 182) afirma o contrário: "Cascudo é, em primeiro lugar, etnógrafo, isto é, observador de grande exatidão. Emprega o método da observação participante, indo a sessões e tomando parte na circulação da aguardente". E Mizrahi (2003, p. 127), por sua vez, o situa como precursor da História das Mentalidades, por sua busca de novas fontes históricas além das fontes impressas. Essas são definições opostas e francamente incompatíveis entre si, em relação às quais é preciso situarmo-nos.

Torna-se problemático defini-lo como precursor da História das Mentalidades, em função de seu apego a uma história factual tão combatida pelos historiadores ligados a essa escola. E Cascudo não é um compilador. Ele faz uma aliança permanente, em sua obra, entre pesquisa de campo e bibliográfica e, buscando definir *Made in África*, é seu próprio método que ele está definindo: "Não é livro-de-livro nem caderno de viagem. Em todos os temas há uma nota de pesquisa direta e pessoal, comprovadora da exatidão analisada" (CASCUDO, 1965b, p. 1). De fato, Cascudo questiona o saber livresco: "Preparo cultural? Os livros não descobriram a Inspiração, reforçaram-na, apenas. Homem que aprende em livros o caminho da predileção é um moedeiro falso. O metal cunhado pode ser verdadeiro, mas a efígie é uma mentira" (1970, p. 115). E ele reafirma, mais de uma vez, seu apego à observação direta que o caracteriza como etnógrafo, assim como o caráter apenas secundário das fontes escritas na elaboração de sua obra:

> Via o Homem no Homem e não o Homem no Livro, como dizia Stendhal. As viagens permitiram material de confronto, com ou sem endosso e aval. Evitei o fatal reflexo condicionado do "efeito" literário. Idem, a nomenclatura convencional apavorante, com o pedantismo decorativo da falsa penetração psicológica. (1985, p. 305)

Se formos filiar Cascudo a alguma teoria, podemos defini-lo como difusionista. Seu pressuposto é a antiga e universal migração de elementos e cruzamento de influências:

> Até onde influiu o árabe? Até onde espalhou o branco a semente de sua projeção? Até onde desceu o romano? Ninguém sabe? Ninguém sabe. Há muita afirmativa que é intenção e intuição. Na literatura oral, hoje tão sistematizada e sabida, encontra-se estória popularíssima em Londres também popularíssima nas tribos mais antigas e metidas do sertão africano. (1978, p. 20)

Mas se os elementos culturais migram, os elementos que definem as identidades nacionais precisam permanecer, não havendo contradição entre migrações e permanências, na medida em que as identidades nacionais consolidam-se não de forma isolada, e sim pela absorção e incorporação de elementos que, freqüentemente, são milenares, dentro de uma dinâmica de influências que criam uma rede de substrato universal. Porém, atenção: certos elementos não suportam uma viagem. Definham, descaracterizam-se, perdem o sentido. Fazem parte de uma cultura específica e só nela podem ser compreendidos.

Para Cascudo (1983b, v. 1, p. 335), "há certas iguarias intransponíveis, intransmissíveis, irrepetíveis, fora do clima natural de sua criação... Uma feijoada-completa é tão local quanto a baía da Guanabara... Uma moqueca de peixe é privilégio da cidade do Salvador". Essas iguarias fazem parte da identidade cultural; preservá-las é preservá-la. Perdê-las, descaracterizando-as, é perdê-la. E essa preocupação é central na obra do autor, assim como na obra de Gilberto Freyre. Trata-se de manter a base nacional da qual a cozinha é expressão, já que "a cozinha tem sempre uma base nacional, exceto a internacional, que não possui História ou prática alguma" (v. II, p. 430). Internacionalizada, enfim, a comida abandona a tradição e embarca em uma modernidade fria, prática e insípida: "Criação racionalista contra a tradição humana e lógica de preferência. Domina o cardápio de que ninguém gosta e com que todos se habituam. Uma cozinha 'internacional' é a derradeira submissão humana à sugestão da propaganda comercial" (1984a, p. 43). Isto porque a refeição, para ele, vai além do mero ato de comer e não se pode cingir a parâmetros comerciais.

A cultura popular não é redutível a teorias, é "realidade psicológica, entidade subjetiva atuante, difícil de render-se a uma imposição legislativa ou a uma pregação teórica" (Cascudo, 1983b, v. I, p. 18). O conhecimento teórico é, enfim, incompetente e insuficiente quando se trata de conhecer os sentidos e meandros de tal cultura. E Cascudo (v. I, p. 146), mais uma vez, ressalta:

> Creio que à nossa vã filosofia "científica" escapam razões milenares e secretas de certos atos da vida primitiva. E mesmo da vida popular contemporânea. Segredos que se evaporam e são substituídos pelas interpretações ou zombarias dos nossos sábios dias presentes.

Ao esforço feito por Euclides da Cunha e Sílvio Romero de enquadrar o povo brasileiro em esquemas teóricos importado, Cascudo contrapõe a necessidade de entender o *ethos* popular por sua própria lógica, trocando a explicação teórica pela empatia, entendida aqui como identificação do pesquisador com seu objeto de estudo; identificação que, no caso de Cascudo, se dá de forma plena. Trata-se, quase, de uma declaração de princípios:

> Não sei se o povo é pré, infra ou hiper lógico. Sei que possui sua lógica e é condição iniludível e essencial para trabalhar no seu mundo exercer o esforço dentro dessa lógica popular, sujeitando-se, ou admitindo sujeitar-se a essa "iniciação" que vale um rito de passagem compreensivo. (v. II, p. 453)

Câmara Cascudo não teoriza; descreve. Ele nunca se preocupa em construir, seguir ou adequar-se a teorias, erigindo tal despreocupação em princípio ao descrever a elaboração de um de seus livros: "Evitei o solene pedantismo expositor, alijando a presunção de uma Teoria Geral, invariável nas substituições preferenciais, instantâneo sempre retocável das conclusões favoritas, mutáveis e sucessivas como em desfile de passarela" (1987, p. 11).

Ao contrário, mais uma vez, de Romero e Euclides, Cascudo desconfia das teorias européias. Não busca fazer o ajuste entre teorias importadas e realidade brasileira; prefere recuperá-las por meio de suas vivências ou de pessoas próximas a ele. Pouco se afasta em seus livros do Rio Grande do Norte, e vários deles referem-se a personagens, instituições e acontecimentos específicos do estado, freqüentemente de forma apologética, a ponto de boa parte de sua obra ter sido lançada por editoras potiguares. Há, porém, uma questão: a província, para ele, reflete expressões universais.

O trajeto de Cascudo parte sempre do individual para chegar ao coletivo e do coletivo para chegar ao universal. As histórias contadas por seus familiares são recuperadas como expressões de uma mentalidade coletiva e remontam também a histórias milenares. O tempo histórico de Cascudo é sempre de longa duração, tão longa que ele se torna a-histórico, com suas origens perdendo-se na noite dos tempos.

Ele aborda a realidade fundamentado em uma multiplicidade de veredas abertas para chegar a um contexto do qual ele é a figura central. Cascudo está sempre falando de uma realidade que lhe é própria. Assim, a diversidade de assuntos que ele aborda e a diversidade de ângulos pelos quais ele faz a abordagem escondem o fato que, por trás de tudo, estão suas próprias vivências e perspectivas. Seu método como o de Gilberto Freyre, junta o biográfico, o existencial e o histórico: ele é o centro de sua narrativa.

Câmara Cascudo situa no passado seu objeto de estudo; o passado que é o seu em uma busca proustiana. Um passado que ele afirma não mais existir, em uma região que já não era de seu tempo. Sua obra é um permanente enumerar das mudanças vivenciadas pelo sertão, mas, neste universo em transformação e perante esta tradição em vias de desaparecimento, ele fixa sua tarefa: reunir o que for possível para resgatar o que está desaparecendo, com sua memória de autor fixando a memória popular.

Partindo de suas experiências pessoais, do que registrou pessoalmente e do que acumulou em sua memória, a obra de Cascudo é quase sempre memorialística, fundindo o que viu e viveu e, principalmente, o que ouviu na sua infância e o que dela guardou com o que leu nos anos seguintes, como ele mesmo o afirma a propósito de um de seus livros:

> O material foi colhido diretamente na memória duma infância sertaneja, despreocupada e livre. Os livros, opúsculos, manuscritos, confidências, o que mais se passou posteriormente, vieram reforçar, retocando o "instantâneo" que meus olhos meninos haviam fixado outrora. É o que fielmente se continha em minha alma. Dou fé. (CASCUDO, s.d.d., p. 9)

Cascudo, como Freyre, é extremamente cioso da repercussão de sua obra, ressaltando, sempre que possível, a importância e ampla aceitação de sua contribuição como etnógrafo: "De minha parte, tenho uma classificação do conto popular, recebida com simpatia pelos mestres do folclore no plano da literatura oral" (1984a, p. 248). Também em termos metodológicos, as semelhanças entre ambos são consideráveis. Seu método, assim como o de Freyre, é marcadamente ensaístico, caracterizado pela recusa à especialização tanto em relação à temática quanto em relação à bibliografia e às fontes a ser consultadas, além de um tratamento acentuadamente literário dado ao texto, pouco afeito às normas e terminologias comumente empregadas pelos cientistas sociais. E, assim como Freyre, almeja unir ciência e arte. Segundo ele:

> Uma condição essencial para antropologistas e etnólogos é ser um bom poeta. Mesmo que não faça versos. Sem a poesia os seus trabalhos perdem no plano da comunicação fiel e positiva, a graça verídica, a possibilidade justa, a idéia da vida, valendo pela glacial exposição verídica, relatório de autópsia. (CASCUDO, s.d.d., p. 79)

Tanto trabalho artístico e científico se entrelaçam que, de todos os livros que escreveu, o que mais lhe agradou não foi nenhum trabalho histórico ou etnográfico, e sim uma espécie de romance cujos personagens são insetos. Como ele mesmo afirma, "o livro que mais me agrada entre os meus é *Canto de Muro*, publicado pela José Olympio, em 1959" (*apud* LIMA, 1978, p. 80). E fazendo o elogio de Stradelli – fidalgo italiano que viajou pela Amazônia e ali morreu no final do século XIX –, Cascudo descreve o que certamente é, para ele, um modelo ideal de narrativa: "No trabalho de Stradelli há imaginação, sinônimo de poesia de força criadora. Nunca o fidalgo italiano se resignou a ser um registrador. Sua fidelidade está a par com o inato sentimento de beleza" (1967a, p. 73).

É esclarecedora a comparação que o autor faz entre sua própria obra e a obra de Josué de Castro, logo na introdução à *História da alimentação no Brasil*: "Josué pesquisava a fome e eu a comida" (1983b, v. I, p.16). Ele é historiador, mas não demonstra nenhuma preocupação em efetuar estudos sociais, sendo irrelevante a presença de sociólogos entre os autores por ele citados, ao passo que abundam citações de autores greco-romanos e escritores de uma forma geral. Não segue as normas acadêmicas e, embora tenha escrito muito, escreveu devagar. A elaboração de um livro poderia demorar décadas para ser concluída. E, em entrevista dada em 1978, Cascudo faz uma profissão de fé:

> Sou fiel à jumentalidade da minha geração. Entre as coisas que ignoro está o que vem a ser "antropologia cultural". Não sei e não quero saber o que é. Podem acreditar mesmo que eu sou lunático, pois em vez de escrever sobre sociologia – em que não acredito – e dissertar sobre

Economia Política e essas masturbações que engordam o mundo, eu fui estudar a cultura popular e na maioria das vezes estive sozinho. (1978b)

Explica o irônico conceito de "jumentalidade" adotado pelo autor o fato de, em plena época de especialização de conhecimentos e predomínio da produção acadêmica, Cascudo definir-se como autodidata, tendo essa definição origem e sentido históricos bem definidos por Sônia Maria Fernandes Ferreira (1986, p. 30): "O 'autodidatismo' se constitui outra característica numa época em que eram escassas as Instituições Educativas, sobretudo nas províncias. Para Câmara Cascudo, o autodidatismo é determinado pelo impulso da curiosidade cerebral". Ele filia-se à linhagem ensaística, não-acadêmica, não-especializada, de Sílvio Romero, Euclides da Cunha e Gilberto Freyre e, com isso, situa-se extemporaneamente em relação a seu tempo. Dessa filiação ele retira, ao mesmo tempo, sua fraqueza e sua força.

O estudo das crenças e a crença nas crenças

Cascudo é religioso: "A Fé em meu Pai, no plano dialético, a continuidade da minha Fé, contra vento e vaga culturais ineficazes. Perde a fé quem jamais a possuiu conscientemente" (1974a, p. 38). E é católico praticante. Assiste quase sempre à missa dominical nos Jerônimos, quando em Lisboa, e, no Rio de Janeiro, prefere as missas do meio dia na Candelária (1986a, p. 247-248).

Ao registrar a romaria a uma capela potiguar consagrada à Nossa Senhora dos Impossíveis, que ele afirma ter "devotamente" visitado, Cascudo afirma sua admiração comovida pela fé popular e demonstra nitidamente também ser esta a sua fé: "Não esqueço a emoção ao deparar ex-votos de madeira, arredondados, hemi-esferoidais, abundantes e misteriosos. Representavam seios. Eram os votos de mães que não tinham leite para os filhos e que a Santa atendera" (1961a, p. 6). A crença na intervenção miraculosa é compartilhada por Cascudo e pelos romeiros. E ele a admira: "A Fé popular não tem problemas porque é uma barra de ouro insusceptível da divisão em moedas do interesse miúdo e diário. Garantia vitalícia. Fideicomisso. Que lhe dará a 'Ciência' em troca da tranqüilidade espiritual?" (1985, p. 430).

Tendo se tornado católico praticante, Cascudo adotou quando jovem um ateísmo auto-imposto, como ele mesmo narra: "Ainda alcancei, no ensino das ciências naturais e no curso médico, o dogma da incredulidade, da superioridade, da imparcialidade científica. A presença da crença era tão desejável como um macaco numa loja de louças" (1965c, p. 107). Mas sublinha, já em relação a esta época, a existência de crenças que, ainda que difusas, nunca abandonaria: "Por essa época eu era ateu, supersticioso, e acreditava nas forças ocultas, embora difusas e negaceantes. Pero que las hay, las háy" (p. 112).

A religiosidade do brasileiro é definida por ele como sincrética e apegada à tradição: "Fácil é saber no que acreditar e bem difícil precisar no que não crê. Essa coexistência pacífica explica a plasticidade sentimental do brasileiro, disponível às tentações do Recentismo, sem íntimo abandono às crenças da tradição sem idade" (1974c, p. 3-4). Essa religiosidade é a sua, seu catolicismo não se acomoda aos moldes oficiais e absorve uma série de crenças populares, o que ele próprio reconhece ao afirmar: "De sangue sertanejo e vaqueiro, corrido e lido, surpreendo-me admitindo, efêmera mas realmente, os fantasmas infantis dos meus antepassados" (1974a, p. 18).

Tais crenças são seu objeto de estudo, mas constatamos em seus textos uma firme crença no que ele estuda. Ele afirma, por exemplo: "Nos anos em que vivi no sertão do Rio Grande do Norte, muitas vezes vi fazer e fiz pessoalmente a transferência da fadiga para a pedrinha" (1983, p. 75). E quando se refere a maldições: "Praga do meio dia, dita na soleira da porta, é de um poder assombroso. É a mais forte e séria. Dificilmente deixa de pegar, de realizar-se" (p. 120). Descreve o banho-de-cheiro, define-o como um banho que visa afastar maus augúrios, e lembra que já o tomou várias vezes (1984a, p. 103). E com relação à crença segundo a qual a quebra inexplicável de um espelho significa a morte de alguém da casa, acrescenta: "O grande espelho do hall do Duque de Morny fendeu-se de alto a baixo sem explicação. O Duque morreu logo depois" (1983, p. 103).

Cascudo narra ainda episódio presenciado por ele quando criança. Quando um Vigário visitava sua casa, surgiu um sacristão com um homem "amalucado" com um recado: a alma de sua mãe mandara avisar o padre que um altar da igreja iria desabar e, verificado o estado do altar, descobriu-se que ele fatalmente desabaria. Concluído o episódio, o autor exprime sua crença na veracidade dele: "O Espírito sopra onde quer" (1958, p. 45). Ele também menciona um episódio no qual sua mãe sonha com o sogro abraçando-a e dizendo: "Adeus, minha filha". O sogro, sadio, falecera na noite anterior. Cascudo conclui: "Nasci mais de quatro anos depois mas ouvi esse sonho durante toda minha meninice" (1985, p. 352). E muito provavelmente, ao longo de toda sua vida, jamais duvidou de sua veracidade.

Câmara Cascudo não nega validade científica à cultura popular, já que determinadas crenças podem ser, e são, comprovadas pela ciência. A ação do ar, bom e mau, por exemplo, encontra, segundo ele, respaldo científico: "A meteorologia médica, o campo elétrico, metereopatologia, irão lentamente, escolhendo, fixando a intuição coletiva" (1978c, p. 116). E ele não está sozinho ao adotar tal atitude, uma vez que também Mário de Andrade (1965, p. 18) expressa evidente crença em relação aos rituais de umbanda por ele presenciados: "Desculpem-me os médicos, mas a cura se dá, cancros desaparecem, artritismos e nefrites, pedrinhas vindas da África, galos pretos imolados, ou garrafas de pinga esperdiçadas na onda da praia".

Tomo, para concluir, um trecho de um romance de Joaquim Manoel de Macedo (1991, p. 10) no qual ele descreve as práticas religiosas dos escravos a partir da reunião destes em uma venda:

> Em sua credulidade estúpida e ilimitada esses desgraçados escutam boquiabertos a relação dos prodígios do feitiço e se emprazam para as reuniões noturnas dos feiticeiros; e uma finalmente aprendem com outros mais sabidos a conhecer plantas maléficas, raízes venenosas que produzem a loucura ou dão a morte, e tudo isso e muito mais ainda de envolta com a embriaguez, com a desordem, com o quadro da abjeção e do desavergonhamento já natural das palavras, nas ações, no gozo dos escravos.

No texto de Macedo encontramos, ao mesmo tempo, a condenação da religiosidade negra e uma difusa crença em sua eficácia, expressa, aliás, ao longo da narrativa.

Da mesma forma, o universo de crenças e superstições descrito e vivenciado por Cascudo e Macedo é o mundo no qual Helena Morley (1999, p. 174) viveu, e que ela descreve em suas memórias: "Desde pequenina sofri com a superstição de todos os modos. Se estávamos à mesa treze pessoas, sempre eu é que tinha de sair". Mas são crenças em relação às quais ela se posiciona de forma ambígua, ao mesmo tempo rejeitando e acreditando:

> O que sofri de menina com medo do inferno e histórias de alma do outro mundo, lobisomens, mulas-sem-cabeça, que as negras contavam, não desejo que outras sofram; mas a explicação dos sonhos não sai da minha cabeça. Sonho de jabuticaba significa defunto, não sei; tenho minhas dúvidas. Mas sonhar com piolho significa que se vai ganhar dinheiro. Isso eu sei porque tem acontecido a mim e outras pessoas. (p. 197)

É a mesma ambigüidade expressa por Cascudo em seus livros, o que é fundamental para compreendermos sua obra como folclorista, ou como etnógrafo, como ele prefere. Isso porque tal ambigüidade expressa a profunda empatia entre o autor e seu objeto de estudo; empatia que levou o pesquisador a ser dominado pelo objeto; empatia expressa, por exemplo, quando, em Aracaju, Cascudo (s.d.b., p. 9) propõe a criação de um museu etnográfico e, mencionando os critérios a ser utilizados na composição do acervo, ele descreve seu próprio objeto de estudo: "Interessa à etnografia o usual, o diário, o comum, o objeto lógico, o útil, facilmente encontrado nos mercados e feiras...".

Em carta escrita em 1925, Mário de Andrade (1982, p. 54) explicita o objetivo que o nortearia na elaboração de *Macunaíma*: "Acho que o nosso trabalho tem de ser – principalmente por enquanto – empregar desassombradamente todos os brasileirismos tanto sintáticos como vocabulares e de todo o Brasil e não da região a que pertencemos. Porque senão seria regionalista". Ele anuncia em sua correspondência com Tarsila do Amaral: "Eu por minha parte estou abrasileirando inteiramente a língua em que escrevo. Um artigo sobre Manuel Bandeira que sai no próximo número da *Revista do Brasil* tem erros enormes de português. São coisas certas em brasileiro, minha língua atual" (*apud* AMARAL, 2001, p. 89). E em carta escrita em 1924, ele acentua a concordância entre os textos de Cascudo e seu projeto estético: "Você também está escrevendo brasileiro. Procure vivificar ainda mais esse propósito" (*apud* MELLO, 1991, p. 33). Mas, em 1937, ele sugere ao autor uma mudança de rumo, abandonando a linha de estudos históricos e voltando-se para os estudos folclóricos:

> Você tem a riqueza folclórica aí passando na rua a qualquer hora... Você precisa um bocado mais descer dessa rede em que você passa o tempo inteiro lendo até dormir. Não faça escritos ao vai-vem da rede, faça escritos caídos das bocas e dos hábitos que você foi buscar na casa, no mucambo, no antro, na festança, na plantação, no cais, no boteco do povo. Abandone esse ânimo aristocrático que você tem e enfim jogue todas as cartas na mesa, as cartas do seu valor pessoal, que conheço e afianço, em estudos mais necessários e profundos. (p. 149-150)

Não por acaso, data de 1939 a publicação de *Vaqueiros e cantadores*, livro que representa uma clivagem em sua obra, com os estudos sobre folclore predominando definitivamente sobre os históricos, embora estes nunca tenham sido inteiramente abandonados. Restringir-se-iam, contudo, à História e histórias do Rio Grande do Norte: ao registro laudatório da história oficial potiguar e ao registro de variados episódios e personagens que não são alçados por ele à condição de históricos, mas que fizeram parte, vez ou outra, da vida cotidiana de Cascudo.

E o que é o folclore para Câmara Cascudo? Não existe, é claro, o conceito de folclore, mas conceitos que acentuam de diferentes maneiras suas características principais – e, com elas, o próprio objeto de estudo. Segundo Paul Veyne (1976, p. 725), por exemplo, folclore não é necessariamente o que é antigo ou popular, mas o que é transmitido mais pelo costume do que por livros. O critério para o folclore, assim, é o modo de transmissão, não a origem ou o agente. Será folclórico, ainda, o que for feito por um grupo social sem poderes públicos ou religiosos como organizadores, e sem interesses individuais e/ou profissionais que o estruturem.

Podemos defini-lo, segundo Cascudo, por diferenciação em relação à cultura popular. Segundo ele,

> a literatura folclórica é totalmente popular, mas nem toda produção popular é folclórica. Afasta-a do Folclore a contemporaneidade. Falta-lhe tempo... Os elementos característicos do Folclore são: a) Antiguidade; b) Persistência; c) Anonimato; d) Oralidade. (1984b, p. 24)

Mas se repetirmos a pergunta, teremos outra resposta: o que é o folclore, para Cascudo? "É a cultura do popular, tornada normativa pela tradição" (1984a, p. 334). Tradicional, coletivo, anônimo, o documento folclórico – uma canção, por exemplo –, não é, contudo, imutável: "O documento é conservado, modificando-se: e essas modificações visam a conformá-lo às tendências do grupo, podendo grupos diversos fixar versões diversas do mesmo documento, de acordo com o tipo de expressão musical predominante em cada um" (p. 515).

Cascudo situa no Renascimento a ruptura entre cultura popular e erudita (1979a, p. 16) mas, assim como Freyre, rejeita as distinções hierárquicas criadas por tal ruptura e busca valorizar a primeira em contraposição à segunda. Faz, então, o elogio de um saber popular, oral, expresso por personagens o mais das vezes analfabetas: "A velha Luísa, Dindinha, analfabeta, demonstrou saber muito mais e formar o mecanismo da moral prática que muita Universidade eminente e orgulhosa" (1961c, p. 28). Dindinha representa uma expressão cultural que se desenvolve de forma autônoma em relação às elites e seus canais institucionais de expressão. A cultura popular desliga-se da cultura institucional e de suas exigências; ignora-as. Para Cascudo (1979a, p. 158), "o povo, desconhecendo soberanamente as exigências canônicas, segue pensando como se vivesse no século X".

E essa valorização embaralha as distinções usualmente aceitas, fazendo-o questionar: quem é culto, quem é inculto? Para Cascudo (1971a, p. 112),

> todos os etnógrafos e folcloristas do mundo sabem que o povo explica tudo. A diferença entre culto e inculto é que nem sempre aquele aceita a exegese etimológica deste, e menos este compreende a justificativa científica do sábio. Cada um deles tem sua cultura, julgada suficiente...

Valorizando a cultura popular e elegendo-a como objeto de estudo, Cascudo busca valorizar sua própria opção e defender-se do que considera o desprezo com o qual os estudiosos da cultura popular teriam tradicionalmente sido vistos pela intelectualidade brasileira. Desprezo que vem de longe – "Ao redor de 1880, o folclore era uma predileção de efeito negativo para a valorização do pesquisador" (1984a, p. 151) – e que permaneceu no seio das elites, o que o leva a constatar: "Estudar a cultura popular era uma viagem no plano da retrogradação, ao inverso do conhecimento progressivo. Uma inaudita valorização do 'atrasado', do precário, do rudimentar" (1965c, p. 124).

Cascudo localiza as causas desse desprezo no vezo imitativo que caracterizaria as elites, embora não apenas elas. Retoma, então a crítica formulada por Euclides da Cunha e Sílvio Romero: "sempre esperamos a valorização do 'nacional' pela opinião estrangeira do alienígina. Se houver concordância, é que estamos certos. No contrário, é tempo de 'corrigirmos' a usança, evitando o atraso, a retrogradação, a barbárie" (1961b, p. 155). Mas as coisas mudaram, ressalta ele; em 1969, recebendo a visita de pesquisadores norte-americanos interessados em literatura de cordel, ele constata a valorização acadêmica de seu objeto de estudo: "Quem me diria, em 1920, que os folhetos-de-feira, desprezados por todos os letrados da época, constituíssem motivo de indagação universitária" (1971b, p. 101). Cascudo repete aqui um comportamento tantas vezes adotado por Gilberto Freyre: a valorização – provinciana, afinal – da valorização estrangeira de seu objeto de estudo.

O folclore sobreviverá? Da resposta a essa questão, para Cascudo, depende a sobrevivência da identidade nacional, já que o folclore brasileiro é sua síntese e a chave para a sua compreensão; de como ela se formou, o que a define e a caracteriza, ou seja, o que a diferencia e a torna específica. Desaparecendo o folclore, a própria identidade nacional desaparecerá. Por outro lado, Cascudo escreveu um *Dicionário do folclore brasileiro*, mas a própria existência de um folclore nacional é por ele questionada: "Essa idéia de folclore nacional é o mesmo que dizer mulher nacional. O que é que o brasileiro modifica no sexo? Porque é que o brasileiro vai modificar o folclore?" (1975).

Porque essa contradição aparente? Porque o folclore é visto por ele ao mesmo tempo como expressão da nacionalidade e de uma uniformidade que se expressa sem grandes alterações ao longo do tempo, e ele deve ser compreendido sob ambas as perspectivas. Exatamente por isso o pitoresco não interessa a Cascudo, e sim o que é significativo em relação ao contexto cultural mais amplo no qual o folclore se manifesta.

Os estudos folclóricos são para ele um modo de resgatar uma tradição passível de desaparecimento sob a ação da modernidade. E assim ele define sua missão: "É de esperar que se compreenda que Folclore é no Brasil atual a urgência de salvar material, o mais avultado, o mais longínquo, para livrá-lo da influência do cinema e do rádio propagador da Favela e do Morro da Viúva. Depois, estudar-se-á" (1947, p. 8). Ao mesmo tempo, ele reconhece que essa missão é uma corrida contra o tempo de final inglório para o folclorista, quando a precariedade do material folclórico é acentuada; e ele lamenta: "Não será possível dizer-se que esse material permaneça como há vinte anos. O sertão respira pelas mil bocas das estradas e paga o conforto da eletricidade com o esquecimento das estórias antigas e saborosas" (p. 23). Mas três décadas depois, Cascudo aposta na permanência de seu objeto de estudo: "Os repórteres brasileiros costumam perguntar-me se o Folclore está desaparecendo. Folclore é cultura popular. Parece que não..." (1987, p. 179).

Se não desaparecer, contudo, o folclore arrisca transformar-se em exotismo sem autenticidade, produzido para curiosos e eventuais compradores: o que teria acontecido, por exemplo, com a capoeira, que segundo Cascudo "reduziu-se a uma atração turística, decoração folclórica, curiosidade de figuras e ambientes pretéritos. [...] O fotógrafo esvaziou a Capoeira" (p. 238).

Se o folclore tende a ser cada vez mais valorizado, ele corre riscos decorrentes exatamente desse processo de valorização. Comercializado, transformado em festa para turistas, o folclore desmoraliza-se. Duas observações feitas durante uma viagem a Portugal ajudam a entender a postura de Câmara Cascudo perante manifestações populares e religiosas. A primeira em relação ao fado: "É inútil alguém dizer que já se ouviu o Fado quando o entendeu pelo rádio ou no teatro. Fado só cantado no cenário popular, tradicional, típico" (*apud* MARINHO, 2004, p. 54). A segunda em relação ao santuário de Fátima: "Aqui não há o industrialismo repugnante de outros centros de atração religiosa" (p. 63).

Quem resiste é exaltado por sua resistência, como o negro africano que, segundo Cascudo (1983b, v. II, p. 455), resistiu ao processo de aculturação. Manteve-se íntegro culturalmente. Para ele,

> o africano mantém uma percentagem altíssima de sua cultura, valorizando-a pelo uso, exibição e sensibilidade compreensiva. O que dizemos no Brasil "folclore", quase sempre industrializado e falso para a exploração turística, n'África apresenta um anverso diferente.

A valorização do negro feita nesses moldes é, porém, problemática, por ser ele ao mesmo tempo exaltado e folclorizado. Merece os elogios de Cascudo enquanto mantém-se, ou é mantido, à margem do processo de modernização, vira as costas para ele.

Cascudo é paternalista em relação ao negro africano, assim como é em relação ao povo brasileiro. Ambos são exaltados enquanto produtores de cultura popular, mas a cultura que cabe a eles produzir deve seguir padrões de pureza e autenticidade que são definidos pelo folclorista. Sempre que tais padrões são abandonados e uma nova cultura – definida como artificial, massificada, importada pelo folclorista – é adotada, o povo é criticado pela escolha. Ou nem isso, já que o povo não é responsável por suas opções: ele foi induzido pelas elites a escolher o que não lhe serve.

Por outro lado, nem tudo é pessimismo, já que o folclore sobrevive mesmo na modernidade, em que um novo folclore pode ser gerado:

> O folclore da máquina é tão rico e variado como qualquer dos congêneres. Motores que trabalham espontaneamente, luzes que se acendem sem iniciativa técnica, rumores típicos de mecanismos que estão, quando verificados, absolutamente parados, são estórias vivas em centenas de exemplos nas usinas e parques industriais. (1984a, p. 86)

Dessa forma, folclore e desenvolvimento econômico não são necessariamente antagônicos: este pode gerar um novo folclore, embora Cascudo não demonstre, ao longo de sua obra, o menor interesse em dedicar-se a ele. O desencantamento do mundo, para Max Weber (1992), implica a descrença em relação à eficácia dos poderes mágicos ligados à natureza, bem como a impossibilidade de sua manipulação a não ser por meios racionais; implica, em outras palavras e entre outras coisas, o desaparecimento das superstições. Mas esse é um pressuposto negado por Cascudo, já que as superstições, para o autor, não medram apenas no meio rural e podem florescer também no universo urbano-industrial, uma vez que é, por definição, antiga e universal:

> Todos falam que os pescadores são extremamente supersticiosos. São tanto quanto as demais criaturas do mundo. Nem mais nem menos. E a superstição nada tem com o nível de uma civilização. A cidade mais supersticiosa do mundo é justamente New York, a maior, mais rica e mais povoada de universidades e propagandas. Nem há, de modo geral, superstição nova. É uma questão de pesquisa verificar sua antiguidade. (CASCUDO, 1957, p. 16)

O sertão, as permanências milenares e a identidade nacional

O surgimento das rodovias é, para Cascudo, um momento crucial, ao mesmo tempo de transformação e perda. Isso porque existem, para ele, dois sertões: um anterior às rodovias e outro posterior, e este talvez já nem possa ser chamado de sertão. E assim como o folclore moderno não é objeto de estudo para Cascudo, apenas o primeiro sertão realmente o interessa. Para ele, "o sertão era anterior às rodovias, aos automóveis, às vitrolas, ao rádio espalhador das banalidades contagiantes" (1983a, p. 47). Cascudo chega a datar precisamente o advento da modernidade, afirmando terem as rodovias rompido o isolamento do sertão a partir de 1915 (1967b, p. 48) e alterado de forma irremediável as características do sertanejo, fazendo desaparecer, por exemplo, seu laconismo: "As rodovias derramaram o verbalismo no litoral" (1987, p. 208).

O início do século XX na província pertence ainda a outro século, e a ruptura só se daria algumas décadas depois. Para Cascudo (1980, p. 380), "de 1900 em diante vai mudando. Mudando tão devagar que o século XVIII ficou nos hábitos até depois de 1922". Um passado seu que, em texto escrito em 1937, ele afirma não mais existir, em uma região que já não era de seu tempo; o primeiro sertão no qual ele viveu e que ele amou: "vivi no sertão, agora desaparecido... Conheci e vivi no sertão que era das 'eras de setecentos'... Vivi nesse meio. E deliciosamente". No mesmo trecho, enumera as mudanças vivenciadas pelo sertão, e conclui:

> A transformação é sensível e diária. As estradas de rodagem aproximaram o sertão do agreste... O sertão se modifica rapidamente. Uniformiza-se, banaliza-se. Naturalmente a crítica é inoperante para eles. Melhor é a vida modernizada que a maneira velha do cavalo de sela e a viagem com "descanso". (1984b, p. 15-18)

Mas, neste universo em transformação e perante essa tradição em vias de desaparecimento, ele fixa sua tarefa: "Reúno o que me foi possível salvar da memória e das leituras para o estudo sereno do Folclore brasileiro". Sua memória enquanto autor fixando a memória popular, que ele busca definir: "A memória é a imaginação no Povo, mantida e comunicada pela Tradição, movimentando as Culturas convergidas para o uso, através do tempo" (1971d, p. 9).

Sua vivência no sertão foi a base, por ele mesmo reconhecida, de toda sua obra. Cascudo partiu da observação direta do universo sertanejo, que foi o mundo no qual viveu. Em *Locuções tradicionais do Brasil*, ele ressalta: "Todas as locuções reunidas neste livro foram ouvidas por mim. Nenhuma leitura sugeriu indução. Vieram pra documentá-las no tempo" (1986a, p. 35). E afirma a validade de seu método: "Ouvir o povo é curso universitário" (p. 45). Esse universo é arcaico: "No velho sertão nordestino, que as rodovias modificaram pela incessante aproximação com o litoral, até o ano do Centenário (1922), conservavam-se quase imutáveis, as linhas-mestras da sociedade setecentista" (p. 270). E desse universo, declara, "sou uma testemunha, uma memória sobrevivente desse ciclo que desapareceu quase por completo" (p. 271).

Cascudo, enfim, declara sua completa identidade com um sertão que Euclides viu, primeiro, como inimigo a ser combatido e, depois, como vítima a ser resgatada. Uma questão geográfica pode ser evocada para explicar a diferença entre os autores. Euclides é um intelectual que chega do sul para conhecer e compreender o sertão. A modernidade que ele proclama necessária também viaja do sul para o norte e toma como base um projeto de expansão e integração cultivado pelas elites paulistas; ele é, não por acaso, correspondente de *O Estado de São Paulo*. Já Cascudo é um intelectual nordestino que nasceu no sertão e cresceu ouvindo as histórias de sertanejos como os que construíram Canudos. A modernidade defendida por Euclides é vista por ele como uma intrusa no sertão que o autor de *Os sertões* pretende resgatar do atraso.

E se em Euclides o elogio do sertanejo é crivado de dúvidas e eivado pela contradição entre prática e teoria, em Cascudo tais dúvidas e contradições desaparecem. Ele enaltece o papel desempenhado pelo sertanejo na conquista da Amazônia, e até menciona Euclides: "Lá ficará, amansando o deserto como dizia Euclides da Cunha, disputando a permanência aos fantasmas do medo, tradicional, positivando a invasão humana, alargando a geografia do ecúmeno pelo empurrão do peito atrevido" (1974b, p. 9). E ele define Euclides em carta a Pedro Dantas: "O Noé arrebatado e maluco que salvou fauna e flora do mundo num só livro atormentado, ímpar, atrevido e soberbo" (1961b, p. 320).

Se Euclides sente saudades da antiga simplicidade brasileira, Cascudo reencontra-a em uma viagem de carro pelo sertão e, à vista de um lugarejo, a exalta:

> Invejo essas vidas calmas, de problemas momentâneos e breves, dispersos pela grandeza silenciosa da paisagem, mirífica e natural. As horas devem dançar um bailado jovial, recatado, de graça indizível. Que distância mental da Cidade sonora, perturbadora, tumultuosa! Que enlevo, que encanto, que desejo de ficar ouvindo essa pastoral, sagrada e jubilosa!... (1969, p. 34)

Todos os conflitos e tensões inerentes à vida em um lugarejo nordestino, toda a miséria e as necessidades materiais ali existentes desaparecem como que por encanto, e o que resta é um idílico e aprazível lugarejo onde, aparentemente, ninguém trabalha e que, evidentemente, nunca existiu tal como descrito pelo autor.

Assim como Euclides, Cascudo atribui as virtudes do sertanejo a seu isolamento:

> Enquistado durante séculos distanciado do litoral onde se processava a mistura de culturas e a formação mental de cada geração, o sertanejo pôde conservar o fácies imperturbável, a sensibilidade própria, o indumento típico, o vocabulário teimoso, como usavam seus maiores. Ainda agora encontramos, deliciados, os traços dessa inteligência mais irradiante que aquisitiva. (1984d, p. 29)

E da mesma forma que Euclides, Cascudo diferencia o sertanejo do mestiço: "Mestiço não coloniza nem mantém ação ininterrupta. É, portanto, o oposto do sertanejo: Eis porque diferenciamos o sertanejo etnicamente. Ele ficou, séculos, quase sem misturar-se" (p. 21-22).

Os cantadores nordestinos, para ele, "são cavaleiros andantes que nenhum Cervantes desmoralizou" (1984a, p. 127). Já escrevendo a biografia de Auta de Souza – uma poetisa que viveu em Natal no final do século XIX – Cascudo (1961c, p. 46) acentua: "Era tempo das doceiras domésticas inimitáveis no poder da improvisação das mesas-cheias e sedutoras. Não havia salgadinho". Mulheres doceiras, mulheres antigas, cantadores imutáveis. Todos esses personagens são da mesma estirpe de um tio já falecido, que Cascudo define como o protótipo do sertanejo, o sertanejo ideal, objeto de estudos e objeto de perene admiração:

> Meu tio foi exata e totalmente dessa dinastia que o Tempo esvaziou. Só possuiu necessidades que o Sertão pudesse satisfazer. As outras, ignorava ou não compreendia. Jamais se sentiu humilde, inferior. As notícias estrondosas eram apenas vantagens, invenções diminuidoras da terra. Ali, ninguém morria de fome e os "pobres" tinham residências e dias para receber as esmolas, jamais recusadas. (1970, p. 179)

O elogio da identidade nacional feito por Cascudo é, em linhas gerais, o elogio do sertanejo. Enquanto ele existir (mesmo depois que o sertão tiver desaparecido), a identidade nacional sobreviverá. Cascudo não problematiza o sertanejo, como Euclides o faz, apenas o enaltece, embora crie um sertanejo que provavelmente nunca tenha existido. Com isso, a perspectiva crítica da identidade nacional – dominante na época de Euclides e Romero – também desaparece. Em determinado momento de sua obra, no final dos anos 1960, Cascudo (1969, p. 31) afirma: "Estou me convencendo que os meus patrícios sabem aumentar o que ouvem e exagerar o que vêm, mas não sabem criar". Mas o que prevalece é a visão positiva, demonstrada, por exemplo, na sua definição do brasileiro como um ser alegre: "Filho de raças cantadeiras e dançarinas o brasileiro, instintivamente, possui simpatias naturais para essa atividade inseparável de sua alegria. Canto e dança são as expressões de sua alegria plena" (1984b, p. 37). E ao discutir a identidade nacional, Cascudo recusa qualquer idéia de inferioridade – pressuposto de pensadores como Euclides e Romero – e afirma: "Não tenho complexo de inferioridade nem exaltação pau-brasil. Podemos errar ou ser iguais aos melhores" (1972a, p. 25).

O sertão deve ser tomado não apenas no sentido geográfico da palavra, mas simboliza também um tempo anterior à modernidade que ultrapassa qualquer espaço fisicamente determinado. E o tempo sertanejo desaparece: "Ocupações, trabalhos, preocupações variadas que o Deus progresso carrega no seu manto despótico, impondo a indispensabilidade das técnicas de produção, dissipando o tempo vagaroso" (1985, p. 327). O sertão, portanto, é uma temporalidade ferida de morte pela modernidade.

Junto com ele desaparecem as práticas sertanejas, como a vaquejada:

> Não há rebanhos largados nas pastagens sem dono, malhadas sem cercas de arame farpado e sem limites. Toda a gadaria vive dentro de coordenadas geográficas intransponíveis. Sertão retalhado pelas rodovias e derivantes, fedendo a gasolina, com manchas de óleo nas touceiras de macambiras e pés de mandacarus espectrais.

E na vaquejada, conclui Cascudo, o que fazia parte do cotidiano tornou-se "uma competição de agilidade esportiva, exaltação de euforismo lúdico, independente dos processos normais da pecuária contemporânea" (1976, p. 28).

O sertão, como temporalidade, é o tempo da tradição e, em seu estudo e elogio, Cascudo faz suas as preocupações e perspectivas de Freyre (ou vice-versa) no que tange, por exemplo, à preocupação e estudo permanentes da culinária brasileira. Sintomático desse paralelismo é o fato de ele concluir assim uma carta enviada a Freyre em 1966: "Apresento minhas escusas pela impossibilidade de falar sobre doces e cozinha no próximo Novembro" (*apud* OLIVEIRA, 1999, p. 205). Mas é em termos de análise histórica que o paralelismo entre ambos torna-se mais evidente. O latifúndio, para Cascudo, é o alicerce da tradição, e o senhor-de-engenho, o seu representante. Seu poder e seu direito tinham nela sua base:

> Eram de esperar a convicção de sua força e o orgulho de seus direitos que se baseavam na tradição, uma espécie de "common-law", respeitada por todos. Também o senhor-de-engenho representava a superstição da palavra dada, o pudor do interesse e da honra, a altivez de maneiras, a dignidade da posição social, o prestígio da autoridade. (1938b, p. 230)

Assim como Freyre, Cascudo faz a apologia de um sistema produtivo baseado nas relações pessoais, íntimas, de mando e auxílio ao mesmo tempo, ao contrário do universo formal que a ele se sucederia:

As leis trabalhistas de efeito intimativo estavam, potencialmente, nas obrigações da vizinhança e do compadrio, os dois complexos sociais que ajudam a compreender o ajustamento do compadre-pobre e do vizinho-pobre na terra ardente do Sertão e do Agreste. Ajustamento e comportamento. (1956b, p. 9)

O universo estudado por Cascudo é o universo rural, o mundo da fazenda: "o mundo fiel ao seu passado" (1955a, p. 16). Mas surge dessa definição uma diferença nítida entre os universos estudados por ele e por Freyre, diferença que o próprio Cascudo define, sem a preocupação, contudo, de posicionar-se perante o outro autor: "O senhor de engenho e o fazendeiro distanciam-se pelo processo normativo do trabalho, com profundas repercussões psicológicas. São marcadamente diferenciados e os dois ciclos expõe a diversidade do ambiente de formação" (p. 27). O ciclo da cana-de-açúcar, segundo Cascudo, baseia-se no trabalho coletivo. Já o ciclo do gado torna determinante o individualismo dos que dele fazem parte. Torna-os autônomos. Improvisadores.

Se os universos estudados por esses autores são diferentes, contudo, quando Cascudo abandona seu universo para visitar o de Freyre ele segue suas pegadas, o que se torna evidente em *Sociologia do açúcar*. Nesse livro, ele define a casa-grande com base em seu caráter gregário, não-exclusivista: "A Casa-Grande foi um símbolo de fartura distributiva. Convidados ou não, as refeições eram servidas a comensais incontáveis, ao redor da mesa, larga e grande" (1971c, p. 70). E, assim como Freyre, pensa o senhor-de-engenho não como um agente econômico, mas como uma "entidade social" (p. 95) e permanece atento às conseqüências negativas da adoção do trabalho escravo nos engenhos: "A conseqüência mais criminosa e persistente foi a desvalorização do trabalho manual. A classe dos lavradores europeus, orgulhosa do esforço dominador da terra, não existiu no Brasil" (p. 188). Cascudo vincula à herança escravista uma característica que ele define como essencial do *ethos* brasileiro: o repúdio ao trabalho braçal, compartilhado por todas as raças. Segundo ele, "a escravidão deixou essa desmoralizadora herança para o trabalho livre, ausência do lavrador branco, orgulho da terra, inconcebível para o braço servil. A terra, patrimônio do trabalho livre, fica sendo o melancólico apanágio da escravidão" (1965b, p. 172).

Cascudo segue as pegadas de Freyre também ao descrever a transição do engenho para a usina e deplorar suas conseqüências. A usina é prática onde o engenho foi lírico. Para ele, "a usina deglutiu, por compra ou execução hipotecária, um a um, os últimos abencerradores líricos do engenho" (1971c, p. 89). Por ser prática, a usina ignora os costumes comunitários, a troca de presentes que seria comum na rotina dos engenhos: "A Usina, impessoal e mecânica, não poderia reconhecer esse formalismo, deficitando parcelas da colheita e sem réplica utilitária para os departamentos de produção" (p. 131).

Segundo Karl Marx (1973, p. 419), a esfera de circulação e troca de mercadorias é consideravelmente estreita em uma produção baseada no trabalho escravo, assim como na agricultura patriarcal, em que grande parte da população que dela participa satisfaz suas necessidades diretamente por meio de seu trabalho. É a ampliação da esfera a qual Marx se refere, portanto, que a torna utilitária, e ela, por ser utilitária, elege as transações monetárias como determinantes em um meio no qual elas tinham sido, até, então, secundárias. Com isso, "a Usina deu aos seus operários uma noção exigente, estreita, quase sobrenatural da economia" (CASCUDO, 1971c, p. 269). Com uma grave conseqüência: "de um modo geral, a valorização salarial arrebatou o trabalhador rural da economia do consumo para a economia competitiva" (p. 275).

A usina tornou impessoais relações de mando que eram baseadas em vínculos pessoais de solidariedade. Surge a figura do gerente:

> Com o senhor-de-engenho desapareceu a responsabilidade individual, a pessoa física do mandante. Na Usina inverte-se a pirâmide funcional. O Gerente, vértice, apenas reúne as instruções da base, ampla, distante, vaga. O Gerente é o bico do funil administrativo, limitando-se a transmissão do líquido recebido- irresponsável e útil como uma calha. O senhor de engenho valia origem, fundamento, razão do evento. Fizera ou mandara fazer. (p. 421)

No caso do engenho, a estrutura socioeconômica era outra, oposta: "Os recursos mais se destinavam à circulação festiva que às garantias da produção futura. Dinheiro queimava o bolso do senhor de engenho" (p. 413).

Um filho da elite enaltecida por Cascudo já a havia defendido e proclamado suas virtudes em termos quase idênticos. A fidalguia pernambucana, segundo Joaquim Nabuco (1936, v. I, p. 319), "tinha um pejo invencível em matérias de dinheiro: como que pegava nas cédulas nas pontas dos dedos". Palavras que seriam repetidas por Oliveira Viana (1958, p. 135) em sua descrição da mentalidade aristocrática:

> O nobre o considerava sujo; as suas mãos não estariam limpas se tocassem no dinheiro, se se maculassem com o seu azinhavre; não fazer passar por elas nada que representasse dinheiro ou proveito expresso ou concretizado nele – eis o timbre da verdadeira nobreza.

A suposta incompatibilidade entre mentalidade aristocrática e mentalidade capitalista é um dos eixos do elogio do patriarcalismo.

E seguindo as pegadas de Freyre, Cascudo (1971c, p. 288) define com precisão: "Gilberto Freyre não contrapõe Casa-Grande à Senzala, mas evidenciou suas continuidades e interdependências. Esse devia ser o critério para Casa-Grande e Cidade. Convergência e não antagonismo". No mundo idealizado por Cascudo e Freyre existia a pobreza no sertão, mas não existia a miséria: "O POBRE não perdia a dignidade humana. O Mendigo, humilhado e suspeito, é um produto urbano. Pelo interior viviam os paupérrimos, ajudados pelos vizinhos, mas tendo um roçadinho" (1974c, p. 10).

A tradição corporificada no folclore agrega em si permanências milenares, e o estudo delas ocupa boa parte da obra de Câmara Cascudo ou, como ele mesmo salienta: "Indagador das culturas anônimas e populares do meu País, vou constatando, pela mão dos meus olhos, as presenças longínquas no Tempo e no espaço. Vez por vez, uma surpresa na contemporaneidade dos milênios" (1985, p. 369). Nas brincadeiras de crianças, por exemplo, ressurgem vozes e gestos milenares: "Num canto de rua brincam moleques como os gregos diante de Tróia. Um jogo de carreiras, trocando os lugares, era conhecido pelas crianças da Roma Imperial. Uns vieram do Oriente, com modificações ibéricas. Outros são universais" (1984b, p. 53).

Seu método pode ser definido como uma transição permanente, uma ligação contínua entre o milenar e o contemporâneo. Articulando-a, ele lembra que "alguns etnógrafos se assombram quando ligamos o milênio aos fatos contemporâneos", mas justifica: "O homem quase nada mudou pelo lado de dentro" (1958, p. 157 e 158). E este é um pressuposto essencial em sua obra: "Tudo muda, menos o homem" (1987, p. 60). Ele atém-se ao estudo do que julga permanente, imutável ao longo dos tempos, reaparecendo sempre o mesmo em diferentes tempos e lugares. Os gestos, por exemplo, longamente estudados em *História dos nossos gestos* (1987, p. 70): "Estou convencido da sobrevivência de gestos milenários, conservando a significação expressiva da época funcional, mesmo desaparecidas as instituições a cujo cerimonial participavam". Toda mudança histórica é, então, superficial, não tocando um substrato humano, que é milenar e permanece vivo e largamente desconhecido. Para Cascudo, "o homem transplanta vísceras, pisa os granitos lunares, liberta a força atômica, mas não atina com os segredos múltiplos da Reminiscência, o Mundo que vive em nós, obscuro e palpitante" (p. 39). E tudo o que permanece encontra no povo seu fiel depositário: "Os usos e costumes sobrevivem no espírito popular indelevelmente" (p. 33).

Esse pressuposto vale para o que ele chama de superstição: "gestos e palavras, ações e atitudes, antigamente formas lícitas de exorcismo, rogativas, para que uma ameaça extraterrena não se materializasse no ato punidor ou apenas maléfico" (1966, p. 52). A superstição é universal; um carroceiro potiguar e Goethe, cada um possui as suas (p. 83). É necessariamente avessa a modernismos e inovações: "Não existe superstição moderna; superstição nova, forjada pela necessidade atual do receio do desconhecido-sinistro" (p. 63). Ele define, então, sua função, sua importância e sua capacidade de sobrevivência: "A superstição é um fundamento da Cultura Popular, conservadora, defensiva da morfologia, concentrativa, impermeabilizante, movimenta-se no plano da adaptação atualizadora" (p. 71). E estudar a superstição implica conhecer sua lógica, o que por sua vez implica remontar às suas origens, "indagar pela estrutura íntima daquela atual asnice que fora imponente sabedoria doutrinal. A enrugada e lerda anciã começara sendo airosa e deslumbrante jovem, porejando atração e seiva" (p. 8).

A busca das origens é definida por Cascudo como condição indispensável para o estudo da cultura popular: "Não haverá nada de mais discutível que este debate erudito de origem, mas era indispensável mencionar sua existência, para que a fixação passasse além do pitoresco e do matutismo regional" (1984a, p. xxiii). Isso porque o estudo da cultura popular remete às suas origens, ao mesmo tempo eruditas e milenares. Segundo ele, "a literatura greco-romana parecia-me repetir no infinito do tempo, as vozes mansas do meu povo fiel" (1966, p. 11).

E explicando os objetivos de um de seus livros, enfim, Cascudo explicita os objetivos de toda a sua obra etnográfica:

> *Meleagro* tenta evidenciar a antiguidade de muitos dos elementos sedutores no catimbó. Antiguidade de Grécia e Roma, velhice oriental, segredos da Idade Média, não pesariam tanto se não fossem uma continuidade, rio obscuro e teimoso, desaguadando na linfa mais moderna das conquistas moderníssimas. (1978c, p. 189)

Pela constatação de permanências milenares torna-se possível entendermos a importância atribuída por Cascudo à tradição; o apreço com que ele a encara e a necessidade vital de sua preservação. Para ele, "tradição é transmissão" (1972a, p. 37). Transmissão de milênios. O estudo da tradição por ele efetuado tem exatamente este sentido: resgatar elementos milenares no que é contemporâneo, demonstrando a universalidade de crenças e costumes que escondem-se sob o manto do regional.

No sertão potiguar do início do século, uma tia do autor persignava-se sempre que a luz tremia, e afirmava ter passado uma alma por ali. Ligando esse gesto a costumes milenares, o autor salienta: "Tia Lica nunca poderia adivinhar que, fazendo o sinal-da-cruz para a luz trêmula da lamparina, numa fazenda sertaneja no interior do Rio Grande do Norte, repetia o gesto cristão sobre um resto de culto da mais antiga religião do mundo" (1958, p. 227).

Já encontramos, em Mário de Andrade, a evocação de uma emoção presente na obra de Cascudo, que é a busca de raízes longínquas para o estudo de costumes e crenças nacionais. Segundo Mário (Andrade, 1976, p. 231), "uma das coisas mais comoventes para mim é descobrir que uma coisa que parece bem nossa, bem brasileira, vem de longe, doutras terras". Cascudo retoma as diretrizes e os sentimentos de Mário e transforma a tradição em expressão ao mesmo tempo de milênios passados e da identidade nacional.

E as tradições populares não cabem em moldes oficiais. Extravasam deles, ignora-os. Esse conflito ocorre, por exemplo, quando nomes de localidades são trocados: "Os nomes próprios, denominando municípios e distritos, excepcionam da tradição. As populações continuam dizendo os nomes antigos, como se não houvesse mudança" (Cascudo, 1968, p. 47).

A província contra a modernidade

O elogio da província feito por Cascudo fundamenta seu elogio da tradição, uma vez que é ali que ela se expressa com maior clareza e consistência. E é um elogio que vai ainda além, ganhando uma dimensão ao mesmo tempo metodológica e existencial. Isso porque o provincianismo do autor faz parte de seu método, além de ser uma opção referente a sua própria vida: "O Nordeste e, especificamente Natal, é o meu laboratório. Aqui manipulei todo o material colhido no resto do mundo. Nunca poderia abandonar minha terra. Deixaria de ser um homem feliz" (1979b). O provincianismo também é para ele um mecanismo de defesa: "Como professor de província, vivo longe da sedução irresistível das doutrinas sucessivas que impõe aos devotos a mutabilidade incessante de deduções e até de mentalidades, tornadas incapazes de constituir ponto de referência para apreciação pessoal" (1984a, p. xx). Cascudo, enfim, é provinciano, e não apenas no sentido geográfico da palavra, mas no sentido de colocar a província e seus moradores como uma antítese em relação à modernidade expressa nos grandes centros urbanos. E ele ostenta tal condição como um título, afirmando: "Nenhuma autoridade de historiador possuiu o direito de deslumbrar-me com seu prestígio. Minha condição de professor provinciano libertava-me da sugestão hipnótica dos grandes nomes citadinos" (1965a, p. 4).

No caso de Sílvio Romero, também podemos falar em provincianismo como opção existencial, mas ele preferiu migrar para a Corte e ostentar ali sua condição de provinciano: como uma couraça, como um desafio. Mas Cascudo, como Tobias Barreto, ficou; apenas granjeou o reconhecimento que aquele nunca conseguiu.

Se a província é o território da tradição, nos grandes centros urbanos reside a modernidade, e hábitos ligados ao tempo da tradição não conseguem ali espaço para sobreviver. O período em que Auta de Souza viveu deu continuidade a uma época na qual "comia-se muito e comia-se mal, ensinam os doutores. Era, porém, gostoso e farto" (1980, p. 70). Isso porque comer bem, por exemplo, exige disponibilidade de tempo, tranqüilidade e cordialidade: elementos aos quais a modernidade é hostil. E a ausência desses elementos trouxe conseqüências desastrosas, por exemplo, para a vida dos cariocas: "O bar automático, consumação de pé, sozinho, apressado, o calamitoso *self-service*, ajudaram, em alta percentagem, a matar por asfixia os velhos júbilos do humorismo carioca" (s.d.a., p. 2). O bar carioca é filho da modernidade, enquanto o bar inglês é filho da tradição e, por isso, é elogiado: "Ah! Um bar inglês! Escola prática de boas maneiras, saudações, dignidade mesmo nas triplicatas de brandy e de gin, na mastigação de batatinhas fritas e camarões indeformáveis. Segurança. Altivez. Auto-confiança" (s.d.e., p. 2). Além disso, a culinária brasileira toma como base palpites e improvisações do cozinheiro, enquanto a inglesa segue toda uma tradição, presente e legitimada em cada iguaria (p. 23). Duas diferenças que o fazem exclamar como supremo elogio: "Imutável Inglaterra!" (p. 4).

Os vínculos pessoais nas metrópoles desaparecem com as relações de vizinhança: "Em cidade grande não há vizinho. Ignora-se o nome" (1971a, p. 16). O vizinho é substituído pelo companheiro de lutas políticas e sindicais, e essa troca não se dá sem perda: "Fácil é verificar que esse solidarismo classista não alcança o companheirismo doméstico. É de rua, *meeting*, sessão, dinheiro a disputar, apoio nos processos de justiça trabalhista. O vizinho era insubstituível" (p. 26).

A civilização urbana é inimiga mortal de tradições que desaparecem inapelavelmente, desambientadas no novo meio. O cafuné, por exemplo. Para ele, "a sua extinção nos grandes centros, ou mais precisamente, a sua enorme decadência, deve-se a dois importantes fatores: as dificuldades econômicas e a enorme corrida para o progresso" (1965b, p. 64). Quem o preza, não tem mais tempo para cultivá-lo, e os jovens o consideram um gesto arcaico.

Também no terreno da religião esse contraste é acentuado. Secularização e urbanização caminham juntas; são indissociáveis. E Cascudo, sempre atento ao cotidiano, anota seus efeitos: "Desapareceram os Se Deus for Servido, Querendo Deus, Se Deus Quiser, e mais fórmulas condicionadoras, entregando à Divindade a efetivação desejada" (1972a, p. 60).

Uma das conseqüências do processo de secularização é a decadência da Fé popular, rompido que foi o irrecuperável fio da tradição. Os moradores das cidades "mantêm uma Fé intermitente e *cock-tail*, variada e capitosa em que a prática consiste em curiosidade e movimento empurrado pelos derradeiros impulsos do hábito, com bem pouca curiosidade volitiva" (1985, p. 327). E rompido o fio da tradição, não apenas a fé se banaliza, ou se moderniza – o que dá no mesmo, já que a modernidade é essencialmente banal –, como a própria oralidade que garante a permanência do conhecimento popular desaparece ou, pelo menos, se enfraquece e, com ela, esse conhecimento. Isso porque "a Literatura oral é mantida e movimentada pela tradição. É uma força obscura e poderosa, fazendo a transmissão pela oralidade, de geração a geração". A cultura oral é enfraquecida pelo advento da modernidade, e com isso desaparecem os monstros criados pela imaginação popular: "Foram criados, como os guerreiros que nascem dos dentes do dragão, para matar e morrer, vencidos pelo automóvel, pelo rádio, pela luz elétrica" (1947, p. 252).

Duas observações sobre transformações acarretadas pelo crescimento urbano de Natal trazem claro sentimento de perda, não expresso de forma explícita, mas presente. Mencionando uma praça, ele afirma:

> A praça era ingênua e acolhedora, com suas breves sombras que escondiam os namorados noturnos ou crepusculares. Não estava mutilada como depois sucedeu. Era uma praça parecida com um pátio familiar de uso comum e doméstico aos moradores do largo imóvel. (1974b, p. 14)

E assim descreve as transformações sofridas por uma rua:

> A rua Doutor Barata era povoada de famílias. Hoje é exclusivamente comercial. A noite dava o direito às cadeiras na calçada, das prosas de porta em porta, os namorados olhando de longe, plantados como postes de iluminação na esquina, bilontreando, como se dizia. (p. 58)

Surge novamente a idealização de uma realidade isenta de conflitos e tensões, ou seja, a criação de um mundo passado que, tal como descrito pelo autor, nunca existiu, uma vez que a idílica interação pode ser descrita também como um vigiar permanente entre vizinhos. E a modernidade ainda corrompe a pureza sertaneja, trazendo a pornografia para onde antes ela inexistia; na arte dos cantadores, por exemplo, que o autor pesquisou por anos a fio: "A ausência do verso obsceno é no sertão um índice de pureza. A sátira é visível em todos os versos, de todos os ciclos mas a intenção pornográfica não existe. O poeminha sujo coincide com a civilização" (s.d.d, p. 17).

E Cascudo emociona-se quando entra em contato com gente do povo que, na contracorrente da modernidade, mantém viva a tradição. Em certa ocasião vê um vaqueiro aboiando seu gado em uma estrada cheia de ônibus e caminhões, e relembra sua emoção: "O vaqueiro aboiando, como há séculos, para humanizar o gado bravo, era um protesto, um documento vivo da continuidade do espírito, a perpetuidade do hábito, a obstinação da herança tradicional. Fiquei ouvindo numa emoção indizível" (p. 9).

Nem tudo, porém, é pessimismo e lamento pela perda, embora seja o tom dominante. A tradição persiste onde menos se espera, e a modernidade guarda em si antigos ritos e costumes. Na capital federal, por exemplo, em pleno 1947, sobrevivem sincretismos e religiões africanas ao lado das luzes da cidade e do que Cascudo chama de "sertão carioca, com vida autônoma, com hábitos e horizontes diversos, desenrolando existência à vista da cidade imensa" (1947, p. 44).

As transformações provocadas pela modernidade têm ainda fundamentos econômicos que Cascudo busca precisar. Assim é que novas culturas agrícolas determinaram novos modos de plantio e colheita e "novos padrões de ajustamento econômico". A conclusão é inexorável: "Romperam-se os diques e as águas da contemporaneidade mergulharam no passado as sobrevivências dos séculos XVII, XVIII e XIX, até então atualidades usuais" (1967b, p. 52).

O contraste entre tradição e modernidade alicerça, enfim, toda a obra de Cascudo, e ele é consistente e insistentemente tradicionalista. Em 1924,

Joaquim Inojosa escreve a carta-manifesto *A arte moderna*, destinada aos intelectuais paraibanos, na qual nomeia Cascudo como representante do modernismo nordestino, mas essa filiação é problemática. Cascudo exerce, já nos anos vinte, papel proeminente na vida cultural da província: "Câmara Cascudo exerceu, durante toda a década de vinte, o papel fundamental de colocar a intelectualidade da província atualizada em relação às transformações que se processavam na esfera cultural do país" (ARAÚJO, H. H., 1995, p. 48).

Mas daí a filiá-lo ao modernismo vai uma longa distância. Escrevendo sobre Coelho Neto, Cascudo defende-o das críticas modernistas, porque "defende a tradição, desenvolvida na sucessão dos elos e não no impulso dos saltos". E conclui: "Nada do que Coelho Neto construiu, desabou. Continua, íntegra e real, a cidade erguida no obstinado labor. Apenas, está mergulhada na mata densa e frágil da vegetação secundária, mantida pelos estrumes aluviais" (1970, p. 30). Coelho Neto representaria a resistência da tradição contra a modernidade, daí Cascudo fazer seu elogio.

O elogio da tradição confunde-se também com o elogio da colonização portuguesa. O brasileiro, segundo Cascudo, possui um "instinto igualitário que é menos insubmissão indisciplinada que a própria consciência de personalidade que o português fixou nos seus bastardos e morgados" (1983b, v. II, p. 434). E a cultura popular brasileira é, para ele, de origem essencialmente portuguesa: "Apesar das negativas, mais retóricas e demagógicas que realísticas, o português não está apenas no sangue e na voz, mas constituindo uma permanente motora no mecanismo da mentalidade popular" (1985, p. 312).

Em relação aos amuletos, por exemplo, a influência decisiva é exclusivamente portuguesa:

> No Brasil, os amuletos de popularidade decisiva são todos de origem européia. Foram trazidos pelos colonos portugueses e espanhóis. Os de procedência africana ainda discutem a influência árabe e desconhecemos quase os amuletos ameríndios, as "mascottes" dos indígenas brasileiros. O que realmente existe no Brasil-povo, é o que encontramos, em sua maioria, na Europa-povo, e com o testemunho documental do tempo. (1949a, p. 68 e 69)

Também na formação da culinária nacional a influência portuguesa é determinante em relação às demais. Para Cascudo, "a cozinha brasileira é um trabalho português de aculturação compulsória, utilizando as reservas amerabas e os recursos africanos aclimatados" (1983b, v. II, p. 431). A cozinha brasileira é, portanto, ao mesmo tempo mestiça e predominantemente portuguesa e, assim como ela, a cultura popular brasileira. Para ele, "o nosso alicerce consta de amerabas, portugueses e africanos" (1966, p. 33), e, na literatura oral brasileira, o elemento decisivo é a reminiscência portuguesa (1955c, p. 14).

Mestiça, a cultura popular brasileira adquiriu, contudo, fisionomia própria, o que ele constata, por exemplo, ao ouvir as melodias cantadas em um catimbó:

> Essas "linhas" são africanas, portuguesas ou mestiçamente brasileiras? São brasileiras. Brasileiras na acepção de uma soma de elementos diferenciados e fundidos, determinando a música socializada, criada pela colaboração anônima e múltipla da população. (1978c, p. 177)

Cascudo nega a existência histórica ou contemporânea de preconceito racial no Brasil. Segundo ele, "desde o século XVI o português, fecundando negras e indígenas, anulou esse problema na relação futura de suas dificuldades sociais. Não o teve. Não o temos" (1965b, p. 42). Em Cascudo como em Freyre, a miscigenação atua como fator contrário ao surgimento de preconceitos, como fator democratizante e como instrumento de consolidação de uma sociedade racialmente harmoniosa. Cascudo retoma e consolida, assim, o mito da democracia racial. Ele também compartilha com Freyre a crença no caráter benevolente assumido pela escravidão no Brasil, e defende, com fervor, ambas as crenças de críticas estrangeiras. Segundo ele:

> Os que acusavam o Brasil das modas clássicas da escravidão sempre se esqueceram de tratar os seus negros no mesmo pé de igualdade com que o Brasil escravocrata os tratou. São observações de estrangeiros. (1947, p. 43)

Já as denúncias contemporâneas sobre o racismo são atribuídas a autores contaminados pelo "vírus científico do bolchevismo" que teimam em ignorar as "evidências" sobre sua inexistência. Cascudo mais uma vez segue, escrevendo sobre o negro, as pegadas de Freyre: "Não tivemos repulsa por ele e o sexualismo português foi um elemento clarificador, em pleno aceleramento. Ninguém se lembrou de vetar ao negro os galões do Exército e a promoção na vida burocrática" (1984a, p. 15). E também o processo de miscigenação ganha, em sua descrição, um caráter pacífico, amoroso até. Para Cascudo, "o português plantou as estacas da fazenda de criar, do 'sítio', do 'roçado'. Fez a família, multiplicou os mestiços, amou as índias e negras e fundou, com seu imenso abraço amoroso, a raça arrebatada, emocional e sonora" (1947, p. 53).

O argumento de Freyre é novamente retomado e mencionado quando se trata de explicar o sucesso da adaptação e permanência do português nos trópicos: "Essa miscibilidade decorre de uma concepção ecumênica do homem, de sua universal igualdade, sem as restrições de castas, lonjuras sociais e políticas e desníveis econômicos" (1956a, p. 24). Sem preconceitos, o português transformou a miscigenação em fator de conquista, exatamente onde o holandês, por exemplo, fracassou.

Cascudo valoriza a influência lusitana inclusive em termos raciais, retomando, em termos de hierarquia racial, uma terminologia que remonta à época de Sílvio Romero e Euclides da Cunha. Assim é que, referindo-se ao português, ele afirma:

> A excelência étnica desse elemento leucoderno é indiscutida. O trabalho realizado em auxílio e contra a natureza do terreno atesta sua vitalidade. Não menos a persistência de costumes, o poder de fusibilidade mantendo a fisionomia moral, a tradição do idioma, as linhas neutras da gens. O tipo antropológico identificável denuncia esses valores de manutenção somática. (1980, p. 94-95)

E assim continua, com menções à Escala de Broca, à braquicefalia, à platicefalia.

Ele faz, por outro lado, a crítica do etnocentrismo: "O grande engano da Etnografia Clássica ou da Antropologia Cultural moderna é ver em cada nativo um candidato à evasão litúrgica. Fortuitamente admitem a Fé, a Convicção, a Confiança nas almas selvagens" (1986b, p. 52). Mas os negros surgem, na hierarquia racial por ele proposta, desprovidos de cultura autônoma. Para ele, "os negros, muito ao contrário do que se possa imaginar, são irradiadores e não carregadores de cultura. Exemplifica Iemanjá que não é criação negra, mas branca" (1978a). A contribuição negra à cultura popular deriva não da autonomia de sua ação cultural, mas de sua capacidade de trabalhar a herança cultural branca.

A boa autoridade antiga

A relação entre bolchevismo e denúncia racial acima mencionada ilumina outro aspecto de pensamento de Cascudo que é o conservadorismo arraigado, inclusive, mas não só, em termos políticos. Cascudo é anticomunista ferrenho, estridente nas poucas vezes em que aborda o assunto. Para ele, "a Liberdade nos países burgueses é o direito de optar-se pelo Esquerdismo. Nos países da esquerda, a Liberdade é o Dever de não se optar pelos países burgueses" (1972a, p. 86).

Tomemos, por exemplo, o sentido político e simbólico de direita e esquerda contido em um dicionário de símbolos:

> Em política, a direita simbolizaria a ordem, a estabilidade, a hierarquia, a tradição, uma relativa auto-satisfação; a esquerda, a insatisfação, a reivindicação, o movimento, a busca da justiça social, de maior progresso, a libertação, a inovação e o risco. (CHEVALIER; GHEERBRANT, 1997, p. 344)

Já a definição de Cascudo é sensivelmente diferente: "Dar a direita, ficar à direita é posição de honra, de destaque, de distinção. Os políticos da direita defendem a tradição, a continuidade, a permanência mesmo na evolução" (1984a, p. 293).

De qualquer forma, Cascudo raramente escreve sobre política, tanto que, em seus livros de reminiscências, esse é um assunto virtualmente ausente. E quando a menciona, toma como ponto de apoio as idéias de Oliveira Vianna sobre as influências do clã colonial. Vianna (1947, p. 150) situa a origem da identidade nacional no meio rural, onde os programas pouco valem: "Os nossos homens de interior costumam apoiar homens – e não programas; pessoas – e não idéias". E a origem rural dessa identidade torna-se um empecilho para a democracia pela formação dessa sociedade. No Brasil, segundo Vianna (1987, v. I, p. 131), "faltou a aldeia agrária, que, na Europa, foi a gêmula e a escola da vida municipal e do espírito democrático", surgindo, em seu lugar, o clã rural, definido pelo autor como "a única forma da solidariedade do povo-massa dos campos que a nossa nobreza territorial conseguiu organizar" (v. I, p. 181). E o personalismo político deriva, por sua vez, do personalismo social, já que "no Brasil, só o indivíduo vale, sem precisar da sociedade – da comunidade" (v. I, p. 110).

Tomando as idéias de Vianna como ponto de partida, portanto, Cascudo conclui, em uma análise em que explica a prática política com base em características identitárias:

> A nossa política, para talvez a mocidade do espírito nacional ou sua lenta elaboração de fórmulas centenárias em que se impregnou, é eleitoral, partidária, pessoal. E não podia ser doutra maneira para a feição psicologicamente individualista do brasileiro impetuoso e autodidata, vivendo no século XVIII ou no século XXX, homem instável, homem impaciente, homem marginal. (1954, p. 103)

E sentimos, aqui, a semelhança do pensamento político de ambos os autores, visível quando contrastamos esse trecho de Cascudo com outro de Oliveira Vianna (1947, p. 135), no momento em que este descreve o comportamento político do brasileiro:

> todas as vezes que um deles se ergue, aprumando-se, resoluto, dentro da consciência do seu dever patriótico, para logo, do fundo da sua subconsciência moral, lá vem, lá surge, lá sobe, capcioso, insinuante, o terrível pendor amigueiro – e entra a desaprumar a verticalidade daquela atitude cívica.

A análise que Cascudo faz da Guerra do Paraguai ajuda a entendermos seu pensamento político. Temos, de um lado, Solano López, um inimigo contra o qual toda guerra é justa: "Desonesto, impudico, covarde, sanguinário, caluniador, selvagem como um sioux, cauto e venenoso como uma víbora, não deixou uma frase que não fosse de ódio, de ameaça ou de morte" (CASCUDO, 1995, p. 74). Do outro, temos Pedro II: "Não quis lutar contra a República. Dispensou-se de governar com o seu prestígio. Via sempre o Brasil. Nunca enxergou os homens" (p. 42). Estabelecida tal dualidade, fica fácil compreender seu elogio do Império:

O regime brasileiro, com escravos, analfabetismo e tudo, criara a ordem, o respeito ao ritmo social, a lei assegurada, o aparelhamento eleitoral, a disciplina das classes armadas ausentando a possibilidade dos "pronunciamentos", o parlamentarismo cadenciador do impulso voluntivo dos gabinetes ministeriais. (p. 8)

E a Guerra do Paraguai justifica-se então como uma guerra de mentalidades e culturas, segundo o autor; uma "guerra inútil, mas justa". Uma guerra na qual a posição ímpar do Brasil sobressai em meio a seus vizinhos:

> Aquele país imenso, tranqüilo, realizando uma espécie de fagocitose nos seus raros tipos revolucionários, independia da mentalidade ambiente, do cenário geográfico, do "processus" partidário do continente. Era uma aberração. Um quisto no organismo palpitante pelas convulsões e desmoronamentos. (p. 10)

Entre os "poucos revolucionários" está Cipriano Barata, que Cascudo também escolheu para ser biografado e, aqui, não há nem a crítica irrestrita nem a admiração sem medidas que motiva quase todas as biografias por ele escritas. Cascudo admira o lutador Barata, incansável na defesa de seus ideais, mas condena os próprios ideais por ele defendidos. E mesmo por ser o lutador que foi, Barata era, afinal, inassimilável à vida política: "Revelara-se o exaltado, intratável, insubmisso elemento que Joaquim Nabuco dizia indispensável para fazer a revolução e impossibilitado de existir, depois do sucesso, como valor disciplinar" (1938a, p. 29).

E quais ideais Cascudo critica então? São os ideais da Revolução Francesa, que Cipriano Barata encarnaria: "Ele é um produto típico da ideologia anti-humana e anti-lógica que 1789 espalhou pelo mundo... É um apaixonado pelos direitos do homem, um legítimo homem-cívico, cioso das prerrogativas de um liberalismo fremente de utopia e de nebulosidade". Os ideais de Barata como político e revolucionário residiam na crença no povo como ator político e, por isso, a luta por tais ideais estaria condenada ao fracasso:

> Nunca o Doutor Barata examinou a inexistência do povo, a mentira liberal dessa frase absurda. Povo não existe no sentido moral e jurídico do vocabulário. Na doutrina de Barata era este nome o princípio e o fim de todas as causas utópicas ou materiais, fonte dos direitos, gêneses do poder. (p. 34)

As idéias políticas de Cascudo são perfeitamente coerentes com as posições por ele adotadas, de um conservadorismo exemplar. Ele foi expressamente monarquista durante os anos 1920 e até os primeiros anos da década de 1930, defendendo o retorno do regime monárquico em mais de um texto. Um exemplo, entre outros: "Teremos, muito em breve, um fato magnífico: S.A.I.

Luiz de Bragança e Orleans meterá na boca aberta da nossa incompetência o bridão lusidio da sua vontade" (*apud* Souza, s.d., p. 15).

Robert M. Levine (1980, p. 162) menciona a participação de Cascudo no movimento integralista: "Dos grupos radicais de oposição do Rio Grande do Norte, os integralistas eram o mais influentes. O folclorista e historiador Luís da Câmara Cascudo estava à testa do movimento". De fato, nos anos 1930 ele tornou-se integralista e, ao ser fundada em 14 de julho de 1935, em Natal, a Ação Integralista Brasileira, Cascudo foi um dos seus diretores. Mas, duas semanas antes, ele já publicava um artigo no qual afirmava: "O Império sonhado não podia ser a monarquia latifundiária, capitalista e burguesa de 1889, sim o Estado corporativo, totalitário" (CASCUDO, s.d.d, p. 3). E escrevendo nos anos 1930, Cascudo fala de Plínio Salgado com inequívoca admiração:

> Depois do jantar fico dentro do automóvel parado com Alcides Franco falando sobre Integralismo, liberalismo e república democrática. Para mim é um encanto narrar como Plínio Salgado começou com nove rapazes, e tem duzentos mil em dois anos, com o silêncio dos jornais e todas as baterias do ridículo assentadas contra ele. (1984d, p. 21 e 22)

O regime militar também mereceu seu apoio enquanto durou, tendo, até, recebido a visita de Geisel em sua casa durante seu mandato. E questionado nesse período sobre a censura, Cascudo (1977) responde com toda a dubiedade possível: "Censura é o regime dietético oficial, contrário às exigências do nosso paladar. Não discuto a legitimidade de ambos...".

As idéias políticas do autor são coerentes com sua concepção de poder e, para compreendê-la, podemos fazer um paralelo com as idéias políticas de Varnhagem que é, nesse sentido, um legítimo precursor de Cascudo. Temos em sua obra, assim como na obra de Cascudo, o elogio da aristocracia, cuja posição de mando é enaltecida e definida como uma barreira contra eventuais excessos. Segundo ele, "a experiência prova que as aristocracias, sustentáculos dos tronos, são ao mesmo tempo a mais segura barreira contra as invasões e despotismos do poder, e contra os transbordamentos tirânicos e intolerantes das democracias" (VARNHAGEM, 1948, v. I, p. 181).

É dessa autoridade que Cascudo faz o elogio: uma autoridade antiga, aristocrática, avessa a concessões, da qual a figura de Pedro Velho, líder político potiguar, é por ele definida como paradigmática: "Era ainda tempo em que o andar vagaroso e as cores escuras fixavam os homens públicos, impondo-lhes na sobrecasaca o respeito do hábito talar, sinais exteriores de uma presença de comando" (CASCUDO, 1956b, p. 72). E paradigmática porque aceita: "Era um chefe que não precisaria lembrar as prerrogativas hierárquicas porque estavam indeléveis na memória fiel dos correligionários" (p. 91).

Conde D'Eu também foi um legítimo representante desse poder antigo, e foi impopular porque seus modos reservados, corteses sem intimidade, eram opostos ao comportamento característico do Brasileiro. Para Cascudo, "a etiqueta brasileira é demasiado exigente até causar comicidade ou tolerante a parecer inexistente. O brasileiro habituou-se a ser tratado à distância ou enrolado num abraço" (1933, p. 62). Conspirou contra ele também seu desapego às aparências exteriores do poder e da realeza, enquanto "a mentalidade brasileira só compreenderia um príncipe na acepção tintinabulante e mirabolante do vocábulo" (p. 128).

Fazendo o elogio de Pedro Velho, Câmara Cascudo faz a contraposição entre uma elite provinciana, próxima à terra, e as elites da Corte – já tão criticadas por Romero e Euclides –, alienadas, dadas à imitação de modismos estrangeiros. Para ele, as elites políticas e culturais do Império distanciaram-se do Brasil: "Depressa o Brasil ficou erudito, palavroso, parlamentar, astrônomo, viajante, lendo em francês e inglês, discutindo, sugerindo, insinuando e jamais fazendo, plantando, realizando" (1938b, p. 25). Pedro Velho seria, em síntese, um representante moderno do poder patriarcal cujos modelos remontam ao período colonial. E, aqui, volto a Oliveira Vianna (1938, p. 82) e sua descrição das elites coloniais, identificadas por ele com os senhores-de-engenho: "na região dos canaviais, portanto, é que se encontram, no período colonial, os tipos mais representativos das grandes qualidades da raça: é aí que estão os homens de mais capacidade, de mais prestígio, mais bem dotados para a vida pública". É para essa aristocracia que Cascudo reserva seus melhores elogios.

E o que é ser aristocrata para Cascudo? É ser como Stradelli, de quem ele se faz biógrafo: "Fidalgo não é superioridade, supremacia, dominação. É apenas um exemplo de hereditariedade fixada, um sinal de responsabilidade positiva, uma herança de deveres ante as sombras dos avós desaparecidos" (Cascudo, 1967a, p. 34).

Assim como Freyre faz a defesa do poder patriarcal, Cascudo faz o elogio do poder exercido pelos antigos chefes políticos, que seriam, afinal, os herdeiros desse poder, e representantes de um mundo no qual "a posse da terra era uma aristocracia nascente organizada sobre bases estáveis e econômicas, com um pequeno mundo gravitando ao redor do amo" (1974b, p. 69). Segundo Cascudo (1955a, p. 72):

> O tão acusado e "nefasto coronelismo" nunca, pelo menos no Rio Grande do Norte, representou valor negativo de progresso, avidez de gatunagem administrativa, desonestidade funcional e uso de cangaceiros como exteriorização da grandeza mandona. Era esta a linha média, o tipo geral, comum, acatado e conhecido na província como foi no Estado.

Tal sistema era baseado tanto no mando quanto na solidariedade mútua. Segundo Cascudo (1972b, p. 26), pela liberdade do "compadre pobre" o fazendeiro armava seus homens e gastava quanto possuía. Era um dos seus "homens", vassalo de sua corte, portador de suas cores heráldicas, arauto do seu nome. Os golpes que recebesse atingiam, total e ferozmente, o peito do castelão e não o humilde trabalhador maltratado.

Nesse contexto, 1930 representou uma perda:

> a Revolução de Outubro de 1930 foi o divisor das eras administrativas no Brasil. Sacudiu os nervos nacionais e despertou a marcha que seguia em plano lento e tranqüilo. Evaporaram-se muitas virtudes velhas que constituíam tranqüilidade e doçura nos costumes patriarcais. (1955c, p. 55)

E nesse mundo regido por uma autoridade aristocrática, antiga, indiscutida, os trabalhadores não se envolviam em movimentos reinvidicativos. Os jangadeiros, por exemplo, são elogiados por isso:

> Os pescadores são incapazes deste movimento expansivo. Tratam dos seus negócios e regressam ao seu mundo não criado artificialmente por uma doutrina de exaltação profissional, mas nascido e mantido por uma seqüência de tempo e de ajustação psicológica. (1957, p. 144)

Esse é o mundo do trabalho ideal para Câmara Cascudo.

Onde se articulam, então, tradição, cultura popular e política? Retomo a análise comparativa entre o autor e Varnhagem. O pensamento de Varnhagem privilegia a linearidade. Sua mentalidade não aceita rupturas históricas, busca antes se desembaraçar delas que explicá-las. Qualquer tentativa de mudança brusca do processo histórico tende a encontrar nele um inflexível opositor e, se tais tentativas são de cunho popular e voltadas contra o domínio das elites, aí é que tal condenação torna-se absoluta. Da mesma forma, Cascudo valoriza o povo enquanto criador de tradições cuja preservação, contudo, cabe mais às elites que a ele próprio, devendo agirem estas como tutor daquele.

E sua mentalidade é aristocrática. O que vem a ser isso? Referindo-se à relação entre o povo e o rei, um nobre, personagem de Stendhal (s.d., p. 151), afirma: "É quase insolência alardear amor por seu soberano, pois o que o povo lhe deve é obediência cega". Cascudo, é claro, não chega a tais extremos, mas impõe-se, em sua obra, uma rígida dualidade entre o povo enquanto produtor de uma cultura da qual o autor erige-se em estudioso e mantenedor – criando, nesse sentido, uma obra de grande riqueza e extraordinário valor – e as elites às quais cabem o domínio político e as posições de mando na hierarquia social.

Conclusão

Se os menores fatos do tempo de sua infância agradam a Rousseau porque pertenceram àquele tempo, Câmara Cascudo transforma o sertão no qual viveu sua infância em uma espécie de idade de ouro, situando-o ao mesmo tempo como espaço geográfico oposto aos grandes centros urbanos e como temporalidade oposta à modernidade: *locus* da tradição, espaço onde se configurou uma identidade nacional e sertaneja. O sertão enquanto espaço de configuração da identidade nacional, como Canudos o foi para Euclides da Cunha, mas livres das incertezas e interrogações euclideanas (que foram formuladas também por Sílvio Romero). Isso porque a resposta a tais interrogações é positiva: a identidade nacional surge no sertão e é por ele exaltada. Mas é também melancólica: o sertão – tempo e espaço – tende a sucumbir ao avanço inexorável da modernidade. Mas Cascudo, ao contrário de Gilberto Freyre, não busca conciliações; apenas vira as costas à modernidade e agarra-se a um mundo idealizado.

GILBERTO FREYRE
E AS RAZÕES DO OTIMISMO

Com fragmentos tais foi que escorei minhas ruínas.
T. S. Eliot – *A terra devastada*

Gilberto Freyre nasceu no Recife em 1900, residindo nos Estados Unidos e na Europa de 1918 a 1924. Promoveu em 1926, no Recife, o 1º Congresso Brasileiro de Regionalismo e tornou-se, no ano seguinte, oficial de gabinete do novo governador de Pernambuco. Realizou, em meio a dificuldades financeiras, as pesquisas que levariam à publicação de *Casa-grande & senzala*, livro que o tornaria famoso. Iniciou, em 1935, curso de Sociologia na Faculdade de Direito do Recife, mas nunca seguiu carreira acadêmica regular. Foi eleito deputado federal pela UDN em 1946, mas também não permaneceu na atividade política. Foi, em suas próprias palavras, acima de tudo um escritor. Freyre faleceu em 1987.

Questões de método

Para compreendermos o pensamento de Gilberto Freyre e como o debate sobre modernidade e identidade nacional nele se articula, iniciaremos com uma breve análise de seu método, e uma boa maneira de fazermos isso é partimos de uma de suas questões básicas, qual seja, a relação entre arte e ciência que está no âmago do método freyreano. Expressão literária e conhecimento científico, para Freyre, não se excluem, e ele é, assim como Euclides, literato e cientista; assim, pelo menos, ele se vê. Dessa forma, "se alguém acrescenta ao seu conhecimento da antropologia ou às suas análises da história ou de sociologia um poder literário de expressão, então terá conseguido combinação ideal" (FREYRE, 1962c, p. 101). Evidentemente, aqui ele está falando, justificadamente ou não, de si próprio e, fazendo isso, está vinculando-se a uma tradição à qual Cascudo e Romero pertencem igualmente e para a qual expressão literária e análise científica não surgem como excludentes.

Ao recusar qualquer distinção rígida entre ciência e arte ele filia-se, por outro lado, a uma tradição cujas origens são ainda mais remotas e que, segundo Peter Gay (1990, p. 167), remonta a Gibbon e Burckardt:

> Da perspectiva destes historiadores, e, em verdade, do ponto de vista da profissão histórica moderna em geral, a arte e a ciência não se separam nitidamente; dividem uma longa fronteira cheia de meandros, que é atravessada pelo trânsito erudito e literário sem grandes impedimentos nem muitas formalidades.

Nessa tradição, arte e ciência não são dissociáveis, e esse é um fundamento do método de Freyre. Para ele, não são apenas os diferentes sentidos do Homem que se inter-relacionam, tornando difícil separar de modo absoluto os diferentes aspectos do conhecimento: também são inseparáveis as relações desses sentidos com quanto seja suscetível de experiência pelo homem (FREYRE, 1962c, p. xxi). As diferentes formas de conhecimento – científicas e estéticas – devem imbricar-se para dar conta da intrincada multiplicidade que configura a experiência humana, ao invés de seguirem rumos paralelos ou opostos, e essa junção é uma constante em sua obra, sendo um processo que deve ocorrer em mão dupla: a literatura também não pode prescindir do estudo da sociedade, não pode realizar-se num espaço sobrenaturalmente estético ou puramente literário (p. 114).

Essa aproximação com a literatura faz com que Freyre não recuse a classificação de crítico literário, e ele cita diversos críticos que o consideram quase "de casa", apesar da má vontade de outros (p. 203). E essa valorização do conhecimento literário como recurso indispensável para a compreensão de uma dada sociedade casa-se perfeitamente com o caráter ensaístico da obra do autor e confere, mesmo, um aspecto literário à esta. Mas, se por um lado, o aspecto literário e ensaístico da obra de Freyre confere ao texto inegável prazer de leitura e termina por granjear-lhe uma divulgação rara em textos que se pretendem científicos e não apenas de divulgação por outro lado, colocou-o no centro de avaliações divergentes, com a primeira enaltecendo seu valor literário e a segunda criticando seu caráter ensaístico.

Tomo como representantes de ambas as perspectivas as críticas de Oswald de Andrade e Florestan Fernandes. Para Oswald (1974, p. 140 e 141),

> se há ainda alguma coisa que salva este país, é a literatura. E a obra prima de Gilberto transcende da sociologia e da crítica para explender nisso que se pode moderna e realmente chamar de literatura... Em todos os sentidos é um grande livro. É um livro que marca a nacionalidade, um livro totêmico e raro.

A obra de Freyre derivaria seu valor, portanto, não apenas de seu caráter científico ou sociológico, mas exatamente por transcender essa condição e ganhar *status* literário. Fosse apenas uma obra sociológica, segundo Oswald, seria um livro entre tantos, jamais um livro "totêmico". *Casa-grande & senzala*, nessa perspectiva, foi salvo pela literatura.

Já Florestan parte de uma perspectiva oposta. Utilizando trechos de *Casa-grande & senzala* nos quais Freyre analisa a relação entre o índio e o homem branco e citando especificamente duas expressões freyreanas, quais sejam "reação vegetal do índio ao branco" e "o açúcar matou o índio", Florestan define-as como duas idéias formadas por vias tipicamente intuitivas. Esquematicamente, são "duas fórmulas brilhantes e cada uma contém a sua parcela de verdade" (FERNANDES, 1975, p. 128). Aqui, o que conferia valor literário ao texto segundo Oswald torna-se mera intuição capaz de alcançar parcelas de verdade e de ser, eventualmente, brilhante, mas não é, segundo Florestan, um método sociológico: não segue padrões científicos e é incapaz de fornecer uma visão abrangente da realidade social.

O que para um sociólogo como Florestan é adoção indispensável de padrões científicos, para Freyre é especialização esterilizante, e este, descrevendo-se como representante de uma metodologia histórica cujos representantes são acusados, segundo ele, de ensaístas, literatos ou cientistas desgarrados de suas especialidades, defende-se: é esta nova história, ou seja, a metodologia histórica à qual ele se filia que vem destacando tudo que se relaciona com os esforços, os trabalhos, as crenças, as artes "dos homens e dos grupos de homens que formaram o Brasil" (FREYRE, 1940, p. 85).

A interdisciplinaridade proposta e seguida por Freyre deu à sua obra considerável flexibilidade. Ele nunca adotou uma teoria como referencial, nunca se manteve preso a uma metodologia específica, nunca se limitou a determinados tipos de fontes. Como ressalta Burke (1997, p. 8), "ele foi uma espécie de esponja intelectual que podia sugar com grande facilidade tanto as idéias como a informação a partir de uma multiplicidade de fontes. Seu problema era conceber um sistema de referência para todas essas idéias". Mas não seria exatamente o caráter assistemático que teria conferido maior riqueza à sua obra?

E esta busca da interdisciplinaridade que o faz aproximar-se da literatura norteia toda a obra de Freyre. Para ele "não há ciência mais dependente de outras ciências que a sociologia" (FREYRE, 1967, v. I, p. 57). Tal dependência faz com que ele tome empréstimos indistintamente da literatura, da história e das ciências naturais, recusando antagonismos entre fontes e tipos de conhecimento. Faz também com que ele conceitue a sociologia de forma que o conceito não apenas seja adequado a seu método, mas o justifique. A sociologia, para Freyre, é uma "ciência anfíbia, isto é, em parte natural, em parte cultural", sem que as metades sejam antagônicas. Para ele, "o bio-social se alonga no sociocultural através de fronteiras nem sempre nítidas na vida do homem ou do grupo humano situado" (v. I, p. 18).

Sua concepção de sociologia pauta-se pelo realce de suas contradições. Como ele especifica, "ao nosso ver a Sociologia é, por excelência, um estudo de contradições. No que ela estuda se contradizem a natureza e a cultura. Ela tem de ser anfíbia ou mista para alcançar a natureza e a cultura" (v. I, p. 66). Qual, então, é o objeto de estudo da sociologia, para Freyre? É a

> Realidade social considerada em toda a sua complexidade e na sua totalidade quanto possível viva de situações e de formas em que os elementos chamados "materiais" e os "ideológicos" interpenetram-se e completam-se e, através de processos peculiares ao que é social e cultural, formam não só blocos socioculturais como combinações ou complexos sociológicos. (v. II, p. 620)

A perspectiva sociológica freyreana deriva de sua concepção do indivíduo. O sociólogo não pode restringir-se ao estudo de papéis sociais, ou seja, não pode ignorar ser o indivíduo naturalmente constituído e, conseqüentemente, portador de características naturais – sexo, raça, etc. – que o configuram, embora o ponto de vista do sociólogo seja principalmente o cultural (v. I, p. 116). É essa constituição multifacetada do indivíduo, na qual seus diversos componentes não podem ser analisados separadamente, que pede a interdisciplinaridade proposta e leva, na perspectiva freyreana, os padrões científicos de Florestan Fernandes à esterilidade.

A sociologia e a história são indissociáveis na obra da Freyre. O passado, para ele, não é passado: configura e constitui o presente e o futuro; está aqui, estará acolá. O passado deixa suas marcas no corpo, na consciência e no inconsciente. Tomo como exemplo os reflexos da ocupação holandesa: "As marcas que a ocupação holandesa do Norte deixou no Brasil são das que dificilmente desaparecem não só do corpo como da consciência – e do inconsciente – de um povo" (1987b, p. 14).

E seu método está a serviço de objetivos que nortearam toda a construção de sua obra. Ao saudar, por exemplo, o lançamento, pela José Olympio, da coleção *Documentos Brasileiros*, Freyre (1936) lamenta que "os diários de viagens, as correspondências particulares, os simples 'livros de assento' têm feito e continuam a fazer uma falta enorme aos que procuram conhecer o passado brasileiro na sua maior intimidade". No mesmo trecho, Freyre articula o objetivo fundamental de sua obra e os instrumentos a ser utilizados e manuseados para alcançá-lo; define e defende a utilização de um método historiográfico inovador na medida em que utiliza uma documentação igualmente inovadora no contexto cultural de sua época. Para Freyre, o conhecimento sociológico é indispensável para a história, já que "o estudo histórico-social dos fatos sob critério sociológico é que indica que os processos e as formas de competição ou de conflito, de acomodação, de subordinação, de diferenciação, etc., são funcionalmente os mesmos" (1967, v. I, p. 224).

O conhecimento sociológico necessita do conhecimento histórico, e vice-versa, e este implica em pesquisas primárias, ou seja, no levantamento de fontes e documentos específicos do período a ser estudado. Diários e memórias são definidos como "material ótimo para a análise e a interpretação do caráter de um povo ou da fisionomia de uma época" (1941) por quem muito os utilizou nesse sentido. Afinal, a cultura oral materializa-se nessas fontes, e o método freyreano a privilegia (boa parte de *Ordem e progresso* – o volume que fecha a trilogia iniciada com *Casa-grande & senzala* – é construída por depoimentos orais).

São estas fontes primárias, como o *Livro de assentos* de Félix Cavalcanti que permitem captar a "formação de 'constantes' ou regularidades da vida e do caráter brasileiro" (FREYRE, 1940, p. 45), o que é, afinal, objetivo central de toda a obra do autor. Ao mesmo tempo, essa busca de constantes e regularidades levará à defesa do que Freyre chama de sociologia genética, a par de seu elogio da sociologia histórica: "ao sociólogo geral, a Sociologia histórica permite pelo menos isto, de previsão: sabermos ao certo o que não vai repetir-se e, aproximadamente, o que pode repetir-se" (1967, v. II, p. 532).

O Freyre sociólogo é, portanto, inseparável do Freyre historiador, de tal forma que a compreensão de um leva à compreensão do outro. O conhecimento sociológico é indispensável para o conhecimento histórico, com o historiador devendo visar à compreensão das realidades sociais que configuram o passado não apenas pela análise factual, e sim por sua gênese social; a sociologia genética é também um método histórico e assim deve ser compreendida.

O método freyreano é involuntariamente exposto por ele logo no prefácio à primeira edição de *Casa-grande & senzala* (1978, p. lv) quando, narrando uma estadia sua em Lisboa, afirma que "pudera familiriarizar-me, em alguns meses de lazer, com a Biblioteca Nacional, com as coleções do Museu Etnológico, com sabores novos de vinho-do-porto, de bacalhau, de doces-de-freiras". Nenhuma hierarquia é estabelecida entre o conhecimento obtido na biblioteca e no museu e o conhecimento culinário (podendo ser substituído pelo conhecimento acerca de outros aspectos do cotidiano): são igualmente válidos e importantes, aqui e no decorrer de sua obra.

Fazer sociologia, portanto, é identificar regularidades que normatizam nosso comportamento enquanto agentes sociais, mas essa identificação pressupõe um trabalho de reconstituição preso ao cotidiano histórico. Busca-se uma reconstituição

> através de elementos desprezados pela História que só se ocupa do grandioso e do heróico e quase só presta atenção ao documento ilustre, ao registro literário, à crônica oficial ou de religião dominante. Até data recente, aqueles elementos menos ilustres andaram um tanto desprezados no Brasil; mas agora vão sendo utilizados pelos novos pesquisadores. (1940, p. 71)

Por novos pesquisadores, leia-se, é claro, Gilberto Freyre. Temos aqui uma evidente sintonia entre o método freyreano e o trabalho que seria desenvolvido pelos historiadores do *Annalles*, e um dos seus principais representantes não se furta a reconhecer a importância do autor (BRAUDEL, 1982, p. 118). Braudel aproxima o método freyreano de seu próprio método, na medida em que Freyre opera sem cisuras com base em temporalidades diferentes: "o milagre decisivo é ter sabido misturar uma narração histórica exata, atenta, com uma sociologia de uma finura sem defeitos, o tempo frenético dos acontecimentos com o tempo semi-adormentado das realidades sociais" (2000, p. 14). Ao mesmo tempo, a atualidade do método freyreano é implicitamente reconhecida pela sociologia francesa contemporânea, a julgarmos pelas seguintes palavras, que parecem descreve-lo e justificá-lo:

> Trata-se, portanto, de reconciliar a cultura e a vida, recolocando as práticas culturais cotidianas em seu contexto técnico, econômico, social, isto é, no espaço onde são utilizadas. Desde os anos 60 até aos anos 80, o interesse transferiu-se definitivamente da cultura de massas para a "cultura no plural". (VALANDE, 1995, p. 503)

Se certa primazia do autor em termos contemporâneos é, nesse sentido, patente, isso não exclui o fato de Freyre ressaltar a especificidade de seu método em relação à produção cultural européia; especificidade que derivaria das próprias peculiaridades da formação nacional, o que o leva a declarar:

> E fique logo nítido o seguinte: para nós, brasileiros, a história social não pode ser o mesmo que para os povos europeus: um registro quase exclusivo dos aspectos da vida civilizada. Entre nós, a história social terá que recolher em suas paginas o mais profundo da contribuição ameríndia ou africana ao desenvolvimento brasileiro, suas interpretações terão que basear-se sobre o facto de no passado basileiro – mesmo no mais próximo – interpenetrarem-se os dois elementos: o acessível ao estudo pelo documento escrito e o só acessivel por outras tecnicas: a da historia cultural, a da antropologia, a da psicologia, a do folclore. (FREYRE, 1940, p. 73-74)

A busca dessa especificidade leva Freyre (1964a) a postular a criação de uma ciência especial e a justificá-la:

> Uma civilização lusotropical já bastante complexa para exigir dos estudiosos de ecologia tropical e antropologia das miscigenações que a estudem através de uma ciência especial – essa ciência especial seria a lusotropicologia, dentro de uma mais ampla e igualmente necessária hispanotropicologia.

A opção metodológica freyreana reflete-se finalmente em sua linguagem; colada ao cotidiano, reeditando suas expressões, recusando um jargão acadêmico até então infenso ao objeto de estudo por ele adotado. O estilo de Freyre é claro, coloquial, acessível e avesso a termos técnicos. Esta é, de fato, sua linguagem ideal, se levarmos em conta a seguinte recomendação, feita por ele próprio em uma palestra para estudantes:

> Escrevendo-se e falando-se com o máximo possível de simplicidade e o mínimo de terminologia arrevesada, ganha-se o contato com aquelas inteligências fora da nossa especialidade que ficariam sem nos compreender as idéias, por não entenderem as palavras. (1943c)

A recusa em ser técnico ele manteve ao longo de sua obra, ao mesmo tempo em que manteve ambíguo seu relacionamento com a academia. Chegamos aqui a um ponto central de seu método: ponto que se refere ao aspecto científico e sociológico de sua obra e o questiona. E lembro, como ponto de partida para discussão deste tópico que, se Freyre jamais aceitou qualquer questionamento quanto ao primeiro aspecto, fez questão de manter o segundo em suspenso e em permanente debate; não por acaso um de seus livros se chama *Como e porque sou e não sou sociólogo*. E foi uma recusa estratégica, uma tentativa de alhear-se de cobranças técnicas e metodológicas incompatíveis com a linha de trabalho por ele adotada. Segundo Cândido (1962a, p. 120), "apesar do caráter especializado da sua obra de base, do rigor de investigação com que a construiu, nota-se nela da primeira à última linha, quase um pavor de parecer academicamente técnico".

Escrevendo sobre sua "pretensão" ao escrever um livro sobre a sociologia, Freyre busca esclarecer e analisar seu relacionamento com a academia e com a própria ciência. É normal, não sendo ele nem professor nem acadêmico, que o livro "não seja rigorosamente didático nem ortodoxamente acadêmico", o que, reconhece ele, é uma deficiência. Mas, após reconhecê-la, ele lembra: "mas é possível que seja, às vezes, compensada por pontos de vista libertos de compromissos ou responsabilidades didáticas; e também por um contato mais livre com a vida extra-acadêmica" (FREYRE, 1967, v. II, p. 98). Não nos deixemos enganar pela falsa modéstia: esse contato mais livre é o que ele define como seu pioneirismo na busca de fontes até então esquecidas e na construção de novas metodologias por meio das quais ele se postula livre de qualquer especialização e ortodoxia e superior a elas.

Devemos considerar aqui a questão do pioneirismo e da especialização. Pioneiro Freyre sempre se considerou, e ele assim se reivindica. Assim como Romero, ele está sempre atento quando se trata de defender o pioneirismo e a originalidade de sua contribuição à cultura brasileira, bem como o pioneirismo da contribuição pernambucana como um todo. Em relação a sociólogos preocupados com o estudo da questão racial, como Costa Pinto e Guerreiro Ramos e em relação à sociologia paulista, Freyre salienta, nos anos 1950, a primazia dos estudos sociológicos elaborados na primeira cadeira de Sociologia estabelecida no Brasil, na Escola Normal de Recife, em 1928 (MAIO, 1999,

p. 127). E, ele define, com a falsa modéstia que lhe é peculiar, seu pioneirismo nessa e em outras áreas:

> Desajeitadamente, é verdade, já procuramos abrir sobre matéria brasileira, em alguns trechos virgem, os primeiros sulcos indecisos de análise e de interpretação antropossociologica e sócio-psicológica; e por meio desse esforço, desajeitado mas afoito, antecipamo-nos em praticar a Sociologia de que agora procuramos recortar o perfil de ciência teórica. (FREYRE, 1967, v. I, p. 81)

Freyre, o antiespecialista por excelência, busca reforços para seu time e cita Marx e Comte como exemplos de autores que derivam sua importância do horror a qualquer especialização (v. II, p. 608). Aqui reside, contudo, tanto o ponto forte de sua metodologia quanto seu calcanhar-de-aquiles. Tomo como exemplo um entre os inúmeros trechos nos quais o autor busca identificar e analisar um fator determinante de relações socioculturais: o clima. De que forma ele influenciou na formação da identidade nacional? O clima nos levou, segundo Freyre, assim como o sistema social e econômico de nossa formação, à "pegajenta luxúria e à precoce voluptuosidade que nos caracteriza, oriundas elas do ar mole, grosso, morno, que cedo nos parece predispor aos chamegos do amor e ao mesmo tempo nos afastar de todo esforço persistente" (1978, p. 320).

O método utilizado por Freyre oscila, muitas vezes, entre o ensaísmo de fundo literário e a análise sociológica que ele mesmo, mais tarde, filiaria à sociologia histórica. O que temos aqui, contudo, é um exemplo de ensaísmo de gosto duvidoso, muito presente em sua obra e de absoluta incapacidade de comprovação empírica: determinismo sem qualquer base em dados.

O ensaísmo presente na obra de Freyre revela ainda um claro viés antipositivista, que fica evidente, por exemplo, quando busca definir a função do escritor. Freyre (1939a) critica o romancista que se limita a fazer "a pura descrição do fato, a pura fixação do exterior dos fatos". É uma declaração de princípios, e, antipositivista por excelência e trabalhando com base em valores bem definidos, o método histórico freyreano não é apenas valorativo, é também sentimental. Para ele, "não há compreensão inteira de qualquer desses tempos e de qualquer aspecto da realidade que eles formam, interpenetrando-se, se falta um pouco de amor ao passado ao analista que tente compreendê-los ou interpretá-los" (1965).

Freyre utiliza o termo "fenômenos sociais totais" para negar preponderância a determinismos sobre a evolução de qualquer comunidade humana. Dessa forma, tanto o aspecto social quanto o cultural compreendem o econômico, ao contrário de ser por ele determinados, e a escravidão, por exemplo, mais que instituição e sistema econômico foi o costume, a música, o ambiente e o ar sociologicamente respirado (1964b, p. 59-76). Surge então a pergunta: entre os determinismos que se acumulam em sua obra, quais devem preponderar na análise científica? Freyre reconhece a preponderância dos fatores cultural e psicológico sobre o "sistema econômico de trabalho e sociológico, de relações entre raças e classes" (1967, v. I, p. 265). Temos, assim, o conceito de identidade embasado em constantes psico-culturais a determinar o desenvolvimento econômico, político e social de uma nação. É a cultura, e mais que isso, a preservação da identidade cultural que determina e possibilita o desenvolvimento nacional em seus diversos aspectos.

Multiplicam-se, de qualquer forma, os determinismos. Em relação ao clima, por exemplo, temos que

> é impossível negar-se a influência que exerce na formação e no desenvolvimento das sociedades, senão direta, pelos efeitos imediatos sobre o homem, indireta pela sua relação com a produtividade da terra, com as fontes de nutrição, e com os recursos de exploração econômicas acessíveis ao povoador. (1978, p. 13)

Freyre trabalha permanentemente com os mais diversos fatores que determinam a realidade com a qual eles interagem e fazendo isso, termina por evitar a predominância absoluta de qualquer um desses fatores.

De todos os determinismos com os quais Freyre trabalha, nenhum foi tão debatido, inclusive por ele próprio, como o racial. O conceito de raça é ancilar em seu método, mas, como lembra Ricardo Araújo (1994, p. 38), ele utiliza-o como se não quisesse se comprometer com seu sentido usual. E preocupa-se em buscar precursores para seu elogio da miscigenação, destacando, entre outros, Roquette Pinto:

> Foi o primeiro, entre nós, a distinguir com nitidez de espírito crítico e segurança de saber científico o "mestiço doente" do "mestiço", repelindo a idéia da patologia da miscigenação a que se afeiçoara Nina Rodrigues nos seus estudos sobre o problema do africano no Brasil. (FREYRE, 1942b)

Os estudiosos da obra do autor partem geralmente das obras clássicas escritas nos anos 1930, dando ênfase bem menor aos textos escritos a partir do anos 1960. Mas se estes textos são qualitativamente inferiores aos textos que o tornaram famoso, eles são de fundamental importância para a compreensão de seu pensamento, por ser neles que ele delineia suas esperanças em relação à modernidade: são neles que ele expressa com maior nitidez as razões de seu otimismo.

Seu otimismo está diretamente relacionado à sua apologia da mestiçagem, definida por ele como uma vantagem capaz de compensar o atraso nacional em termos de desenvolvimento tecnológico e econômico em relação a países como Estados Unidos, Canadá, Argentina e Uruguai que é, como ele afirma, melancólico. O fato de ter uma população mestiça coloca o Brasil em situação vantajosa para a entrada na sociedade marcada pela automação e pelo conseqüente aumento do tempo livre (1973, p. 228). Inverte-se a equação, e a preguiça tropical e mestiça – implicitamente reconhecida – torna-se a chave para o futuro.

Do elogio da miscigenação surge o conceito de democracia racial: pressuposto para a real democratização político-social. Tal conceito é mencionado no início dos anos 1960, quando ele define o Brasil como "uma das democracias étnicas mais avançadas de qualquer parte do mundo" (s.d., p. 143), e a existência de tal democracia é então reconhecida (1962a, p. 18). O Brasil é definido, então, como exemplo a ser seguido em termos de integração étnica e cultural: "O exemplo brasileiro é todo ele no sentido de ser possível a um moderno sistema de civilização ser uno e plural; integrativo no essencial dos seus objetivos nacionais e regional em suas expressões de cultura e de existência" (p. 190). Freyre parte deste tópico para a idéia de uma democracia racial que englobe o que ele chama de "comunidade lusotropical, ou seja", Portugal, Brasil, e as "províncias portuguesas da África e do Oriente" (p. 202). Colocados no contexto internacional, os conceitos freyreanos terminam por chancelar um projeto de nítido viés colonialista.

Esse conceito é, a partir daí, permanentemente retomado. Nos anos 1980, a miscigenação surge como sua origem e sua chancela:

> A miscigenação: uma miscigenação logo socialmente democratizante de relações sob outro aspecto reguladas por uma estrutura nitidamente hierarquizante. No jogo entre esses contrários pode-se hoje observar, sob perspectiva histórica que a miscigenação socialmente democratizante vem se constituindo em expressão característica de um modo nacional do brasileiro ser brasileiro. (1987a, p. 95)

Partindo do reconhecimento da diversidade étnica do brasileiro e recusando-se a filiá-la a qualquer noção de inferioridade racial – salientando a especificidade de sua posição perante seus antecessores –, Freyre termina por concluir com uma idéia que lhe é cara: a tendência histórica à unidade racial, sendo que, de resto, o próprio conceito de democracia racial implica a crescente formação de um tipo étnico unificado que tende a levar o negro ao desaparecimento.

Questões de método e questões raciais imbricam-se, e Freyre utiliza metodologicamente seu conceito de miscigenação. Postula, assim, a criação e utilização de "uma miscigenação metodológica tal que se revelaria criação de nova forma de abordagem; uma espécie de meta-método; e até um repúdio a métodos convencionais como métodos específicos ou puros" (1968a, p. 37). Uma metodologia freyreana por definição, ou seja, avessa a determinismos absolutos e a fronteiras rígidas; avessa a qualquer definição precisa.

Setenta anos depois – e como se estivesse buscando uma conclusão para seus próprios estudos sobre o tema – Freyre retoma a questão euclideana:

Somos uma raça? Seremos uma raça? Conclui negativamente, mas as conseqüências de tal conclusão, ao contrário do que ocorre em Euclides da Cunha, são otimistas. Não estamos desenvolvendo uma raça, e a questão não é pertinente, já que esse é um trabalho milenar. Melhor do que isso: "Estamos desenvolvendo uma meta-raça. Estamos criando um tipo nacional de brasileiro e de brasileira, que já não é racial, embora tenha ingredientes raciais... O brasileiro, o que se sente, é um tipo social: um novo tipo nacional" (1976-1980, p. 75).

A inversão operada por Freyre aqui é completa. Pereira de Queiroz (1978, p. 103) situa na obra de Sílvio Romero a preocupação que, segundo ela, orientaria, daí por diante, a obra de cientistas sociais brasileiros: "A questão da integração sociocultural de elementos díspares num mesmo conjunto sem que se ponha em perigo a harmonia do todo". É a inviabilidade desse processo de harmonização que tornam pessimistas as conclusões de Euclides, mas, ao reconhecer neste processo a característica fundamental da identidade nacional, Freyre inverte a perspectiva euclideana e abandona seu pessimismo. Isso porque, antagonismos – e toda a obra de Freyre é feita deles –, para ele, não são opostos inconciliáveis. As paralelas, em Freyre, cruzam-se o tempo todo, não apenas no infinito, e essa é, segundo ele, nossa promessa para o futuro: "somos duas metades confraternizantes que se vêm mutuamente enriquecendo de valores e experiências diversas; quando nos completarmos num todo, não será com o sacrifício de um elemento ao outro" (Freyre, 1978, p. 335).

Freyre acentua, por outro lado, a existência de "irredutíveis diferenças biológicas" não apenas em termos raciais, mas também sexuais, e conclui "que existem entre os sexos diferenças mentais de capacidade criadora e de predisposição para certas formas de atividade ou de sensibilidade, parece tão fora de dúvida quanto existirem diferenças semelhantes entre as raças" (1977, v. I., p. 106). Essas crenças fazem parte do método freyreano e não podem simplesmente ser colocadas de lado, uma vez que são fundamentais para a compreensão do método. Freyre, de fato, concede grande relevância ao fator racial, e, como elemento explicativo do processo de formação nacional, é atribuída a ele uma importância maior que o próprio autor muitas vezes chega a admitir.

A raça, para ele, é fator condicionante, mas não determinante. Lemos: "ninguém ousará negar que várias qualidades e atitudes psicológicas do homem possam ser condicionadas biologicamente pela raça". Logo depois, contudo, vem a ressalva:

> a raça dará as predisposições; condicionará as especializações de cultura humana. Mas essas especializações desenvolve-as o ambiente total – o ambiente social mais do que o puramente físico- peculiar primeiro à região ou à classe a que pertença o indivíduo. Peculiar à sua situação. (v. II, p. 657)

E assim Freyre constrói seu método: determinismos e antagonismos permanentemente em jogo com ressalvas e mediações.

Isso porque o que em Freyre aparenta ser superação é, na realidade, diferenciação. Segundo Ortiz (1984, p. 94),

> as partes são distintas mas se encontram harmonicamente unidas pelo discurso que as engloba... a senzala não representa um antagonismo à casa-gande, mas simplesmente impõe uma diferenciação que é muitas vezes complementar no quadro da sociedade global.

A mudança, para Freyre, só faz sentido e tem validade quando retoma as práticas do passado; articula-se com ele. Com isso, o que foi aparentemente superado ressurge, já que não há superação real, condicionando o presente e projetando-se sobre o futuro. Ganha consistência a idéia de identidade.

Freyre pensa por meio de antagonismos, mas sempre tendo em mente uma unidade que os englobe e os resolva, com o pólo positivo agindo no sentido de atenuar ou eliminar os efeitos nefastos do pólo negativo, em um processo demarcado com precisão por Costa Lima (1989, p. 219): "Pobres mas fraternos, formados pelo patriarcalismo mas democráticos, adeptos de uma religião que obriga a monogamia mas clandestinamente polígamos". E é valendo-se dessa diretriz que ele busca explicar a realidade brasileira. A idéia de uma unidade a superar antagonismos está presente, por exemplo, em um texto dos anos 1940. Segundo ele, "em países da tradição democrática do Brasil, povo e nação, povo e raça, povo e gente de trabalho, povo e exército, se confundem de tal modo que não é possível separar um do outro senão fazendo sangrar o todo" (FREYRE, 1949, p. 37).

O método freyreano busca ser, ao mesmo tempo, totalizante e regionalizante, com o regionalismo funcionando no contexto de dualidades que ele mesmo se apressa em definir: "regionalismo e cosmopolitismo; provincianismo e universalismo; continentalismo e oceanismo" (1944). E, segundo ele,

> a análise que se pretende é complexa: da totalidade regional. Não particularmente geográfica, porém também antropológica, econômica, política e sociológica. Não só as formas como a substância da vida regional de tal forma grudada às formas que sem elas as mesmas se desmancham ou se desfazem em pó. (1967, v. II, p. 440)

E por fim, se antagonismos só podem ser compreendidos por um processo de interação gerador de uma unidade que termina por abrangê-los, essa unidade, por sua vez, só pode ser compreendida pelos antagonismos que a formatam.

Influências, rupturas, continuidades

Os anos 1930 viveram a criação dos cursos de Sociologia e a sua consolidação como disciplina acadêmica. Nesse contexto, Freyre representa, ao mesmo tempo, a continuidade e a mudança. De fato, ele faz a ponte entre o universo de um polígrafo como Sílvio Romero e o universo da especialização acadêmica. Autor sempre cioso de seus títulos acadêmicos, ele tem em comum com Romero, por exemplo, o caráter multifacetado, deliberadamente não-especializado e assistemático de sua obra.

Tal recusa à sistematização deriva do que ele chamou de recusa ao especialismo, que foi objeto de crítica constante desde o início de sua obra até um texto publicado em 1980, no qual ele descreve "um especialismo capaz de mecanizar-se numa aquisição mais quantitativa do que qualitativa de saber especializado, à revelia de seu contexto e permitindo ao Ph.d ser um indivíduo por vezes quase de todo ignorante desse contexto" (FREYRE, 1980a, p. 307).

Ângela de Castro Gomes (2001, p. 32) define três etapas no processo de recepção às obras de Freyre: uma etapa que engloba os anos 1930-1940, quando sua obra "se transforma na elaboração intelectual mais bem acabada das origens sociológicas da harmonia racial existente no Brasil". A segunda etapa, a dos anos 1950-1960, quando tal recepção passa a ser crítica por causa das posições políticas e intelectuais do autor – sendo que a crítica ao autor no período pode ser sintetizada por uma observação de Octavio Ianni (1972, p. 243) que define o mito da democracia racial como "uma expressão ideológica em uma sociedade que não deixa nem pode deixar avançar a democracia". A terceira etapa, que se inicia nos anos 1980, quando ela passa a ser revalorizada como precursora de uma nova história social.

Já em relação à própria obra de Freyre é possível aceitarmos como válida a periodização proposta por Manuel Correia de Andrade (1998, p. 40), que define uma primeira fase que vai de 1917 a 1930, baseada na defesa do regionalismo e no estudo da vida social brasileira; uma segunda que abarca os anos 1930 e 1940, quando ele se dedica a estudar a formação da sociedade patriarcal brasileira; uma terceira que abarca as décadas de 1950 e 1960, quando ele postula a existência de uma comunidade luso-brasileira e propõe-se a estudá-la, e uma quarta, quando a modernidade torna-se tema central.

Nesse percurso a influência de *Casa-grande & senzala* foi tão ampla e intensa que chegou a passar desapercebida. Como salienta Alberto da Costa e Silva (2000, p. 26), "algumas décadas depois, talvez fosse difícil perceber a revolução que representou *Casa-grande & senzala*. Isto porque muitas de suas idéias e do vocabulário em que eram expressas se incorporaram ao dia-a-dia brasileiro". E, da mesma forma, Evaldo Cabral de Mello (2002, p. 262) acentua: "Outra maneira de aferir a influência da obra gilbertiana é mediante sua contribuição para o estoque de idéias que hoje, acertadamente ou não, dominam a cultura nacional". Freyre é um autor com quem dialoga mesmo quem o desconhece.

Já o caráter inovador de *Sobrados e mucambos* passou muitas vezes desapercebido perante a influência avassaladora de *Casa-grande & senzala*, e não foi – coisa rara – destacado com a devida ênfase nem pelo próprio Freyre. Mas temos nele, como acentua Alencastro (1998, p. 7), um "livro fundador do estudo da vida privada no Brasil e ensaio pioneiro na bibliografia internacional sobre o assunto".

Para pensarmos o impacto e a novidade que a obra de Freyre representou nos anos 30 é preciso pensá-la, ainda, em contraponto ao pensamento dominante. Estudando-o em relação a obra de Oliveira Vianna, Davidoff (1982, p. 31) afirma: "Gilberto Freyre foi saudado como o anti Oliveira Vianna, como um escritor moderno, atual, que, com um novo instrumental teórico, culturalista, vinha lançar luzes no terreno ideológico dos deterministas". Mas uma novidade que é também continuidade. Um antagonismo fundamental da obra de Freyre é o que se dá entre continuidade e ruptura. Ele, ao privilegiar o conceito de cultura, rompe com o discurso racial oriundo do século XIX, mas, ao mesmo tempo, mantém como fundamento de seu discurso o conceito de raça e, com isso, recusa-se a perder a ligação com o discurso aparentemente abandonado.

Por outro lado, transformando a miscigenação e a questão racial de solução em problemas e fazendo o elogio do patriarcalismo e da colonização portuguesa, Freyre traça um retrato do País – de seu passado, de seu presente, de suas perspectivas futuras – bem diverso do pessimismo até então imperante. Valorizando a colonização portuguesa e a herança racial brasileira, Freyre enaltece o passado nacional. Este não é mais apenas um período marcado pelo atraso e pela nefasta dominação lusitana, como temos a impressão ao lermos autores anteriores (i.e. Manoel Bonfim) e contemporâneos a Gilberto Freyre (i.e. Caio Prado Júnior): é uma herança a ser valorizada e recuperada. A formação étnica do brasileiro não é mais apenas um óbice no caminho do branqueamento: é um valor cultural a ser preservado justamente desse branqueamento.

A cultura brasileira deve, assim, tomar seu passado como base: assumi-lo sem subterfúgios e o que Freyre propõe é, precisamente, um resgate sem constrangimentos do passado. Com isso, o autor cria uma interpretação do Brasil marcadamente otimista e autoconfiante, ou seja, uma interpretação na qual o Brasil posterior à Revolução de Trinta poderia mirar-se, enfim, sem sustos e sem complexos.

Tal interpretação gera intermináveis polêmicas mas, no meio delas, Freyre nunca responde a nenhuma crítica em particular, limitando-se a desqualificar seus críticos de forma genérica, taxando-os ora de vítimas do academicismo, ora de marxistas, ora de sectários e, freqüentemente, combinando as críticas. Mantém um evidente ressentimento em relação ao que considera o silêncio feito no Brasil sobre sua obra, especialmente a partir dos anos 1960, e procura compensá-lo com a menção estridente, permanente, de suas láureas internacionais. É extremamente cioso de seu pioneirismo e menciona-o a qualquer pretexto. Por não ser um acadêmico, sente-se alijado da academia e denuncia um pacto de silêncio feito sobre sua obra. Busca refúgio, então, em revistas não-acadêmicas e próximas de certa cultura oficial, como a *Revista Brasileira de Cultura*, publicação do Conselho Federal de Cultura, e defende-se com o auxílio de autores igualmente conservadores como Nelson Rodrigues (1995, p. 142), que brada quando o autor faz 70 anos: "Não é a primeira vez, nem será a última, que falo de Gilberto Freire e do seu exílio. Em nosso tempo, o Brasil tem sido o exílio do extraordinário artista".

Para situarmos a influência de Freyre a partir dos anos 1930 é imprescindível analisarmos sua relação com o modernismo. Isso porque sua obra não seria viável sem seu impacto – sem a valorização de certo *ethos* popular levado adiante pelo movimento e sem a tentativa de busca e consolidação da identidade nacional por ele empreendida –, mas Freyre não se relaciona diretamente com o movimento e mantém certa distância de seus representantes.

Ele não tem, por exemplo, a obra de Mário de Andrade em grande conta. Praticamente não a menciona, apesar de estudos sobre a cultura popular desempenharem papel central na obra de ambos, e *Macunaíma* é por ele descrito como um livro "carnavalescamente modernista" (FREYRE, 1968a, p. 40), o que não é propriamente um elogio. E, ainda, ao mencionar autores modernistas interessados, como ele, em estudos sobre folclore, e com os quais ele manteve contatos e afinidades, Mário é sistematicamente excluído (p. 51).

A tradição, para Mário de Andrade, configura-se como arte a ser preservada, sejam os monumentos de Ouro Preto, seja a arte popular traduzida em folclore, e seu encontro com o passado, que significou também a inflexão do modernismo rumo à revalorização da tradição deu-se, aliás, em Ouro Preto. A tradição e o passado eram vistos, até então, não apenas pelos modernistas como em movimentos culturais anteriores, como uma herança ora lusitana, ora bacharelesca; de qualquer forma, um entrave à modernidade. Com Freyre, a perspectiva se inverte, e é a modernidade que surge como uma ameaça à tradição de cuja preservação depende a identidade brasileira. Mas a valorização do passado levada adiante por Freyre é, por outro lado, herança modernista. Como acentuam Veloso e Madeira (1999, p. 142), "a atitude de mergulho no passado colonial é típica desse momento, o que revela a necessidade de seu conhecimento e reconstituição, pois até ali ele não havia sido valorizado".

Ao criar seu próprio regionalismo nos anos 1920, no Recife, Freyre (1968a, p. 61) mantém-se alheio ao modernismo e, décadas depois, define como quase insignificante a influência modernista sobre seu grupo: novamente a necessidade de reafirmar seu pioneirismo. Mas, do modernismo, Freyre – como Cascudo também o fez – herdou um conceito central em sua obra: a expressão da identidade nacional não é apenas artística nem apenas erudita, mas é, igualmente, popular. O modernismo não a exprimiu, mas os cozinheiros a exprimem. Segundo ele, "pode-se dizer que o temperamento brasileiro se revela mais artisticamente no tempero das comidas patriarcais e de rua que na poesia, em geral destemperada e só de escândalo, dos 'modernistas' e 'universalistas'" (p. 205).

A defesa que Freyre faz da preservação dos valores regionais vai além do pitoresco ou do meramente folclórico. É uma defesa feita na contramão, por meio da valorização do que era visto, até então, como símbolos da miséria e do atraso, tais como o mocambo e os becos recifenses.

Se recusa a influência modernista, Freyre, por outro lado, aponta em *Os sertões* qualidades que ele não se cansa de ressaltar, indiretamente, em sua própria obra:

> *Os sertões* foi talvez o livro brasileiro da época a oferecer aos europeus, através de virtudes literárias de estilo superiores aos defeitos, a revelação de um Brasil tropical e agreste que, tendo em seus homens alguma coisa capaz de ser compreendida pelos mesmos europeus, apresentava também no corpo e na alma desses homens a marca de um ambiente, de um mistério e de um destino extra-europeus. (FREYRE, 1959b, p. 289)

Um aspecto nem sempre devidamente ressaltado na perspectiva sociológica do autor é o relevante papel público a ser desempenhado pelo sociólogo. O sociólogo não é, para ele, apenas um intelectual e, por isso, tende a sobressair-se em épocas de crise em que os homens de ação são mais necessários. Um intelectual que, na perspectiva de Freyre, desempenhou exemplarmente esse papel foi Euclides da Cunha: preocupado com seu contexto social, mergulhado nele e lutando para melhorá-lo por meio de seus ideais. Nesse sentido, Freyre (1939c) contrapõe Euclides aos "bacharéis pálidos do litoral" cujas almas foram, segundo ele, por Euclides sacolejadas.

Seu elogio a Euclides remete a outra característica de sua obra. Falando de outro autor, Freyre dá a impressão, muitas vezes, de estar falando de si próprio e elogiando, comparativamente, seu próprio método e estilo. Assim é que ele define Ortega y Gasset, elogiosamente, como especialista em um tipo de interpretação da arte, política, religião, problemas sociais; interpretações essas que se tornam complementares a partir mesmo da abordagem dessas diversas áreas (1957): certamente a maneira como o próprio Freyre se vê e gostaria de ser visto. Da mesma forma, ao escrever sobre José de Alencar, Freyre (1952, p. 30) reflete, no autor, uma imagem idealizada de si próprio: "Seu modernismo não era tanto que extinguisse nele o equilíbrio crítico e o fechasse a qualquer tradicionalismo; nem tampouco que o fizesse contentar com o burguesismo triunfante na Europa e na América Latina".

Acontece assim ao elogiar Euclides e compará-lo aos "apolíneos" Machado de Assis, Joaquim Nabuco e Graça Aranha e ao – o mais importante, a meu ver – buscar explicar seu sucesso no exterior, quando fica claro ser seu próprio sucesso o que ele está explicando. A repercussão internacional da obra de Euclides da Cunha ocorreu porque ele "esplende de tropicalismo; arde de brasileirismo" (1988, p. 22).

Freyre busca aproximar-se de Euclides, apropriar-se dele, não apenas como precursor, mas como companheiro no panorama cultural brasileiro. Um companheiro de aventura, alguém que, como ele, zarpou rumo a descoberta da identidade nacional, encontrando-a em Canudos, enquanto Freyre encontra-a nas casas-grandes. Mas essa aproximação é feita tanto pela definição de semelhanças quanto de contrastes entre o ascético Euclides e o dionisíaco Freyre: como se este pretendesse buscar afirmar sua personalidade e sua postura em relação à cultura brasileira contrastando-as com a personalidade e a postura tão diversas de Euclides.

A aproximação entre ambos os autores implica também a definição de oposições. O contraste entre civilização e barbárie visto como problema central por Euclides é reconhecido por Freyre, mas não é problematizado à maneira euclideana. Segundo Freyre (s.d., p. 109):

> Temos a fortuna de ser, os brasileiros, um povo plural em suas culturas e etnias. Dessas culturas e etnias está demonstrado, hoje, por estudos sociológicos e antropológicos, que vêm se combinando, se conciliando e se interpenetrando, sem deixarem suas substâncias básicas de sobreviver em tradições e especializações regionalmente diversas, que ainda vão do máximo de civilização européia ao máximo de primitividade agreste.

O que é visto como problema crucial por Euclides – a existência do sertanejo e da barbárie em um país que se moderniza –, em Freyre é apenas um aspecto a mais da diversidade que é nossa fortuna; contraste largamente ressaltado pelo próprio Freyre.

Euclides é visionário e profético – daí, talvez, sua empatia inegável com o profeta Conselheiro –; Freyre, lírico. Euclides busca adequar-se ao positivismo cientificista vigente em sua época; Freyre herda a liberdade erigida em princípio pelos modernistas; Euclides busca o futuro de um país que confronta seu passado em Canudos, ao mesmo tempo em que antevê, ali, a chave de seu futuro; Freyre desvenda o passado com base em suas origens patriarcais, confundindo-o com suas próprias origens de filho da elite pernambucana. Não por acaso, acentua Moutinho (1987) após traçar essas antinomias, Freyre tomou como ponto de partida para a elaboração de *Casa-grande & senzala* uma *História da vida de um menino no Brasil* pensada nos anos 1920 e nunca escrita ou, quem sabe, escrita com outro nome. Daí, como conclui Moutinho (1987, p. 199-204), *Casa-grande & senzala* ser considerado pelo próprio Freyre um livro autobiográfico.

E Freyre reconhece o personalismo de seu método e defende-o contra seus críticos, que o consideram "um personalismo que, segundo eles, se extrema por vezes em um autobiografismo intolerável em obras que pretendem ser em parte de ciência: ciência do homem". Ele defende-se, além de, mais uma vez, invocar seu pioneirismo e aproveita para citar suas influências:

> Métodos precisamente islâmicos de evocação do passado aos quais procurei juntar o moderno método autobiográfico empregado em antropologia social e em história cultural além de ser uma continuação,

ou antes, renovação ou intensificação de método tradicionalmente hispânico, realizada por brasileiro irredutível na sua fidelidade às origens ibéricas da sua cultura. (FREYRE, 1959c)

Modernidade e desequilíbrio

A obra de Gilberto Freyre é, toda ela, relacional, composta de diálogos e interações entre autores diversos. Uma obra avessa a atores isolados e a monólogos, composta por antagonismos em interação e equilíbrio. Baseada ao mesmo tempo na pluralidade e na hegemonia, que se desenvolve não a partir do conflito, mas de idílica confraternização: "Cultura formada pela confraternização de raças, de povos, de valores morais e materiais diversos, sob o domínio de Portugal e a direção do cristianismo" (1940, p. 68). Essa perspectiva o faz ser um otimista em relação à cultura brasileira e à sua capacidade de manter-se íntegra e original. Diferentemente de Euclides e Romero, Freyre encara a absorção de elementos estrangeiros de forma positiva. Para ele, "o Brasil talvez seja uma China tropical pelo seu poder de absorção de elementos exóticos" (1971c, p. 31).

Antagonismos em equilíbrio são elementos nodais do método freyreano, que toma como base a negação de diferenças ou, pelo menos, de sua irredutibilidade. De fato, diferença alguma, para Freyre, é irredutível, e seu método age sempre no sentido de evitar que elas se transformem em contradições insanáveis, o que ajuda a explicar sua postura reticente perante a modernidade. O antagonismo entre a casa e a rua fundamenta a modernização, que já estava implícita em uma contradição anterior entre o engenho e a natureza. A diferença é que as relações sociais no interior do engenho eram marcadas pela contigüidade, o que não mais ocorre. E a adoção de padrões modernos de comportamentos implicaria, ainda, a perda da identidade nacional, uma vez que, por ser basicamente voltados para a busca do lucro e da eficiência, eles levariam à perda da capacidade de conciliação, o que equivaleria ao desaparecimento da promessa e da vocação intrínseca à sociedade brasileira.

O método freyreano ajuda-nos a compreender seu conceito de modernidade. Isso porque elemento nenhum, em Freyre, atua isoladamente. Seu pensamento é sistêmico e busca aproximar papéis e atores sociais aparentemente díspares, mostrando como são próximos e interdependentes em um sistema cuja harmonia depende exatamente dessa proximidade. A modernidade, para ele, consiste no rompimento dessa interdependência sistêmica, daí seus efeitos serem deplorados ao longo de sua obra, ao contrário, por exemplo, de Sérgio Buarque de Holanda, que vê, no advento da modernidade, a única perspectiva de democratização.

É fundamental, ao analisarmos o conceito freyreano de identidade, ressaltarmos o papel atribuído por ele à influência oriental no Brasil. A importância do Oriente na formação da identidade nacional deriva do longo domínio islâmico sob o qual viveu o português, do qual deriva o ideal lusitano de beleza feminina – ideal mestiço – e a tolerância e consideração pelos mestiços. E ainda:

> A tendência para tratarem os senhores os escravos mais como se fossem agregados ou pessoas da família do que escravos. Enfim, os portugueses do Brasil conservaram muitos traços da influência moura na sua conduta ou no seu comportamento que nunca foi estritamente europeu nem estritamente cristão. (1947, p. 70)

Não foi, porém, uma influência externa, mas substancial e, principalmente, formal e hierarquizante, avivando, no Brasil, as formas senhoris e servis de convivência (1977, v. III, p. 737). Foi uma influência não-democratizante, primitiva, abalada, no século XIX, pelo processo de modernização, o que Freyre lamenta. Para ele, "sob vários aspectos, o que havia já entre nós de imitado, assimilado ou adotado do Oriente representava uma já profunda e, às vezes, saudável adaptação do homem ao trópico, que aquele 'desassombramento' rompeu ou interrompeu quase de repente" (v. III, p. 746).

A modernização europeizante da sociedade brasileira ocorrida nos princípios do século XIX rompeu o que ele chama de parentesco pelo clima e "pelo sistema de organização patriarcal de economia e de convivência entre raças". O que teve, portanto, conseqüências democratizantes muitas vezes nefastas: perdeu-se, em uma palavra, o respeito. Acentuou-se um aspecto negativo e determinante da identidade nacional que Freyre (1980b, v. II, p. 97 e 98), em texto escrito nos anos 1920, assinala ao definir o brasileiro como "horrivelmente camaradesco". O que falta a ele "é regular a sociabilidade pela cortesia; é saber conservar nas relações sociais certo pudor e certa reticência". O que o autor está fazendo aqui é antecipar a posição – crítica, afinal de contas – de Sérgio Buarque de Holanda frente ao homem cordial, além de, evidentemente, constatar sua existência.

Modernidade e identidade nacional entram em conflito a partir do momento em que esta, de acordo com o autor, teve suas raízes no complexo patriarcal delineado pela casa-grande e a senzala, complexo basicamente hierarquizante, antidemocrático e hostil aos valores urbanos. Complexo, portanto, dicotômico por natureza e fadado a ser superado pelo processo de diferenciação gerado a partir dele e contra ele. A identidade nacional não apenas foi moldada pelo complexo patriarcal, mas foi ali que ela alcançou seu apogeu. Freyre (1977, v. I, p. 315) define o século XVIII como "talvez, quanto aos costumes, o mais autônomo, o mais agreste, o mais brasileiro na história social do país". A identidade nacional então se firmou e alcançou sua maturidade; o que veio depois foi adaptação e declínio.

De fato, o engenho, para Freyre, moldou a identidade nacional e a natureza à imagem e semelhança dessa identidade (e do método freyreano): avessa a rígidos determinismos, enquanto o predomínio do sobrado sobre a casa-grande marca o advento da modernidade e o recuo da tradição, o domínio da rua sobre a casa, do público sobre o privado, domínio materializado por novidades arquitetônicas, pela varanda, ponto de contato entre a casa e rua, rótula pela qual a casa manifesta um interesse pela rua até então inexistente ou sufocado (1971a, p. 56).

Por meio do estudo do engenho seria possível compreender o Brasil. Carlos Guilherme Motta (1977, p. 58) aponta, na gênese de *Casa-grande & senzala*, um esforço de compreensão da realidade brasileira que vinha perdendo poder, e ressalta, ao mesmo tempo, a ambivalência dessa tentativa:

> À perda de força social e política corresponde uma revisão, à busca do tempo perdido. Uma volta às raízes. E, posto que o contexto é de crise, resulta o desnudamento da vida íntima da família patriarcal, a despeito do tom valorativo, em geral positivo, emprestado à ação do senhoriato colonizador, ação que se prolonga, no eixo do tempo, da Colônia até o século XX, na figura de seus sucessores, representantes das oligarquias.

Como reagir, então, perante a modernidade? Não se trata de recusá-la, e sim de promover a união entre seu advento e a tradição; fazer com que à modernidade se junte a tradição regional (Freyre, 1962c, p. 59). Freyre busca conciliar regionalismo e modernidade pelo processo de integração de opostos que define seu pensamento. Segundo ele:

> Todo o processo de integração das atividades modernas, umas nas outras, é um processo de integração de atividades regionais em atividades universais, com as universais não podendo desprezar as regionais. Nem as modernas podendo desprezar as arcaicas – os arquétipos – por um lado, ou as pós-modernas, por outro lado. (1987, p. 16)

E para compreendermos a importância dessa tentativa na obra do autor é preciso fazermos um recuo cronológico. O retorno de Freyre ao Brasil em 1923, após cinco anos de estudos nos Estados Unidos, foi marcado por um desejo de integração ao País e por uma ânsia de interpretá-lo que o levariam a vivências com gente das mais diferentes camadas sociais. E delas ele guardaria recordações que carregaria como um troféu por toda a vida. Sem elas, sua obra é incompreensível. Assim, ao organizar o Congresso Regional em 1926, no Recife, ele cercou os conferencistas de dançarinos negros, cozinheiras e cartomantes, o que pode ser visto como uma inteligente atitude promocional, mas é também, sem dúvida, reflexo sincero de toda essa vivência. E já temos delineadas aqui as diretrizes que marcariam toda sua obra posterior, com sua tentativa de unir experiências estilísticas modernistas com o culto a tradições regionais.

Décadas depois temos, de um lado, o arcaico e o regional, e do outro, o pós-moderno e o universal. O que Freyre postula é uma união na qual ambos os pólos preservem suas características. Trata-se de conciliar a máquina com a tradição, já que

> o progresso pela mecanização, nós todos sabemos que nos é indispensável. Mas nenhum de nós deve esquecer que semelhante mecanização é muitas vezes destruidora do que há de melhor na tradição, no caráter, na personalidade de um povo ou de uma região. (1968d, p. 247)

Patente principalmente na etapa final de sua obra, tal união pressupõe o resgate e a valorização de técnicas e costumes populares; a revitalização do folclórico e do tradicional e sua introdução em um contexto urbano e moderno no qual a autenticidade cultural – preocupação central em Freyre (1962c, p. 110-113) – permaneça incólume, de forma a manter um caráter nacional que é definido por ele, em pleno 1985, como caracteristicamente ibérico, pré-industrial, pré-cronométrico (1985, p. 9). E ressaltando, ao mesmo tempo, o caráter dinâmico tanto de seu regionalismo quanto de seu tradicionalismo, buscando fugir à pecha de reacionário. Esses são, para ele, "conceitos ligados a possíveis ou a prováveis futuros regionais, inter-regionais, nacionais, transnacionais; e não parados em tempos e espaços fixos" (1968d, p. 43).

O ideal de modernidade postulado por Freyre carrega acentuada carga de utopismo e é simbolizado pela insistente utilização do conceito de rurbanismo, onde ele visualiza situações mistas (como quase tudo em sua obra) e as define:

> Rurbanas, por exemplo: mistas de urbanas e rurais. Mistas de agrárias e industriais. Mistas de pastoris e urbanas. Misto de sociedades lideradas tanto por homens de ação como por homens de pensamento e até – pode-se acrescentar – por poetas no sentido alemão de criativos. (1988, p. 57)

Contudo, a dualidade estabelecida entre tradição e modernidade não se define em um esquema no qual o bem defende-se contra o mal. O processo de modernização gera benefícios que terminam por atuar contra o imobilismo patriarcal. No caso das ferrovias, por exemplo, Freyre (2000, p. 132) acentua o fato de elas terem "aberto o caminho para a policultura democrática e para a generalização às zonas rurais de confortos ou conveniências limitadas até então às cidades grandes ou às casas-grandes dos senhores ricos e viajados pela Corte ou pela Europa".

Mas predomina o tom de lamento em relação a Olinda, por exemplo, onde os danos causados pela modernidade se fazem presentes. Ali, "trechos enormes das matas de seus arredores tem sido devastados pela indústria de lenha e de carvão – à qual se entregaram os próprios colonos alemães que se estabeleceram nas matas de Catucá; muito passarinho tem sido morto à toa às margens do Beberibe" (1968c, p. 56). E Freyre, lembre-se, não esteve isolado em sua postura, com sua crítica à modernização do Recife encontrando respaldo em Mário de Andrade (1976, p. 264), que lembra: "Uma cidade que achei esplendidamente colorida é o Recife. Mas o Recife antigo, porque o moderno e progressista é dum brancacento de caliça detestavelmente monótono e irritante".

Não se trata, porém, de um processo restrito a Olinda e ao Recife, já que "há sempre no Brasil alguém derrubando ou querendo derrubar alguma coisa boa e velha: igreja, sobrado, mata, árvore, monte" (FREYRE, 1968b, p. 144). Já Salvador, por ter se mantido fiel às suas tradições, é considerada por Freyre uma cidade ecologicamente superior a outras que buscaram adaptar-se a modernidades postiças. Permaneceu ali a doçura e o mistério meio árabes, meio orientais das construções, na expressão freyreana (1943a, p. 110).

A modernidade no Brasil, sublinha o autor, é essencialmente predatória, especialmente em termos ecológicos, questão para a qual ele sempre esteve atento. Manifestaram-se nesse campo conseqüências desastrosas das quais Freyre (1959b, p. 211) localiza a origem, por exemplo, em relação aos rios do Nordeste: "resultado de uma criminosa política de *laissez-faire* em proveito de poucos e com sacrifício ou prejuizo de muitos". Isso porque o brasileiro é despreparado para a modernidade, indefeso perante o industrialismo e o capitalismo, o que suscita a questão que – formulada em 1923 – nortearia sua obra de uma maneira ou de outra: "A expressão entre nós do industrialismo e do capitalismo – inevitavelmente nestes próximos anos – onde nos levará, dada nossa indigência de reservas de idealismo que sirvam de corretivo à volúpia do materialismo?" (1980, v. I, p. 332)

Já a defesa da tradição, em Freyre, remete à defesa de certa temporalidade pré-moderna, lenta e desgarrada da modernidade, antes rural que urbana, que não pode ser desprezada como mero arcaísmo, e, na defesa dessa temporalidade, Freyre (s.d., p. 159) menciona Câmara Cascudo, que afirmara a ele, certo dia, "só saber 'dormir devagar'". E este é o risco para o qual ele alertaria trinta anos depois:

> Diante dos brasileiros talvez esteja se esboçando hoje o perigo de maior artificialização, de artificialização quase maciça dos alimentos em conseqüência das probabilidades de rápida e talvez desordenada industrialização da nossa vida e de sofisticação de populações até aqui rurais e semi-rurais. (1959b, p. xxxii)

Freyre (1959a, p. 188) situa no início da República o surgimento de uma ânsia em recuperar o tempo perdido, em substituir o tempo dos carros de boi pelo tempo da navegação aérea, o que transformou Santos Dumont em herói nacional. Ânsia em efetuar, portanto, a ruptura com o tempo hispânico de cuja permanência e validade, inclusive pós-moderna, ele se erige em defensor. De fato, o tempo do qual Freyre faz a apologia é o tempo hispânico, avesso à racionalidade e eficiência capitalista, um tempo mais que moderno: pós-moderno, por tornar-se novamente possível na era da automação. Um tempo lento, no qual as pessoas viveriam à maneira de Cascudo, dançando, cantando, rezando, comendo devagar, bebendo lentamente, fumando voluptuosamente charuto em vez de rápida e nervosamente cigarro ou mesmo cachimbo, deixando para amanhã preocupações na verdade adiáveis, trabalhos que de fato não precisam de ser realizados hoje. (1961b, p. 59)

Um tempo, enfim, alheio a temporalidades européias. Um tempo avesso a rigores em sua contagem e "quase só atendendo aos extremos de chuva e sol correspondentes a necessidades de alimentação" (p. 63).

Uma das utopias de Freyre é preservar essa temporalidade de eventuais perigos, como o do automóvel, que "obriga o homem da cidade moderna a andar ligeiro. E andar ligeiro é como comer depressa ou beber de um sorvo só: um prazer quase mecânico. O gosto está em andar devagarinho" (1980b, v. II, p. 325). Freyre conecta o tempo ibérico ao tempo pós-moderno, ou "supra-industrial", no qual "o problema máximo começa a ser o da organização do lazer entre as populações das áreas mais adiantadamente industriais". Cria-se uma projeção de futuro no qual "o homem pós-moderno precisará ser educado – por mais fantástico que isto ainda pareça à maioria da gente de hoje – mais para o lazer que para o trabalho" (1970c).

O posicionamento de Freyre perante a modernidade pode ser dividido em duas etapas. Dos anos 1930 aos 1950, ele busca estudar e resgatar tradições ligadas a um passado patriarcal ao qual a modernidade é hostil. A dualidade surge, embora nuançada, e o estudo do advento da modernidade – feito principalmente em *Sobrados & mucambos* – colore-se de um tom de indisfarçáveis perda e melancolia. Já a partir dos anos 1960, e de forma acentuada em *Além do apenas moderno*, ele aposta na superação de uma modernidade baseada na produtividade e na impessoalidade por uma pós-modernidade na qual o tempo não-produtivo voltará a ser valorizado e tido como determinante. O tempo no qual a identidade nacional foi formatada e cujas características refletem as características dela mesma. Um tempo para o qual o mestiço – indolente, caracteristicamente brasileiro – é mais apto que o ocidental desenvolvido, rico, adaptado ao tempo produtivo. Freyre retoma o estereótipo negativo, delineado por Romero, do mestiço e da identidade nacional a ele relacionada e o transforma em promessa. É como se ele estivesse advertindo: se suas idéias não se adaptam à modernidade, cuidado – a pós-modernidade vem aí.

E como modernidade e tradição articulam-se na obra de Freyre? Podemos responder a essa questão enfocando a importância dada por ele à culinária; um assunto que parte da necessidade de defesa e preservação de uma culinária nacional e têm importância primordial em sua obra. Ao seu estudo ele dedicou *Açúcar*, publicado em 1937 e reeditado em 1969 em versão muito aumentada, como consta na própria abertura do livro.

Freyre considera a culinária indispensável e primordial para a manutenção da identidade nacional. Por meio dela, "a nação brasileira está já fazendo sentir sua presença no mundo moderno como uma presença culturalmente ativa e esteticamente criadora e não apenas sob o aspecto de uma vasta extensão geográfica ou de uma impressionante paisagem tropical" (1969, p. 46). É, portanto, um elemento de afirmação e projeção cultural colocado ao lado da afirmação literária e musical levada a cabo, segundo ele, no século XIX (p. 221). E se já é possível falarmos de uma identidade nacional, é porque é possível também falarmos de um paladar nacional, tropical ou ecologicamente condicionado (p. 35).

Filha da casa-grande, a culinária representa o processo de interação racial idealizado pelo autor; feito de complementariedades mais que de exclusões, de aderências mais que de asperezas. Segundo Freyre, valores ameríndios e africanos foram incorporados à culinária patriarcal, e esta se formou "utilizando-se grandemente, ecologicamente, teluricamente, tais valores" (p. 30). Ela é ainda um fator tanto de identidade nacional quanto regional; ambas, ao final, indissociáveis, e ambas servindo para ligar o indivíduo ao seu passado, tanto histórico quanto pessoal, resgatado por meio de lembranças sensoriais. Para ele,

> O paladar defende no homem a sua personalidade nacional. E dentro da personalidade nacional, a regional, que prende o indivíduo de modo tão íntimo às árvores, às águas, às igrejas velhas do lugar onde ele nasceu, onde brincou menino, onde comeu os primeiros frutos e os primeiros doces, inclusive os doces e os frutos proibidos. (p. 84)

A culinária brasileira é parte central da tradição patriarcal e sofre da inadaptabilidade inerente a esta: de origens aristocráticas, é excessivamente dispendiosa, requer muito tempo e dinheiro e tende a perder viabilidade (p. 17). Simboliza, assim, o processo de transformação que Freyre retrata e lamenta. Ao mesmo tempo, contudo, que perde espaço em um mundo cada vez mais racional, a culinária retira desse anacronismo o seu valor: torna-se atemporal e recupera um passado no qual Freyre deposita os valores que lhe são mais caros. Para ele, "numa velha receita de doce ou de bolo há uma vida, uma constância, uma capacidade de vir vencendo o tempo sem vir transigindo com as modas nem capitulando, senão em pormenores, ante as inovações, que faltam às receitas de outros gêneros" (p. 42). Daí a importância de seu estudo: preservá-las é preservar o passado. E sua urgência: "Tudo isso está desaparecendo. Tornando-se mera curiosidade etnográfica" (p. 113).

A preservação do passado é colocada em risco também com a industrialização do fabrico de doces e seu barateamento – sua massificação, pois (p. 55) –, em um processo análogo à decadência da casa-grande e à ascensão da usina. A inviabilização da culinária patriarcal simboliza, assim, a inviabilidade contemporânea do próprio sistema histórico que a gerou. Essa analogia pode ser levada ainda mais longe, na medida em que a existência da culinária patriarcal – que Freyre situa na origem da culinária brasileira – foi condicionada e viabilizada pela existência da escravidão, e não se explica sem esta. Para ele, "só o grande lazer das sinhás ricas e o trabalho fácil das negras e das molecas explicam as exigências de certas receitas das antigas famílias das casas-grandes e dos sobrados; receitas quase impossíveis para os dias de hoje" (p. 76). Cria-se então uma contradição que perpassa o patriarcalismo freyreano: filha da escravidão, a culinária patriarcal, cuja manutenção Freyre reputa como fundamental para a preservação da própria identidade nacional, inviabiliza-se com o desaparecimento do sistema de espoliação que a gerou.

A tradição defendida por Freyre não é o que ele chama de tradição ligada à história oficial, e sim a tradição popular, cotidiana, usualmente abandonada pela historiografia. Quando ele critica a mudança dos nomes de ruas do Recife, tal distinção fica clara. Eles seriam

> nomes impregnados de tradição nos quais os historiadores rasteiros não vêem história por entenderem que história é só a que se refere a batalhas e governos, a heróis e patriotas, a mártires e revoluções políticas. Só o que vem impresso nos livros ou registrado nos papéis oficiais. (1970a, p. 11)

Também ao escrever um guia de Recife, ele remete continuamente a esse passado já desaparecido ou em vias de desaparecimento e transforma parcialmente o que seria um guia turístico em um inventário de tradições, que soa como um lamento. Em relação, por exemplo, às catedrais, ele constata: "Algumas tem sido demolidas para que as novas avenidas, geométricas e insolentes, não sejam obrigadas a curvar-se à tradição ou ao passado. Outras estão ainda agora ameaçadas de morte" (1968b, p. 30). Em relação à umbanda: "Xangôs, havia vários pelo velho Recife... Ainda existem alguns; mas já deformados. Em decadência" (p. 100). E em relação às cantigas dos carregadores de pianos:

> Já não se ouvem essas cantigas: os raros pianos que hoje atravessam as ruas da capital de Pernambuco, carregam-nos caminhões. E é como se carregassem ferro, madeira, cimento. Prosaicamente. Inexpressivamente. Sem outro ruído senão o das ingresias dos caminhões. (p. 165)

Prosaico e inexpressivo, em síntese, é exatamente como ele vê o advento da modernidade.

A crítica de Freyre à modernidade tem como fulcro sua crítica à usina, e se ele não se furta a ressaltar os aspectos negativos do patriarcalismo, sua condenação do usineiro e da usina é absoluta. As relações de trabalho criadas pela usina são piores, até, que as relações escravistas, o que ele ressalta comparativamente:

> Não ponho em dúvida que alguns dos oradores antiescravistas, quando já na velhice, chegaram a ver, em algumas das usinas modernas do

país, condições de trabalho piores do que as por eles conhecidas nos tempos da mocidade, em engenhos patriarcais de senhores de escravos. (1971c, p. 68)

Para ele, o sistema socioeconômico baseado na usina criou o "açúcar com A maiúsculo. Açúcar místico. Um açúcar dono dos homens, e não a serviço da gente da região. Quando muito, ao serviço de uma minoria insignificante. Mas nem isto. O usineiro é, em geral, um deformado pelo império do açúcar" (1937, p. 76). A usina rompeu os vínculos entre o dono da terra e o trabalhador, rompeu toda e qualquer relação de solidariedade, eliminou todo e qualquer lirismo na relação entre o dono da terra e a terra, gerou um sistema pouco produtivo e dependente do auxílio público, tornou cinzenta e inexpressiva uma região antes criadora de enorme diversidade cultural, degradou a natureza. Incrustando-se na civilização do açúcar, conclui Freyre, "a usina não teve força para acrescentar nada de novo a essa civilização: só tem feito diminuí-la" (p. 194).

A análise que Freyre faz do advento da modernidade perde paulatinamente em conteúdo crítico, porém, o que ganha em otimismo, sem prejuízo da permanente necessidade de manutenção de um núcleo duro de valores a serem preservados. É como se ele descobrisse, enfim, a compatibilidade entre modernidade e tradição ou tentasse adequar seu pensamento a uma modernização inevitável, antes que ela atropelasse sua própria obra. E se a análise crítica da modernidade forma um dos pólos de sua obra, o elogio da tradição forma o outro. Freyre define *Casa-grande & senzala* como "tentativa de reconstituição e de interpretação de aspectos mais íntimos do passado nacional e ao mesmo tempo de sondagem de antecedentes e principalmente de cultura da atual sociedade brasileira de formação mais profundamente agrária-patriarcal", e reclama da "incompreensão que sua posição de precursor da sociologia genética" lhe acarreta, pois *Casa-grande & sen*zala é, para ele, "antes um livro de sociologia genética do que de Historia no sentido convencional" (1938, p. 33-40).

O que ele buscou fazer, portanto, foi um percurso de volta em busca de uma tradição desaparecida. Dessa forma, se *Casa-grande & senzala* é o estudo da tradição, *Sobrados & mucambos* é o estudo do advento da modernidade e do declínio da tradição. Aqui, o mulato, junto com o bacharel, ascende ao primeiro plano, e o senhor-de-engenho acomoda-se – a contragosto – a seu novo papel de coadjuvante, assim como o negro dissolve-se no mulato. Os antagonismos geram sínteses.

O reconhecimento de afinidades entre os conhecimentos histórico e sociológico e a busca dessas constantes e regularidades são elementos que fundamentam a obra de Freyre e produzem uma série de desdobramentos. A sociologia encontra-se com a tradição configurada em padrões de comportamento, vivências e atitudes que, para ser compreendidas, necessitam ser conhecidas geneticamente, ou seja, a partir de suas origens; necessidade ainda mais premente na medida em que a modernidade torna-se um risco. Com seu advento, tudo o que pertence à tradição desvaloriza-se e tende a desaparecer, daí, a necessidade desse encontro; como uma maneira do brasileiro preservar suas raízes, sem as quais se tornaria alheio a si próprio.

Com base nesses pressupostos, Freyre busca reunir costumes antigos, vivências dispersas, artes e mentalidades na contramão da modernidade. Esses são, citando Eliot, os fragmentos com os quais ele busca amparar e reconstruir um mundo que ele sabe à beira da ruína. Seu método é implicitamente comparado por ele mesmo a um museu, e ele o defende. Em suas palavras:

> Um museu que procurasse reunir, num esforço de inventariação, tantos valores dispersos, faria sem dúvida obra de importância social, além de cultural. Porque não se trata de mera necrofilia. Trata-se de reunir matéria sugestiva, plástica, estimulante de imaginação: capaz de ser continuada através de novas palavras ou de novos arrojos criadores. (1980b, v. II, p. 160)

Escritas em 1925, estas palavras norteariam toda sua obra. E ele chega até a propor a criação concreta desse museu:

> Um museu de etnografia matuta e sertaneja, de arte popular, de indústria caseira. Mas só um indivíduo com a visão estreitamente acadêmica do que seja Ciência Social considerará inútil ou apenas divertida ou recreativa a reunião de semelhante material. Será obra de maior interesse científico e prático a de reunir-se, com critério científico, o material mais relacionado com a vida e com o trabalho das nossas populações regionais. (1966, p. 72)

Ele ainda reconhece a existência de um museu semelhante na Alemanha, e o saúda: "Nada mais inteligente, penso eu, do que a importância concedida a tais raízes pelos analistas do *ethos* e da cultura de um povo cuja superindustrialização o vem conduzindo com extrema rapidez à posição de pioneiro de uma civilização automatizada" (1961b, p. 41).

Seria um museu intimamente relacionado aos estudos folclóricos, e a relação de Freyre com o folclore é de alguém que, assim como Cascudo, mantém uma crença ambígua em relação a seu objeto de estudo. No que tange a assombrações, por exemplo, ele afirma:

> O Recife não tem motivos para envergonhar-se do que, no seu passado, se apresenta tocado de sugestões sobrenaturais. Grande parte dessas sugestões terá sido simples crendice, superstição, histeria, até. Outra parte, porém, não se deixa facilmente explicar pelo simplismo cientificista: retém o seu mistério. (1970a, p. xxv)

Seu comportamento e suas atitudes são pautados, às vezes, pela crença em superstições, quando ele, em determinada ocasião, recusa a receber como presente uma estátua de santo, convencido de que trazer para casa santo de altar de igreja velha dá azar (p. 75). Ao mapear o imaginário de um passado no qual as assombrações ainda não haviam sido expulsas pelo automóvel e pela luz elétrica, Freyre está resgatando e lembrando um imaginário no qual a crença em almas penadas tinha, pelo menos e ainda, o benefício da dúvida.

O folclore também é visto por Gilberto Freyre como conjunto de crenças a ser valorizadas e adaptadas para o mundo moderno. Trata-se de incorporar os recursos folclóricos a uma sociedade que ele chama de pós-moderna, marcada pelo crescente predomínio do tempo livre, unindo-o, assim, ao caráter lúdico da pré-modernidade (1973, p. 18). Para Freyre, o folclore não é apenas algo a ser preservado, mas sim utilizado. Segundo ele,

> temos ainda muito que absorver – e não apenas assimilar – daquelas velhas raízes européias e africanas – para não falar agora das ameríndias – cuja vida e energia se comunicaram a nós menos pelos livros que pela boa tradição dos analfabetos e dos quase-analfabetos. (1943b, p. 58)

A defesa da cultura popular leva Freyre a fazer apologia ao analfabetismo. Segundo ele, "o analfabeto é um ser útil e interessantíssimo, o que não sucede com o meio-culto... Em toda parte é o analfabeto um ser interessante. Subtraído da cultura humana o contingente dos analfabetos, escancara-se ante nós uma lacuna formidável" (1964c, p. 86). Daí ele conclui:

> Do ideal de alfabetismo total, messiânico, redentor, escrevi que o resultado poderia vir a ser insípida e estéril mediania de cultura. Em vez dos desejáveis contrastes de puro branco e puro preto – tudo neutralizado em cinzento. Em vez dos extremos de alta cultura e ingênuo analfabetismo a completarem-se como os dois sexos – o ativo e o passivo, o intelectual e o instintivo, o aventuroso e o conservador – de uma cultura nacional, uma assexualidade incapaz de criação e iniciativa. Incapaz de grandes esforços. (p. 140)

Escrito em 1923, esse trecho já contém algumas diretrizes do pensamento freyriano. Ao jogo fecundo entre antagonismos Freyre contrapõe o risco da uniformidade, e, o lugar destinado às elites e ao povo já estão definidos, sendo o povo chamado a exercer uma atividade ao mesmo tempo criativa e passiva, cabendo às elites e aos intelectuais o trabalho de preservação e divulgação dessa atividade, assim como o papel de liderança.

Patriarcalismo e tradição

Defesa da tradição e análise do patriarcalismo e de sua influência são fatores indissociáveis na obra do autor. O patriarcalismo não foi, na perspectiva freyreana, um sistema voltado apenas para interesses econômicos, e limitá-lo a tal seria compreendê-lo de forma restritiva e inadequada. Não foi apenas um sistema hierárquico e econômico, mas também educacional e religioso. A partir dele, o pai de mestiços buscou educar seus filhos nos preceitos do cristianismo, como que se purgando de seus pecados (1953b, p. 78). Coube a ele, e à residência patriarcal mais especificamente, "outros grandes empenhos, sem os quais o puramente técnico ou o apenas econômico não teriam atingido seus objetivos mais amplos: o de larga procriação. O da cristianização. O da europeização" (1971c, p. 36). Não foi, também, um sistema restrito geograficamente, e Freyre enfatiza esse ponto: "Nada de imaginarmos do sistema casa grande-senzala que caracterizou somente uma área geográfica brasileira: caracterizou várias. O espaço dominado por tal sistema foi sociocultural e não restritamente geográfico" (1963, p. 71). Atuando além de limites geográficos, esse sistema unificou distintas atividades econômicas – agricultura, mineração, pecuária –, predominantes em diferentes áreas, e impôs a elas, segundo Freyre, características semelhantes, quais sejam, a monocultura, o trabalho escravo, a grande propriedade (p. 187).

Mas se o patriarcalismo possuiu abrangência nacional, Freyre (1971c, p. 44) define o canavial como "a mais brasileira das paisagens" e a elite por ele gerada como sendo profundamente nacional. Uma elite que, ao entrar em declínio, foi substituída por indivíduos incapazes de herdar e compreender seus valores. Recuperando, então, uma vertente euclideana, Freyre (1962c, p. 53) descreve a elite brasileira contemporânea: "Temos hoje, no Brasil, talvez a maior, a mais opulenta, a mais completa coleção, em qualquer parte do mundo, de ricos e de ricaços, insensíveis às necessidades do seu país e de sua gente".

As críticas ao conceito freyreano de patriarcalismo podem ser sintetizadas por meio das análises efetuadas por dois autores. Jacob Gorender aponta o caráter extremado, hipertrofiado, que o conceito de patriarcalismo assume na obra do autor, transformando-se em "chave interpretativa da realidade global", e conclui: "Extremação que adquire aspecto por assim dizer gráfico, espacial, quando se constata que a obra de Gilberto Freyre não ultrapassa o recinto da casa-grande e tem a senzala apenas como vago pano de fundo" (Gorender, 1985, p. 278). Já E. P. Thompson (1998, p. 32) descreve o próprio patriarcalismo como

> Um termo descritivo frouxo. Tem uma especificidade histórica consideravelmente menor do que termos como feudalismo ou capitalismo. Tende a apresentar um modelo de ordem social visto de cima. Tem implicações de calor humano e relações próximas que subentendem relações de valor. Confunde o real e o ideal.

É útil voltarmos também a Braudel, para pensarmos tanto o método freyreano quanto seu conceito de patriarcalismo. Definindo a importância da realização de estudos que abordem o que ele chama de história lenta, Braudel (1987, p. 53) afirma: "Todas as faixas, todos os milhares de faixas, todos os milhares de estouros do tempo da história se compreendem a partir dessa profundidade, dessa semi-imobilidade; tudo gravita em torno dela".

Na dominação patriarcal, segundo Max Weber (1992, p. 710), a associação doméstica é a célula reprodutora das relações tradicionais de poder. Nesse tipo de dominação, o poder exercido deriva da tradição, mas também de pontos de vista juridicamente irracionais de eqüidade e justiça. E no conceito weberiano de patriarcalismo encontramos a chave do conceito freyreano de poder. Na perspectiva freyreana, segundo José Carlos Reis (2000, p. 79), o poder do senhor "é um poder legitimado por suas relações afetivas". Caracterizado pelo uso incontrastado da autoridade e legitimado pelas relações familiares pelas quais se exerce. E afirma ainda: "Freyre parece crer sinceramente na democracia social brasileira, mesmo se o senhor detém o mando indiscutível e brutal".

Mas, a partir daí, é necessário salientar um outro aspecto da obra de Freyre: a ênfase de certa maneira involuntária dada por ele ao papel da violência no processo de formação histórico-social, captada com precisão por Maria Célia Paoli (2003, p. 165), que afirma:

> Ele pode ser lido, a despeito de si mesmo, como o primeiro autor que expõe a violência arbitrária e pessoal como componente maior da dominação privada, que constituiu, junto com as doçuras da proximidade entre dominantes e dominados, o nosso processo civilizador e a nossa distinção específica como nação.

Definir Freyre como mero apologista do patriarcalismo é esquecer a perspectiva crítica com a qual ele continuamente observou tal sistema. Ao narrar a trajetória do engenheiro francês Louis Vauthier, residente em Recife de 1841 a 1846, e suas lutas contra a elite pernambucana, por exemplo, Freyre faz o contraponto entre modernidade e atraso e prefere fazer o elogio apaixonado do francês, visto como elemento de renovação perante elites reacionárias. E faz ainda um contraponto entre cidade e interior, no qual o interior é definido como reduto do atraso. Ele define assim tal dicotomia e define desta forma o comportamento de Vauthier:

> Consciente, particularmente, da missão em área arcaica na sua técnica e na sua economia, de um engenheiro francês da primeira metade do século XIX contratado para dirigir obras públicas em velha província de país sul-americano, conservadora no seu sistema agrário, na verdade quase feudal, mas corrigida nesse seu arcaísmo ou nessa sua inércia, pelo fato de ter por capital uma cidade predisposta a arrojos renovadores e receptiva, como talvez nenhuma outra do Brasil de então, a idéias européias – particularmente francesas – de renovação político-social, científica, artística e técnica. (FREYRE, 1960b, v. I, p. 80)

Os engenhos são definidos como unidades autárquicas e resistentes a inovações e melhorias materiais – daí a dificuldade do engenheiro em levar adiante seu plano de construção de estradas no interior pernambucano (v. I, p. 371) –, uma resistência entre tempos feudais encarnados no senhor-de-engenho, embora não apenas nele, e tempos modernos trazidos pelo engenheiro:

> O Recife, Pernambuco, o Nordeste, o Brasil, resistiram a inovações de Vauthier como se, no Recife, em Pernambuco, no Nordeste, no Brasil, se concentrassem sobrevivências da Europa feudal capazes de reagir a uma revolução ao mesmo tempo francesa e inglesa, trazidas a estas partes da América pela Missão Técnica chefiada por Vauthier. (v. I, p. 451)

O elogio da tradição feito pelo autor não exclui, portanto, a crítica da mesma, embora ele também ressalte o caráter, antes dinâmico que inerte, da civilização canavieira, afirmando estar a sociedade patriarcal sempre ligada a um esforço industrial do qual a utilização do ferro é exemplo (1988, p. 171). Contudo, essa afirmação contradiz um dos seus próprios eixos e não se sustenta. A avaliação que o autor faz dessa sociedade, de qualquer forma, não é uniforme e aponta aspectos positivos e negativos: "Positivos que transbordam, junto com negativos, de uma experiência literalmente histórica, em sucessivas fases de definição, pela gente brasileira, de traços não apenas convencionalmente históricos, como transhistóricos" (p. 303).

Embora essencialmente aristocrático, o patriarcalismo gerou conseqüências democratizantes graças à miscigenação e interpenetração cultural que o fundamentou, gerando uma sociedade democrática em sua essência, em uma dialética bem freyreana na qual os opostos se anulam. Freyre explica assim tal processo:

> A sociedade e a cultura brasileiras viriam se desenvolvendo com tendências, numa e noutra, a aberturas democratizantes, sem lhes virem faltando pendores para opções qualitativas e, até, para as que possam ser consideradas elitistas, possíveis de serem conciliadas com as democratizantes quando vistas como igualitárias: um igualitarismo nunca absoluto dentro da própria condição biologicamente humana. (p. 71)

Uma sociedade que, mesmo democrática, permaneça aristocrática e abra espaço à atuação e predominância das elites. Que permita, enfim a ascensão de novas elites, oriundas das camadas populares, mas que garanta o domínio das elites, velhas ou novas, sobre a população. Se é um ideal exeqüível, é outra história; o importante é ressaltar que este sempre foi o ideal político freyreano: seu ideal de democracia, defendida no elogio da Inglaterra em sua luta contra o nazismo:

> Democratização, é claro, no sentido de se igualarem as oportunidades de desenvolvimento econômico: dos indivíduos como dos povos. E nunca

no sentido de se desprezarem superioridades de competência técnica e de talento artístico, de inteligência e de saber; nem outras diferenças pessoais. (1942a, p. 135)

E se o patriarcalismo formou o caráter brasileiro em geral, ele o fez, segundo Freyre, em pelo menos duas direções nocivas: "no sentido de tornar os brasileiros excessivamente dependentes de um governo paternalista, e no sentido de tornar o trabalho manual uma ocupação pouco decente para homens livres" (1956a, p. 44).

Freyre (1937, p. 11) ainda ressalta o caráter contraditório do patriarcalismo ao definir os seus fundamentos:

> A monocultura latifundiária e escravocrata e, ainda, monosexual – o homem nobre, dono de engenho, gozando quase sozinho os benefícios de domínio sobre a terra e seus escravos – deu ao perfil da região o que ele apresenta de aquilino, de aristocrático, de cavalheiresco, embora um aristocratismo, em certos pontos, mórbido, e um cavalheirismo às vezes sádico.

Se por um lado o patriarcalismo viabilizou a ocupação e exploração dos trópicos, por outro lado, ele deixou como marca, por onde se instalou de forma predominante, a pobreza e a decadência. Teve uma fase criadora e brilhante, mas "apodreceu ainda verde; sem amadurecer direito" (p. 83). A conseqüência é que os lugares em que o patriarcalismo teve uma floração mais intensa tornaram-se ruínas da civilização do açúcar, enquanto regiões do Nordeste menos ligadas a esse passado aristocrático foram relativamente imunes à decadência.

Mas o fato é que – críticas à parte – o lamento pelo declínio do patriarcalismo ressoa na obra de Freyre desde seus primeiros textos e, mesmo aí, de forma ainda mais pungente; a nota crítica sobre o sistema patriarcal demoraria a aparecer. Em 1924, por exemplo, ele já deplora a ausência dos senhores-de-engenho de suas terras e constata: "Isso de ter terra e ser dono dela; isso de ter propriedade e conhecê-la; isso de saber mandar – foi bom para os nossos avós". Aos tempos antigos – tempos rurais – Freyre contrapõe os tempos atuais – tempos urbanos –, em uma dualidade que marcaria toda sua obra. E, nesse contexto, o autor conclui, posicionando-se com nitidez: "O absenteísmo vem disto: da atração da grande cidade. E as grandes cidades são o grande mal do Brasil. Um meu amigo diz do Rio de Janeiro que acabará esterilizando toda a nossa reserva de energias" (1980b, v. II, p. 66 e 67).

Na idealização que Freyre faz do patriarcalismo entra o que Raymond Williams chama de "radicalismo retrospectivo" que consiste em contrastar a caridade e o cuidado dispensado aos pobres em épocas passadas e comunitárias com a redução utilitarista das relações sociais vigente no capitalismo. Segundo Williams (1990, p. 57):

Isto leva a uma visível crise de valores no mundo em que vivemos. Pois o radicalismo retrospectivo, contrário à crueldade e à estreiteza da nova ordem fundamentada no dinheiro, é muitas vezes utilizado como crítica do capitalismo atual: é usado para expressar sentimentos humanitários, na maioria das vezes associados a um mundo que, por ser pré-capitalista, é irrecuperável.

O patriarcalismo brasileiro é, por sua vez, mais que um sistema social: faz parte do caráter nacional, englobando ricos e pobres sob o domínio quase absoluto do "pai biológico alongado em pai sociológico" (FREYRE, 1977, v. III, p. 1012), que não prejudica o maternalismo brasileiro, também inato, sendo que o senhor-de-engenho foi, na terminologia freyreana, o fundador vertical do País, arraigando-se à terra e criando os sólidos alicerces da nacionalidade, enquanto o bandeirante foi o fundador horizontal, cuidando da expansão geográfica da nação que se constituía (1971c, p. 57).

O patriarcalismo foi também um processo de estratificação social. Criou-se, no período colonial, uma hierarquia de *status* na qual o senhor-de-engenho via com desdém indistinto os moradores das cidades, sem reparar que, a partir do século XVIII, entre eles já se destacava o morador do sobrado, pólo dominante da segunda dicotomia a ser criada (1977, v. I, p. 18). Essa dicotomia, mais que valores estamentais, passou a valorizar elementos inerentes ao processo de crescimento urbano, hostil ao senhor-de-engenho e dele dependente. Isso porque as cidades cresceram como instrumentos de intermediação ligados ao senhor-de-engenho. Nelas morava o mercador, com qual o senhor se endividava: um mundo parasitário, ligado ao senhor de engenho e alheio aos valores patriarcais (v. I, p. 10). E ocorreu, no bojo desse processo, certa democratização ou absorção dos valores estamentais pelas elites ascendentes, e, também aqui, as dicotomias freyreanas recusam-se a descambar para a rigidez. A própria nobreza vulgarizou-se, com caixeiros chegando a barões e comerciantes, industriais e artistas enobrecendo-se (v. I, p. 278), em um processo de mobilidade social no qual antigas dualidades perdiam a razão de ser, esmaecendo junto com o predomínio econômico dos senhores-de-engenho, enquanto novas relações sociais estruturavam-se a partir de novos antagonismos.

A transição do patriarcalismo rural para o urbano, ou semipatriarcalismo, como Freyre o chama, é definida como uma transição da monarquia absoluta para a constitucional, na qual o absolutismo patriarcal dissolve-se frente ao *status* adquirido por outros papéis sociais e outras instituições. A sociedade escravista sofistica-se e foge ao controle estrito do proprietário rural (v. I, p. 22), o que faz com que novos antagonismos se multipliquem: dualidades nas quais o senhor-de-engenho já não atua como pólo dominante. Com isso, os extremos que antes viviam em regime de solidariedade e interdependência tornam-se hostis uns aos outros. O que era um antagonismo permeado por uma rede de valores mútuos tende a tornar-se mera hostilidade e estranheza, ao contrário de "antagonismos outrora mantidos em equilíbrio à sombra dos engenhos ou das fazendas e estâncias latifundiárias" (v. I, p. 153).

Mantêm-se, contudo, o antagonismo básico entre senhor e escravo, um dos fundamentos que irão nortear toda a teoria freyreana, mas novos atores sociais buscam seu espaço em um processo por ele chamado de "acomodação entre os dois grandes antagonismos: o senhor e o escravo" (v. II, p. 573), representados, na obra de Freyre, pelo mulato e pelo bacharel. Mais que atores, ambos são símbolos de um processo de intermediação vital para que os dois grandes pólos interajam. Elementos neutros, mediadores por excelência, eles permitem que os antagonismos ao mesmo tempo atuem e se dissolvam em um processo recorrente na obra de Freyre e que novos atores sociais, não mais pertencentes à dualidade senhor-escravo, encontrem um canal de expressão.

Ao mesmo tempo, ocorreu a

> transferência de poder, ou de soma considerável de poder, da aristocracia rural, quase sempre branca, não só para o burguês intelectual – o bacharel ou doutor às vezes mulato – como para o militar – o bacharel da Escola Militar e da Politénica, em vários casos negróide. (v. II, p. 586)

Criou-se, pois, um novo antagonismo, agora entre o patriarca e o bacharel, mas rapidamente Freyre embaralha as coisas. Afinal, se a ânsia de copiar a legislação inglesa e francesa demonstrada pelo bacharel significou, para o autor, uma fuga da realidade representada pelo patriarca, representou, também, um corretivo contra excessos de nobreza adotados por setores do patriarcado (v. II, p. 963).

Ao buscar, enfim, a gênese da formação nacional, Freyre ressalta a extensão e magnitude do poder patriarcal. A unidade da nação brasileira deve-se ao exclusivismo religioso e à inexistência de exclusivismo racial, com o primeiro buscando preservar a unidade da fé perante os infiéis e o segundo permitindo a formação de um amálgama superior a qualquer antagonismo. A formação do Brasil teve no particular seu principal agente, com a ação oficial exercendo papel secundário; daí, no esforço de reconstituir a gênese da identidade nacional, Freyre dedicar pouco espaço à análise política. Foi principalmente a ação particular que "promoveu a mistura de raças, a agricultura latifundiária e a escravidão, tornando possível, sobre tais alicerces, a fundação e o desenvolvimento de grande e estável colônia agrícola nos trópicos" (1978, p. 18).

A identidade nacional como síntese

A busca da identidade nacional é, em Freire, uma tentativa de síntese. Ela orienta e motiva, por exemplo, a recolha dos depoimentos que fundamentam *Ordem e progresso*, por meio dos quais se busca alcançar o objetivo que "é procurar captar, através deles, ou do seu resíduo, não só transpessoal como transregional, o que alguém já chamou o 'ser coletivo': ser coletivo mais característico do Brasil do fim do Império e do começo da República" (1959a, p. cliv). Busca-se construir o que ele chama de brasileiro-síntese, ou seja, determinada identidade historicamente situada.

Todo o processo de subordinação que condicionou a formação da sociedade brasileira foi também um processo de acomodação, e ambos estão longe de ser excludentes. Como ele ressalta "a subordinação seria uma forma de acomodação". Isso ocorre não apenas entre classes sociais, mas também entre situações. Dessa forma, e o patriarcalismo seria o exemplo clássico, "desenvolve-se sempre, em qualquer época ou espaço, uma situação social como que dominante ou básica, à qual outras situações tendem a acomodar-se, alterando-se, contemporizando, transigindo" (1967, v. II, p. 387).

As palavras-chave para a compreensão do método de Freire e de seu conceito de identidade (que são indissociáveis) são "adaptação" e "domínio". Criou-se no Brasil, segundo ele, um processo ainda hoje atuante de adaptação e domínio, com aquela permitindo a ação eficaz deste, que se exerce sobre os dominados, mas não de forma meramente impositiva, e sim adaptando-se, transigindo e persuadindo. O exercício do poder reflete as características da identidade nacional e age antes por meio da conciliação que da opressão, da acomodação que da exclusão. Cria-se, assim, um retrato evidentemente idílico, que escamoteia todo um processo de dominação marcado antes pela brutalidade que pela confraternização. Freyre expressa a perspectiva de uma oligarquia que – alijada a um plano secundário no jogo de poder – prefere contrapor e idealizar a autoridade que um dia foi sua aos novos e ásperos tempos. Tal processo teria definido – e ainda define – a identidade nacional.

A tentativa de construção da identidade nacional levada a cabo por Freyre é uma busca individual, introspectiva e autobiográfica, como ele próprio reconhece; uma tentativa de reconstrução de seu próprio passado. Freyre, em síntese, busca reconstruir o passado vivido por uma elite que um dia foi dominante e da qual ele descende. Ele identifica tal passado com o seu passado e descreve ambos como se fossem uma coisa só. Esse paralelismo entre o indivíduo e a sociedade é reconhecido por ele próprio, ao fazer um balanço de sua obra:

> A identificação básica, e como que freudianamente filial e, depois, proustianamente indagadora de pormenores significativos, o analista, não já de si mesmo, apenas, mas do seu ego identificado com o da sua gente ou os das suas gentes – a regional, a pré-nacional e a nacional, a transnacionalmente hispânica – ele a encontraria principalmente na casa. De maneira que a obra quase inteira do autor da tentativa de síntese que se segue, procede de uma como que introspecção pessoal desdobrada em sua análise social, a introspecção e a análise tendo tido o seu ponto de encontro no estudo íntimo e, ao mesmo tempo, antropológico, histórico

e sociológico, da casa em suas relações com a pessoa, por um lado, e com o todo social, por outro. (FREYRE, 1971c, p. 12)

A busca de Freyre pela identidade nacional é também por sua própria identidade. Sua viagem ao passado é uma autobiografia, e autobiográfica é sua obra, o que ele reconhece em um de seus últimos textos, quando afirma:

> Quando disse, eu próprio, certa vez, do livro *Casa-grande & Senzala* que é um livro autobiográfico – o mesmo poderia dizer, por extensão, de quase todos os meus outros escritos, sempre com tendência a hispanicamente, e não apenas brasileiramente, autobiográficos – foi pensando no fato de que escrevi esse livro à procura de minha própria identidade como brasileiro. (1981, p. 145)

É, portanto, impossível a compreensão da questão da identidade nacional na obra freyreana, desvinculando-a de seu caráter pessoal e introspectivo.

O estudo da casa brasileira é o estudo, em larga medida, da influência patriarcal, e a moradia e a alimentação brasileiras foram moldadas por essa influência.

A casa patriarcal surge como um dos pólos da dualidade que tem o mocambo como o pólo oposto, a representar a mobilidade e a precariedade, enquanto esta entra como o elemento fixador, ou seja, a mantenedora, por definição, das tradições. E no caso da moradia, pelo menos, uma influência ainda passível de adaptações e atualizações que mantenham o modelo original válido e ajustado ao pós-patriarcalismo, sendo tal adaptação definida por Freyre como a grande obra a ser levada adiante pela arquitetura brasileira (p. 18-24). Mas não apenas a residência patriarcal: também o mocambo – o outro lado da dualidade – surge como tradição a ser preservada e adaptada aos novos tempos. E Freyre afirma: "A habitação primitiva pode suceder transformar-se de arcaísmo em pós-modernismo, com materiais novos e duráveis substituindo os originais e precários e as formas características adaptando-se a situações também novas" (p. 64).

O Brasil, para Freyre, é o país dos meio-termos, onde paixões e conseqüências letais em outras nações se arredondam e suavizam: um país que foge dos extremos e busca a conciliação. Referindo-se assim à introdução da maconha no País, Freyre (1963, p. 110) exemplifica a tese que é central para a compreensão de sua obra:

> Quase tudo no Brasil tende a suavizar-se em meios-termos- as plantas venenosas, as doenças malignas, as teorias, as idéias, as paixões, os pecados e as virtudes. Paixões e virtudes aqui raramente são intensas ou profundas. A maconha parece ter se acomodado a essa tendência brasileira, a que só falta um nome que a caracterize e um sociólogo que a descreva, para tornar-se verdadeira lei de sociologia regional.

Esse ajustamento de antagonismos e amaciamento de influências é referido em mais de uma ocasião e em mais de um contexto. Dessa forma, ao analisar a influência de idéias revolucionárias francesas no Brasil do século XIX, Freyre a declara atenuada pelas características nacionais: "Amolecidos quase sempre – os excessos franceses – pelo clima moral brasileiro que raramente tem sido um clima de extremismo ou de violência política, ideológica ou sentimental" (1960b, v. I, p. 113).

A partir dos anos 1960, o estudo da identidade nacional ganha dimensão mais ampla; torna-se inviável sem seu devido enquadramento no que ele chama "civilização lusotropical"; apenas dentro do complexo cultural formado por portugueses e seus descendentes nos trópicos, aí incluídos África e Oriente, é que aspectos específicos da herança lusitana – cultura brasileira, por exemplo – poderão ser compreendidos (1962b, p. 93). Dentro de certa (e sempre incerta) lusotropicologia, mas também dentro de certa (e ainda mais incerta) civilização lusohispanotropical.

Isso porque também a América hispânica nasce, segundo ele, de um encontro e de uma conciliação, entre o espaço americano e o tempo histórico. Também a América hispânica se constitui de desigualdades e conflitos que se interpenetram e formam uma unidade ou, nas palavras do autor, "um sistema tanto ecológico como cultural, cujas linhas gerais dificilmente seriam anuladas pelas diferenças nacionais ou regionais que dentro delas se vêm desenvolvendo há quatro séculos". Ela também é um desmentido quanto às desvantagens da mestiçagem e é "triunfo ou vitória da civilização européia em espaços tropicais" (1971b, p. 27 e 28).

Ao analisar a América hispânica, portanto, a preocupação do autor é, claramente, buscar similitudes com a América portuguesa, jamais divergências ou especificidades. Trata-se de colocar todo um continente sob o mesmo molde explicativo, o que reafirma o caráter fundamental, na obra do autor, do conceito de identidade, uma vez que o Brasil não é apenas um país tropical: é também um país hispânico e assim deve ser compreendido. Faz parte do conjunto hispanotropical, que engloba o lusotropical, do qual fazemos parte (1960a, p. 60). E caracteriza a formação hispânica – brasileira, portanto – seu aspecto cristocêntrico, que a tornou apta a absorver e tolerar as influências mais diversas. Uma formação que tem no cristianismo elemento condicionante, sem o qual ela torna-se incompreensível. Freyre busca defini-lo e definir sua ação:

> Um cristianismo e um comportamento condicionados, entre hispanos, por uma civilização principalmente européia e até romana nas suas predominâncias, mas também árabe, israelita, oriental, africana, em várias das suas técnicas e em vários dos seus próprios valores, uns cristianizados, outros modificadores de práticas e artes cristãs, sem sacrifício essencial nenhum da teologia da Igreja. (p. 20)

A tendência à conciliação e a capacidade de miscigenação racial e cultural derivam, assim, da formação religiosa específica ao hispano e ao luso. Religião, cultura e raça, em Freyre, articulam-se de forma indissociável. E viabilizam a existência de uma formação específica em relação aos países nórdicos, baseada em um amálgama étnico e cultural só passível de compreensão por sua origem religiosa. Isso porque a catequese católica posta em ação no Brasil toma como base "um universalismo cristocêntrico, distinto ou diferente dos cristianismos etnocêntricos de feitio nórdico-protestantes" (p. 12). Na especificidade de sua formação religiosa está uma das chaves da especificidade brasileira.

É a capacidade de perpetuação e dissolução em outros povos que permite a continuidade da herança lusitana e a manutenção de seus traços em situações estranhas à cultura portuguesa. O português como que se perde e se reencontra em outros povos, em um processo assim descrito pelo autor:

> Dissolvendo-se neles a ponto de parecer ir perder-se nos sangues e nas culturas estranhas, mas ao mesmo tempo comunicando-lhes tantos dos seus motivos essenciais de vida e tantas das suas maneiras mais profundas de ser que, passados séculos, os traços portugueses se conservam na face dos homens e na fisionomia das casa, das igrejas, dos móveis, dos jardins, das embarcações, das formas de bolo. (1940, p. 94-95)

O que diferenciou a colonização portuguesa de outras colonizações e permitiu ao português manter contato com outros povos baseado não na exclusividade, e sim na miscibilidade, foi sua origem, meio árabe, meio européia. Para Freyre, "o português não é, castiçamente, nem europeu nem imperial. À sua qualidade de europeu juntou-se de início sua condição de povo arabizado, israelitizado, orientalizado, predispondo-o a aventuras de amor sob o signo da chamada 'Vênus fosca'" (1953b, p. 26). Seguiu-se um método muçulmano de expansão, na expressão freyreana, fundamentado na expansão espiritual, e não na exclusão racial. E por que muçulmano? A influência islâmica trouxe, ao português, características que acentuaram sua plasticidade como colonizador. Segundo Freyre (1953a, p. 271),

> há no islamismo alguma coisa de socialmente plástico, de culturalmente sem ossos, de fácil de adpatar-se a culturas e naturezas mais tropicais que a árabe; e essa plasticidade social parece facilitar o triunfo, entre povos animistas africanos, de um monoteísmo mais severo que o cristão.

E mesmo o atraso econômico de Portugal em relação ao Norte Europeu é definido como uma vantagem. Ele teria permitido a política de integração antes que de subjugação que, segundo o autor, caracterizaria a relação do país com suas colônias. E em relação à política colonial portuguesa, ele conclui com uma apologia: "O que é digno de atenção nessa política é a sua constância. A constância de sua relativa benignidade – a despeito das imperfeições" (1961a).

Importava converter indivíduos de outras raças ao cristianismo, não submeter raças consideradas inferiores. Importava a fé, não a raça:

> forma de ser e de crescer que o português, ao entregar-se, sob a cor do cristão, às aventuras de expansão ultramarina, seguiria tão naturalmente e sem esforço quanto a seguira – e continuaria a seguir – o árabe ou o maometano em suas expansões pela Ásia, pela Europa e pela África. (1953b, p. 65)

Cada vez mais Freyre pensa o Brasil com base nesse contexto, ressaltando uma tendência já latente em seus textos iniciais. Nessa civilização, mas não só aí, o Brasil passa a ser visto pelo autor como o modelo a ser seguido. Suas descrições tornam-se cada vez mais idílicas, a perspectiva crítica tende a desaparecer e sua obra passa a sofrer de otimismo crônico. Um trecho sintetiza esse processo: a civilização brasileira, para Freyre (1962c, p. 196)

> talvez seja a mais criadora e a mais dinâmica das modernas civilizações que se desenvolvem nos trópicos; e uma das raras em que esse desenvolvimento se verifica não sob a forma de um esforço anti-europeu ou sob o aspecto de uma atividade apenas sub-européia mas sob esta configuração: a de uma civilização predominantemente cristã e até européia senão nos seus motivos, nas suas formas de vida, que se integra no trópico sem renunciar ou repudiar o que no seu passado europeu é suscetível de tropicalização. Mais do que isto: insistente na sua tropicalidade.

É como se, no final, a promessa tivesse se cumprido, e o Brasil, enfim, tivesse dado certo, tornando-se um modelo tropical de harmonia, em uma construção acrítica e isenta de conflitos.

Isso porque, para Freyre, o brasileiro é marcado pela convergência: somos, ao mesmo tempo, hispânicos, americanos e tropicais (1973, p. 8). Segundo ele, "o homem brasileiro é, como tipo nacional de homem, singular em sua convergência de vários tipos particulares" (p. 235). E estamos vantajosamente situados para vivenciarmos a transição que se verifica entre uma

> civilização menos exclusiva e convencionalmente alfabéticas para culturas mais complexamente e mais corajosamente telúricas, intuitivas, vitais, mímicas, coreográficas, musicais, existenciais, no seu modo de serem, expressões de pensar, de sentir, de intuir, de criar, da parte de sociedades humanas. (p. 18)

Seríamos, assim, a parte dionisíaca da humanidade, no momento em que ela entra em um estágio dionisíaco da evolução cultural. Nossa contribuição seria tropical, e o que teríamos a oferecer seria o que Freyre chama de tropicalidade, ou seja, a "valorização de um espaço antes romanticamente não-europeu do que classicamente europeu" (p. 107). Em 1956, Freyre já lança a idéia da fundação, no Recife, de um Instituto de Tropicologia que permitisse o conhecimento especializado e o intercâmbio de experiências realizadas nos trópicos (1956b). O que seria exotismo e atraso – um problema, na perspectiva de Romero e Euclides – torna-se o passaporte brasileiro para a redenção. O Brasil é a vanguarda dos novos tempos porque é um país mestiço e tropical.

E em relação à identidade nacional, Freyre define, já nos anos 1960, o que ele via como sua tarefa: defini-la por meio da criação de idéias e conhecimentos que "se tornassem o lastro ou a base do toda uma reinterpretação sistemática das próprias origens brasileiras; de revalorização do desenvolvimento pré-nacional e nacional do Brasil; de reorientação do nosso próprio destino" (1968a, p. 47). Mas desde o início ele se dedicou, conscientemente, a um trabalho de reinterpretação do Brasil que deveria ser, também, e claramente o foi em sua perspectiva, um trabalho de refundação do Brasil pela descoberta das origens de sua identidade; o objetivo, em última análise, de sua obra.

Freyre valoriza, assim, a identidade nacional, mas pensa-a, sempre, de uma perspectiva regional ou regionalizante. Temos no Brasil uma identidade já constituída e formada por suas variedades regionais; identidade que deve ser resguardada tanto de ameaças externas como internas. Freyre adota, permanentemente, a postura de guardião dessa identidade, sempre atento para prevenir sua desfiguração. E ele assim a define: "há um tipo já nacional de homem brasileiro para o qual vem convergindo vários subtipos regionais que podemos considerar básicos na formação – que ainda se processa – deste biosociocultural total" (1970b, p.43).

De fato, o conceito de regionalização e a valorização de identidades regionais é fundamental para a compreensão do próprio conceito freyreano de identidade nacional. Esta nasce de um agregado de identidades regionais, e, para exprimir esta idéia, Freyre cria a imagem de um arquipélago: "sociologicamente e culturalmente desenvolvemo-nos em ilhas e essas em arquipélagos ou numa enorme ilha-continente" (1943b, p. 17).

Ao mesmo tempo, e seguindo a velha preferência por dualidades harmônicas, o Brasil revela-se um continente, em termos de extensão, e de ilha, em termos de necessário insulamento na defesa de "essenciais de culturas maternas" (p. 36). E a imagem do Brasil como promessa de originalidade a ser cumprida é reafirmada por metáforas geográficas: é pela sua configuração de arquipélago cultural que o País dispõe de recursos plásticos suficientes para a criação de uma cultura nova e original na qual os antagonismos sejam, enfim, solucionados (p. 69). A imagem do Brasil como promessa passa, portanto, na obra do autor, por duas etapas: inicialmente, a promessa está no horizonte, mas é como se, a partir da década de 1960, ela já tivesse sido cumprida; como se vivêssemos em pleno reino da utopia realizada.

À harmonia entre diversidades regionais e à democracia étnica, contudo, vem somar-se um persistente processo de desintegração econômica, capaz de colocar em risco a unidade nacional. Esse processo tem origem na diversidade de desenvolvimento econômico em nível regional e no descompasso entre desenvolvimento industrial e agrário. A solução proposta, contudo, não se situa a nível estatal nem econômico, sendo, acima de tudo, uma questão cultural. Isso porque, para Freyre (s.d., p. 80), o

> Estado federado sendo, quase sempre, no Brasil, uma expressão de geografia apenas política, não está em condições de fazer as vezes de região, que é uma expressão de geografia ecológica, social e cultural: por conseguinte econômica, além de política. Telúrica, além de econômica.

Esse trecho expõe, de forma clara, uma hierarquia comum à obra freyreana, na qual o cultural sobrepõe-se ao político na resolução de um problema econômico. A cultura é a esfera preponderante na obra do autor, englobando a economia e a política e subordinando-as. Dessa forma, o Estado é reduzido a relativa impotência, enquanto problemas econômicos, quando raramente são mencionados, pedem soluções importadas da esfera cultural.

O regionalismo funciona, na obra do autor, como afirmação da influência do patriarcalismo. Embora não seja um sistema apenas regional, foi no Nordeste que o patriarcalismo alcançou sua expressão clássica. Ali, ele se tornou característico e, com isso, o Nordeste tornou-se, acima de qualquer outra região, caracteristicamente brasileiro, já que patriarcalismo e brasilidade, em Freyre, terminam por confundir-se. E o autor conclui:

> Mesmo com as alterações sofridas na sua ordem social e que o separam tanto do seu passado, o Nordeste continua a parte, sob mais de um aspecto, mais brasileira do Brasil; a mais característica da civilização patriarcal-escravocrata fundada pelos portugueses na América tropical. (168b, p.198)

O açúcar foi o fundamento da nacionalidade. Segundo Freyre (1937, p. 29), "foi a base física não simplesmente de uma economia ou de uma civilização regional, mas de uma nacionalidade inteira".

Freyre busca a gênese da identidade nacional na gênese da identidade portuguesa – uma indissociável da outra – e, nessa busca, chega a derivar dos períodos mais remotos da história lusitana nossa tendência à miscigenação e à convivência entre opostos, ou como lembra o autor: "a heterogeneidade étnica e de cultura vamos surpreendê-la nas origens remotas do português" (1978, p. 201). E também as características democratizantes da sociedade brasileira derivam de Portugal, uma vez que a sociedade portuguesa é definida como móvel e flutuante como nenhuma outra, constituindo-se e desenvolvendo-se por intensa circulação, tanto vertical como horizontal, de elementos os mais diversos na procedência (p. 217).

A formação cultural brasileira foi, assim, marcada antes pelo intercâmbio que pelo conflito, antes pela troca que pela destruição de valores culturais, antes pelo hibridismo que pelo isolamento. Segundo Freyre

> Híbrida desde o início, a sociedade brasileira é de todas da América a que se constituiu mais harmoniosamente quanto às relações de raça: dentro de um ambiente de quase reciprocidade cultural que resultou no máximo de aproveitamento dos valores e experiências dos povos atrasados pelo adiantado; no máximo de contemporização da cultura adventícia com a nativa, da do conquistador com a do conquistado. (p. 91)

Essa tendência ao hibridismo não é exclusividade lusitana: as culturas negra e africana, longe de resistirem à cultura dominante, fizeram-se "sentir na presença viva, útil, ativa e não apenas pitoresca, de elementos com atuação criadora no desenvolvimento nacional" (p. 160). Não se criaram arcaísmos e curiosidades etnográficas, não houve, em termos culturais, nem preconceito, de um lado, nem resistência à cultura dominante, do outro.

A valorização da identidade nacional é indissociável, na obra de Freyre, da avaliação positiva que faz do processo de colonização portuguesa e de sua herança no processo de formação identitária do brasileiro, avaliação essa que torna seu pensamento antitético em relação à corrente analítica cujo principal representante é Manoel Bomfim. Ambos, Bomfim e Freyre, ressaltam a importância decisiva da herança lusitana nesse processo, mas Bomfim chega a conclusões opostas; trata-se, para ele, de extirpar uma influência deletéria, fruto de uma colonização eminentemente parasitária, regenerando o caráter nacional e livrando-o da corrupção do passado (SUSSEKIND; VENTURA, 1984, p. 36). Já para Freyre, preservar a herança lusitana em seus traços fundamentais é tarefa primordial.

Isso porque a influência portuguesa foi uma influência que teve a miscigenação e a interpenetração fundamentando e definindo o processo de formação da identidade nacional, com base antes na integração cultural que na degradação de qualquer das culturas interrelacionadas, e garantindo, ao mesmo tempo, a hibridez e a unidade, a riqueza e a diversidade da nova cultura que se vai formando (1942a, p. 38) por meio de um processo peculiar de fusão, mistura e recriação (p. 237).

Um processo, enfim, que não se limitou ao período colonial. Também o Império foi um período de conciliação, entre a influência do espaço rural e patriarcal, no qual gestou-se a identidade nacional, ou o que Freyre chama de "um tipo brasileiramente telúrico, ecológico, em grande parte eurotropical, de civilização nacional", e o espaço urbano no qual ocorreu o

> Desenvolvimento, um tanto anarquicamente criativo, dessa civilização, a sua coordenação em Estado-Nação com o Estado decisivamente

representado por um sistema político-jurídico de forma monárquica, ao mesmo tempo autoritária, em face do Campo, civilizadamente e civilizadoramente, à sua maneira democrático-liberal nas suas expressões. (1981/1982, p. 17)

Conclusão

Gilberto Freyre pensou a relação tradição-modernidade com base em um diálogo com os problemas colocados por Euclides da Cunha e Sílvio Romero. Fazendo isso, viu soluções onde ambos viram problemas. A miscigenação, que seria empecilho à criação de uma raça brasileira, torna-se seu pressuposto. O passado, que necessitava ser superado para que o Brasil enfim ingressasse na modernidade precisa, pelo contrário, ser preservado da modernidade – ele e todo seu cortejo de hábitos, crenças e tradições. E os antagonismos insuperados e insuperáveis que fundamentariam a sociedade brasileira – sertão e litoral, para Euclides, campo e cidade, província e Corte, para Romero – são englobados em um processo que os dissolve e unifica, que os supera e realiza, com as próprias dualidades históricas definidas por Freyre – casa-grande e senzala, sobrado e mucambo, ordem e progresso – resolvendo-se em uma nação cujas promessas são a mestiçagem e a conciliação.

A violência e o conflito estão sempre à espreita no panorama descrito pelo autor e, visivelmente, cabem nele com dificuldade, mas nem por isso desaparecem do horizonte. E o enlace matrimonial entre modernidade e tradição por ele proposto produz cada vez mais órfãos. A identidade nacional, enfim, nasce, segundo Freyre, da conciliação entre opostos e da articulação entre pólos antagônicos. Suas premissas são, ao mesmo tempo, otimistas e conservadoras, o que gerou críticas que terminaram por toldar durante décadas a importância e o valor de sua obra que, sendo devidamente redescoberta e valorizada nos últimos 20 anos, terminou por funcionar como eixo para parte considerável da discussão sobre modernidade e identidade nacional a partir dos anos 1930.

Conclusão

> *Esse mundo era ao mesmo tempo antigo e novo,*
> *revolucionário e retrógrado.*
> Thomas Mann – *Doutor Fausto*

Viveu-se, a partir dos anos 1930, uma ânsia de modernização, mas viveu-se também a nostalgia por um passado muitas vezes definido como idilicamente comunitário e no qual enraiza-se a identidade nacional; Gilberto Freyre, por exemplo, estruturou sua obra com base nessa descrição.

Era como se o Brasil tivesse um encontro marcado com a modernidade e, se perdesse esse encontro, seu futuro enquanto nação seria perdido. Por outro lado, ao comparecer a esse encontro, era como se o Brasil estivesse deixando de ser Brasil para ser outro, imposto pela modernidade. É por meio do dilema estabelecido por essa opção que se torna possível compreendermos as obras de Sílvio Romero, Euclides da Cunha, Gilberto Freyre e Câmara Cascudo, já que a vida e a obra desses autores situam-se – tematicamente, existecialmente – nessa encruzilhada.

Entre eles delineia-se não necessariamente uma linha evolutiva, mas um diálogo; um diálogo estranho, decerto, entre pessoas que viveram em épocas diferentes, e nem todas, por isso mesmo, conheceram-se ou conheceram as idéias de seus colegas. Mas travou-se um diálogo com base temáticas comuns, de questões para as quais todos eles buscaram respostas, de um projeto de nacionalidade do qual todos participaram.

Nesse diálogo, Romero e Euclides surgiram como precursores, mapeando o terreno e alertando para a necessidade imperiosa de conhecê-lo. Ambos fizeram perguntas, ambos elaboraram respostas, mas ambos deixaram mais indagações que certezas. Eles fizeram as perguntas que os autores contemporâneos – Cascudo e Freyre – deveriam responder. Defini-los como precursores não significa, é claro, deixar de lado todo o esforço interpretativo e analítico no qual José Bonifácio, Tavares Bastos e Varnhagem, entre outros, engajaram-se, mas significa reconhecer a sistematização por eles levada a cabo de todo um percurso intelectual do qual foram herdeiros.

Romero, Euclides, Freyre e Cascudo interrogaram e vasculharam o processo de formação nacional em busca de suas linhas evolutivas, de seu sentido, de suas conseqüências para o presente e para o futuro. Fizeram isso – como todo pensador o faz – com o aparato teórico e metodológico disponível, selecionado em diretrizes ideológicas que bloquearam, delimitaram e esclareceram o caminho percorrido por cada um eles.

Em comum entre eles há ainda o fato de nenhum ter seguido carreira acadêmica convencional, de não terem criado um saber construído dentro dos muros universitários, de não terem obedecido às diretrizes que norteiam, costumeiramente, a construção do saber. Todos transitaram entre a ciência e a literatura; Romero e Euclides em um período no qual, pelo menos no Brasil, as fronteiras ainda não eram tão rígidas, e Freyre e Cascudo por opção metodológica (e diria, mesmo, existencial).

Nenhum deles foi especialista em alguma área – Cascudo e Freyre recusaram ostensivamente tal condição –, e todos permaneceram presos à condição de polígrafos, ou seja, autores que escrevem de forma abundante sobre assuntos diversos, mantendo-se à margem do processo de institucionalização, compartimentalização e especialização do saber, em um momento a partir do qual – e momento que pode ser situado, grosso modo, nos anos 1930 – os intelectuais brasileiros transformaram as normas da produção acadêmica em normas da produção intelectual. Cascudo e Freyre mantiveram-se ligados a uma tradição ensaística que, para Romero e Euclides, foi condição natural.

Une-os ainda a condição de críticos do que consideram uma postura de desprezo e desinteresse pela realidade nacional e pelo povo brasileiro (simbolizado sempre pelo sertanejo e pelo morador da zona rural, nunca pelo morador das cidades) ostentada por elites culturais residentes nos grandes centros urbanos (mais especificamente, nos casos de Euclides e Romero, no Rio de Janeiro) e preocupadas com modismos e tendências importadas. Todos eles proclamam certo nacionalismo em relação a elas, sendo que, no que tange a Romero, Freyre e Cascudo, trata-se de um nacionalismo de cunho marcadamente provinciano.

E já se torna possível definirmos aqui uma clivagem com base na origem regional de cada um; Romero, Freyre e Cascudo nasceram no Nordeste, enquanto Euclides nasceu em uma cidade fluminense e – excetuadas suas tantas viagens – sempre viveu no Rio de Janeiro. O que isso significa? Significa que eles têm posturas diferentes em relação à interação entre identidade nacional, tradição e modernidade e maneiras diferentes de valorizar cada um desses fatores.

Euclides viajou do Sul para o Norte – para Canudos, para a Amazônia – e buscou levar a modernidade para os lugares aonde ia; ajudar a consolidá-la seria sua tarefa como intelectual, apresentá-la aos sertanejos (sem massacrá-los, evidentemente) e ajudá-los a com ela conviver seria a tarefa que ele sempre conclamou as elites a desempenhar.

Já os outros três autores buscaram defender dos avanços da modernidade a tradição preservada e refugiada na província. Os valores da província com os quais todos eles se identificavam estavam ameaçados perante a modernidade que vinha do Sul, e urgia defendê-los. A manutenção do *ethos* provinciano significava, para todos eles, a sobrevivência da identidade nacional; tradição e identidade imbricam-se em suas obras. Mas a clivagem não é, afinal, assim tão clara, já que Euclides, ao definir o sertanejo como cerne da nacionalidade, termina por compartilhar a mentalidade provinciana de Romero, Freyre e Cascudo, tantas vezes expressa, em sua correspondência, pelo desconforto sentido por ele nas grandes cidades.

Outra clivagem pode ser feita em termos de origens sociais. Freyre e Cascudo são descendentes de elites rurais provincianas em pleno processo de decadência e perda de poder político e econômico. Ambos relembram em suas obras – que são, afinal, um relembrar contínuo – os tempos de fastígio, identificados por eles como certa época de ouro. A tradição por eles louvada é a tradição ligada a esses domínios, e a identidade nacional ameaçada pelos novos tempos criou-se e consolidou-se com o domínio dessas elites, a elas associando-se. O declínio do patriarcado e o desaparecimento do coronelismo, ameaçam romper os diques que represavam uma modernidade avassaladora sob a qual a identidade nacional corre o risco de submergir.

Romero não pertence às elites patriarcais, e sim a uma classe média nordestina empobrecida, que precisa migrar em busca de melhores dias. Compartilha, com Freyre e Cascudo, da mentalidade assumidamente provinciana, mas não faz o elogio do domínio de um setor social ao qual não pertence. Já Euclides veio da cidade, e representa uma pequena burguesia urbana que vê na democratização social sua única chance de ascensão e no saber um mecanismo relativamente acessível e igualitário de ascensão social.

Definidas as posições, retomo as hipóteses iniciais. O processo de formação da nacionalidade, para Euclides e Romero, funciona como obstáculo a ser vencido no que tange aos projetos de nacionalidade por eles delineados. Trata-se de superar a desvantagem resultante de uma formação social e racial mestiça por meio da ação pedagógica das elites, de forma a incorporar aos novos padrões de civilização toda uma população que foi deixada à margem. Já Cascudo e Freyre fazem a apologia desse processo e alertam para os riscos de sua desnaturação. Romero define a construção da identidade nacional como um processo ainda em curso, enquanto Euclides situa-a no sertão e define o sertanejo como seu representante, mas posiciona-se em relação a ela de forma essencialmente ambígua. Já Freyre e Cascudo não apenas ressaltam sua existência como fazem sua apologia, ao mesmo tempo em que sublinham o risco de seu desaparecimento sob o impacto da modernidade.

Os caminhos para a modernidade, para Euclides e Romero, passam pela adoção de padrões de civilização que tomam como alicerce a ação pedagógica das elites, enquanto, para Cascudo, essa questão não se coloca ou é feita em tom de lamento, e Freyre aposta, no final de sua obra, em uma pós-modernidade que conciliaria modernidade e identidade nacional. Romero e Euclides apontam, finalmente, para o choque inevitável entre a tradição simbolizada pela província e pela cultura popular ali vivenciada, no caso do primeiro, e pelo sertanejo e suas virtudes, no caso do segundo, mas não conseguem visualizar perspectivas de conciliação, assim como Cascudo, que transforma sua obra em descrição e apologia das tradições ameaçadas. Já Freyre é mais ambíguo, apontando essa relação como problemática, fazendo o elogio das tradições extintas e associando-as ao domínio patriarcal, mas não desdenhando, necessariamente, da modernidade.

Definidas as posições, torna-se mais clara a perspectiva assumida por cada um em um debate no qual o passado do Brasil esteve em julgamento, a sociedade brasileira esteve em análise e o futuro da nação foi antevisto ora de forma acentuadamente pessimista e contraditória (casos de Romero e Euclides), ora por um otimismo que só fez crescer ao longo do tempo (caso de Freyre), ora de um ângulo francamente saudosista (caso de Cascudo). Analisar, contrastar e confrontar cada uma dessas perspectivas foi meu objetivo ao longo destas páginas.

REFERÊNCIAS

ABDALA JÚNIOR, Benjamin. Sílvio Romero. História da literatura brasileira. In: MOTA, Lourenço Dantas (Org.). *Introdução ao Brasil: um Banquete nos trópicos*. v. II. São Paulo: Editora SENAC, 2002.

ABREU, Martha. Histórias da "Música Popular Brasileira": uma análise da produção sobre o período colonial. In: JANCSÓ, István; KANTOR, Iris (Orgs.). *Festa: cultura e sociabilidade na América Portuguesa*. São Paulo: Hucitec/Edusp/Fapesp/Imprensa Oficial, 2001.

ABREU, Martha. Regionalismo. In: VAINFAS, Ronaldo (Org.). *Dicionário do Brasil Colonial*. Rio de janeiro: Objetiva, 2000.

ABREU, Regina de. Emblemas da nacionalidade: o culto a Euclides da Cunha. *Revista Brasileira de Ciências Sociais*. São Paulo: ANPOCS, v. 24, n. 9, 1994.

ABREU, Regina de. Entre a nação e a alma: quando os mortos são comemorados. *Estudos Históricos*. Rio de Janeiro: Editora da Fundação Getúlio Vargas, v. 7, n. 4, 1994.

ABREU, Regina de. *O enigma de Os sertões*. Rio de Janeiro: Rocco, 1998.

ADORNO, Sérgio. *Os aprendizes do poder: o bacharelismo liberal na política brasileira*. Rio de Janeiro: Paz e Terra, 1988.

ALBUQUERQUE, Medeiros e. *Quando eu era vivo: memórias, 1867 a 1934*. Rio de Janeiro: Globo, 1945.

ALENCAR, José de. *Como e porque sou romancista*. São Paulo: Pontes, 1990.

ALENCAR, José de. *Discursos parlamentares*. Brasília: Câmara dos Deputados, 1977.

ALENCAR, José de. *Iracema*. Rio de Janeiro: Ediouro, 1997.

ALENCAR, José de. *Obras Completas*. Rio de Janeiro: José Aguilar, 1960.

ALENCAR, Maria Amélia Garcia de. A (re)descoberta do sertão. *Estudos*, Goiânia: Universidade Católica de Goiás, v. 27, n. 2, 2000.

ALENCASTRO, Luiz Felipe de. Modelos da história e da historiografia imperial. In: ALENCASTRO, Luiz Felipe de (Org.). *História da vida privada no Brasil.* v. 2. São Paulo: Companhia das Letras, 1998.

AMARAL, Aracy. *Correspondência entre Mário de Andrade & Tarsila do Amaral.* São Paulo: Edusp/IEB, 2001.

AMORY, Frederic. Historical source and biographical context in the interpretation of Euclides da Cunha's *Os sertões. Journal of Latin American Studies.* Cambridge: Cambridge University Press, v. 28, p. 3, 1996.

ANDRADE, Manuel Correia de. Gilberto Freyre e o impacto dos anos 30. *Revista USP.* n. 38. São Paulo: USP, 1998.

ANDRADE, Mário de. *A lição do amigo: cartas de Mário de Andrade a Carlos Drumond de Andrade.* Rio de Janeiro: José Olympio, 1982.

ANDRADE, Mário de. *Cartas a um jovem escritor: Mário de Andrade a Fernando Sabino.* Rio de Janeiro: Record, 1981.

ANDRADE, Mário de. *Ensaio sobre a música brasileira.* São Paulo: Martins, 1962.

ANDRADE, Mário de. *Modinhas imperiais.* São Paulo: Martins, 1964.

ANDRADE, Mário de. *Namoros com a medicina.* São Paulo: Martins, 1965.

ANDRADE, Mário de. *O empalhador de passarinhos.* São Paulo: Martins, 1972.

ANDRADE, Mário de. *Táxi e crônicas no Diário Nacional.* São Paulo: Duas Cidades, 1976.

ANDRADE, Mário de. *Vida literária.* São Paulo: Hucitec/Edusp, 1993.

ANDRADE, Olímpio de Sousa. *História e interpretação de Os sertões.* São Paulo: EDART, 1960.

ANDRADE, Oswald. *Ponta de lança.* Rio de Janeiro: Civilização Brasileira, 1972.

ANDRADE, Oswald. *Telefonema.* Rio de Janeiro: Civilização Brasileira, 1974.

ANDRADE, Oswald. *Um homem sem profissão: sob as ordens de mamãe.* Rio de Janeiro: Civilização Brasileira, 1974.

ARAGÃO, Pedro Muniz de. Achegas históricas. Revista do Instituto Histórico e Geográfico Brasileiro. *Rio de Janeiro: Instituto Histórico e Geográfico Brasileiro, n. 218, 1953.*

ARARIPE JÚNIOR. *Obra Crítica.* v. 1. Rio de Janeiro: Fundação Casa de Rui Barbosa, 1958.

ARARIPE JÚNIOR. *Obra Crítica.* v. 2. Rio de Janeiro: Fundação Casa de Rui Barbosa, 1960.

ARARIPE JÚNIOR. *Obra Crítica.* v. 4. Rio de Janeiro: FundaçãoCasa de Rui Barbosa, 1966.

ARAÚJO, Emanuel. Tão vasto, tão ermo, tão longe: o sertão e o sertanejo nos tempos coloniais. In: DEL PRIORE, Mary (Org.). *Revisão do Paraíso: os brasileiros e o estado em 500 anos de história.* Rio de Janeiro: Campus, 2000.

ARAÚJO, Humberto Hermenegildo. *Modernismo: anos vinte no Rio Grande do Norte*. Natal: Editora Universitária, 1995.

ARAUJO, Ricardo Benzaquem. *Guerra e paz: Casa-grande & Senzala e a obra de Gilberto Freyre nos anos 30*. Rio de Janeiro: Editora 34, 1994.

ARENDT, Hannah. *Origens do totalitarismo*. São Paulo: Companhia das Letras, 1990.

ARIÉS, Phillippe. *O homem diante da morte*. Rio de Janeiro: Francisco Alves, 1982.

AUGRAS, Monique. *O Brasil do samba-enredo*. Rio de Janeiro: Fundação Getúlio Vargas, 1998.

BAREL, Ana Beatris Demarchi. *Um romantismo a Oeste: modelo francês, identidade nacional*. São Paulo: Annablume/FAPESP, 2002.

BARREIRO, Iraíde Marques de Freitas. Educação modernizadora e educação de classes: o lazer, a cultura popular e o trabalho no período de Vargas e Juscelino. *Revista Brasileira de História*. São Paulo: ANPUH/Marco Zero, v. 14, n. 27, 1994.

BARRETO, Lima. *Marginália*. São Paulo: Mérito, 1953.

BARRETO, Lima. *Triste fim de Policarpo Quaresma*. São Paulo: Ática, 1986.

BARRETO, Tobias. *Obras Completas*. Aracaju: Edição do Estado do Sergipe, 1926.

BARROS, Souza. *Arte, folclore, subdesenvolvimento*. Rio de Janeiro: Paralelo, 1971.

BARROSO, Gustavo. *Integralismo e catolicismo*. Rio de Janeiro: ABC, 1937.

BASTIDE, Roger. *Brasil, terra de contrastes*. São Paulo: DIFEL, 1969.

BASTIDE, Roger. *Estudos afro-brasileiros*. São Paulo: Perspectiva, 1973.

BASTIDE, Roger; FERNANDES, Florestan. *Relações raciais entre negros e brancos em São Paulo*. São Paulo: Anhembi, 1955.

BASTOS, Tavares. *O Valle do Amazonas*. São Paulo: Nacional, 1937.

BELLO, Júlio Maria. *Memórias de um senhor de engenho*. Rio de Janeiro: José Olympio, 1944.

BERNUCCI, Leopoldo M. *A imitação dos sentidos: prógonos, contemporâneos e epígonos de Euclides da Cunha*. São Paulo: Edusp, 1995.

BEVILAQUA, Clóvis. *História da Faculdade de Direito do Recife*. Rio de Janeiro: Francisco Alves, 1927.

BEZERRA, Aluízio Coutinho. *A filosofia das ciências naturais na Escola do Recife*. Recife: Ed. Universitária da UFPE, 1988.

BIARD, F. *Dois anos no Brasil*. São Paulo: Nacional, 1945.

BILAC, Olavo. *Obra reunida*. Rio de Janeiro: Nova Aguilar, 1996.

BLOCH, Marc. *Apologia da história ou O ofício de historiador*. Rio de Janeiro: Jorge Zahar, 2002.

BONIFÁCIO, José. *Projetos para o Brasil.* São Paulo: Companhia das Letras, 1998.

BORBA FILHO, Hermilo. *Fisionomia e espírito do mamulengo.* São Paulo: Nacional, 1966.

BOSI, Alfredo. As letras na Primeira República. In: FAUSTO, Boris (Org.). *História geral da civilização brasileira.* t. III, v. II. São Paulo: DIFEL, 1977.

BOSI, Alfredo. *Dialética da colonização.* São Paulo: Companhia das Letras, 1996.

BOSI, Alfredo. *Literatura e resistência.* São Paulo: Companhia das Letras, 2002.

BOSI, Alfredo. *História concisa da Literatura brasileira.* São Paulo: Cultrix, 1970.

BOTELHO, Ângela Vianna. Dança. In: ROMEIRO, Adriana; BOTELHO, Ângela Vianna (Orgs.). *Dicionário Histórico das Minas Gerais.* Belo Horizonte: Autêntica, 2004.

BRAUDEL, Fernand. Casa-grande & Senzala. *Novos Estudos CEBRAP.* São Paulo, n. 56, 2000.

BRAUDEL, Fernand. *Escritos sobre a história.* São Paulo: Perspectiva, 1987.

BRAUDEL, Fernand. *História e ciências sociais.* Lisboa: Presença, 1982.

BRITES, Olga. Ateneu Norte-Rio-Grandense. In: SILVA, Marcos (Org.). *Dicionário crítico Câmara Cascudo.* São Paulo: Perspectiva, 2003.

BRITO, Joaquim Pais de. O fado: etnografia na cidade. In: VELHO, Gilberto (Org.). *Antropologia urbana: cultura e sociedade no Brasil e em Portugal.* Rio de Janeiro: Jorge Zahar, 1999.

BROCA, Brito. *A vida literária no Brasil: 1900.* Rio de Janeiro: José Olympio, 1975.

BROCA, Brito. *Escrita e vivência.* Campinas: Editora da UNICAMP, 1993.

BROCA, Brito. *Papéis de Alceste.* Campinas: Editora da UNICAMP, 1991.

BURKE, Peter. Gilberto Freyre e a Nova História. *Tempo Social.* v. 9, n. 2. São Paulo: USP, 1997.

CABRAL, Oswaldo. *Santa Catarina (história-evolução).* São Paulo: Nacional, 1937.

CAMPOS, Haroldo de. *Morfologia do Macunaíma.* São Paulo: Perspectiva, 1973.

CANCLINI, Néstor Garcia. *Culturas híbridas: estratégias para entrar e sair da modernidade.* São Paulo: Edusp, 1997.

CÂNDIDO, Antônio. *A educação pela noite e outros ensaios.* São Paulo: Ática, 1989.

CÂNDIDO, Antônio. Gilberto Freire, crítico literário. In: AMADO, Gilberto *et al. Gilberto freyre: sua ciência, sua filosofia e sua arte.* Rio de Janeiro: José Olympio, 1962a.

CÂNDIDO, Antônio. Letras e idéias no Brasil colonial. In: HOLANDA, Sérgio Buarque de (Org.). *História Geral da Civilização Brasileira.* t. II. v. I. São Paulo: DIFEL, 1968.

CÂNDIDO, Antônio. *Literatura e sociedade.* São Paulo: Nacional, 1967.

CÂNDIDO, Antônio. O método crítico de Sílvio Romero. Boletim n. 266. *Teoria Literária e Literatura Comparada*, São Paulo: USP, n. 1, 1962b.

CARDOSO, Vicente Licínio. *À margem da história do Brasil.* São Paulo: Nacional, 1938.

CARELLI, Mário. *Culturas cruzadas: intercâmbios culturais entre França e Brasil.* Campinas: Papirus, 1994.

CARNEIRO, Édison. Evolução dos estudos de folclore no Brasil. *Revista Brasileira de Folclore.* n. 3. Brasília: Ministério da Educação e Cultura, 1961.

CARNEIRO, Souza. *Os mitos africanos no Brasil: ciência do folk-lore.* São Paulo: Nacional, 1937.

CARVALHO, José Murilo de. *Pontos e bordados: escritos de história e política.* Belo Horizonte: Editora da UFMG, 1998.

CARVALHO, Orlando M. *O rio da unidade nacional.* São Paulo: Nacional, 1937.

CASCUDO, Luís da Câmara. *Anúbis e outros ensaios: mitologia e folclore.* Rio de Janeiro/Natal: FUNARTE/Achiamé/UFRN, 1983a.

CASCUDO, Luís da Câmara. *A vaquejada nordestina e sua origem.* Natal: Fundação José Augusto, 1976.

CASCUDO, Luís da Câmara. *Civilização e cultura.* Rio de Janeiro: José Olympio, 1973.

CASCUDO, Luís da Câmara. *Conde D'Eu.* São Paulo: Nacional, 1933.

CASCUDO, Luís da Câmara. *Dante Alighieri e a tradição popular no Brasil.* Natal: Fundação José Augusto, 1979a.

CASCUDO, Luís da Câmara. *Dicionário do folclore brasileiro.* Belo Horizonte: Itatiaia, 1984a.

CASCUDO, Luís da Câmara. *Disputas gastronômicas.* Separata da *Revista de Etnografia*, Porto: Museu de Etnografia e História, n. 23, s.d.a.

CASCUDO, Luís da Câmara. *Dois ensaios de História.* Natal: Imprensa Universitária, 1965a.

CASCUDO, Luís da Câmara. *Em memória de Stradelli.* Manaus: Edições do Governo do Estado do Amazonas, 1967a.

CASCUDO, Luís da Câmara. *Em Sergipe del Rey.* Aracajú: Edição do Movimento Cultural de Sergipe, s.d.b.

CASCUDO, Luís da Câmara. *Ensaios de etnografia brasileira.* Rio de Janeiro: Mec/INL, 1971a.

CASCUDO, Luís da Câmara. Entrevista. *A Tarde.* Salvador, 3 dez. 1978a.

CASCUDO, Luís da Câmara. Entrevista. *Diário de Pernambuco.* Recife, 3 dez. 1978b.

CASCUDO, Luís da Câmara. Entrevista. *Folha de S. Paulo.* São Paulo, 30 dez. 1979b.

CASCUDO, Luís da Câmara. Entrevista. In: *O Poti*. Natal, 24 jul. 1975.

CASCUDO, Luís da Câmara. Entrevista. *Última Hora*. Rio de Janeiro, 27 mar. 1977.

CASCUDO, Luís da Câmara. *Esta he Lixboa prezada*. Separata da *Revista de Etnografia*. Porto: Museu de Etnografia e História, n. 21, s.d.c.

CASCUDO, Luís da Câmara. *Gente viva*. Recife: Universidade Federal de Pernambuco, 1970.

CASCUDO, Luís da Câmara. *Geografia do Brasil holandês*. Rio de Janeiro: José Olympio, 1956a.

CASCUDO, Luís da Câmara. *Geografia dos mitos brasileiros*. Rio de Janeiro: José Olympio, 1947.

CASCUDO, Luís da Câmara. *Gorgoneion*. Separata del Tomo I del homenaje a Don Luis de Hoyos & Sanz. Madrid, 1949a.

CASCUDO, Luís da Câmara. *História da alimentação no Brasil*. Belo Horizonte/São Paulo: Itatiaia/Edusp, 1983b.

CASCUDO, Luís da Câmara. *História da cidade do Natal*. Rio de Janeiro/Brasília/Natal, Civilização Brasileira/INL/UFRN, 1980.

CASCUDO, Luís da Câmara. *História de um homem (João Severiano da Câmara)*. Natal: Departamento de Imprensa, 1954.

CASCUDO, Luís da Câmara. *História dos nossos gestos*. Belo Horizonte/São Paulo: Itatiaia/Edusp, 1987.

CASCUDO, Luís da Câmara. *Jangadeiros: uma pesquisa etnográfica*. Rio de Janeiro: MEC, 1957.

CASCUDO, Luís da Câmara. *Literatura oral no Brasil*. Belo Horizonte/São Paulo: Itatiaia/EDUSP, 1984b.

CASCUDO, Luís da Câmara. *Locuções tradicionais no Brasil. Coisas que o povo diz*. Belo Horizonte/São Paulo: Itatiaia/Edusp, 1986a.

CASCUDO, Luís da Câmara. *López do Paraguay*. Mossoró: Fundação Vingt-Un Rosado, 1995.

CASCUDO, Luís da Câmara. *Made in África*. Rio de Janeiro: Civilização Brasileira, 1965b.

CASCUDO, Luís da Câmara. *Meleagro: pesquisa do catimbó e notas da magia branca no Brasil*. Rio de Janeiro, 1978c.

CASCUDO, Luís da Câmara. *Meu amigo Thaville (evocações e panoramas)*. Rio de Janeiro: Pongetti, 1974a.

CASCUDO, Luís da Câmara. *Mouros, franceses e judeus: três presenças no Brasil*. Rio de Janeiro: Letras e Artes, 1967b.

CASCUDO, Luís da Câmara. *Na ronda do tempo (diário de 1969)*. Natal: Imprensa Universitária, 1971b.

CASCUDO, Luís da Câmara. *Nomes da terra: geografia, história e toponímia do Rio Grande do Norte*. Natal: Fundação José Augusto, 1968.

CASCUDO, Luís da Câmara. *Nosso amigo Castriciano*. Natal: Imprensa Universitária, 1965c.

CASCUDO, Luís da Câmara. *Notícia histórica do município de Santana de Matos*. Natal: Departamento de Imprensa, 1955a.

CASCUDO, Luís da Câmara. *O Doutor Barata: político, democrata e jornalista*. Salvador: Instituto Geográfico e Histórico da Bahia, 1938a.

CASCUDO, Luís da Câmara. *O livro das velhas figuras*. Natal: Instituto Histórico e Geográfico do Rio Grande do Norte, 1974b.

CASCUDO, Luís da Câmara. *O Marquês de Olinda*. São Paulo: Nacional, 1938b.

CASCUDO, Luís da Câmara. *Ontem*. Natal: Imprensa Universitária, 1972a.

CASCUDO, Luís da Câmara. O padrinho da Serra do Lima. *Revista do Instituto Histórico e Geográfico do Rio Grande do Norte*. v. LIV. Natal: Instituto Histórico e Geográfico do Rio Grande do Norte, 1961a.

CASCUDO, Luís da Câmara. *Os holandeses no Rio Grande do Norte*. Natal: Departamento de Imprensa, 1949b.

CASCUDO, Luís da Câmara. Os Wanderley no Rio Grande do Norte. *Revista da Academia Norte Riograndense de Letras*, Natal: Academia Norte Riograndense de Letras, n. 6, 1960.

CASCUDO, Luís da Câmara. *Pequeno manual do doente aprendiz*. Natal: Imprensa Universitária, 1969.

CASCUDO, Luís da Câmara. *Prelúdio da cachaça*. Belo Horizonte/São Paulo: Itatiaia/Edusp, 1986b.

CASCUDO, Luís da Câmara. *Rede de dormir*. Rio de Janeiro: MEC, s.d.d.

CASCUDO, Luís da Câmara. *Religião no povo*. João Pessoa: Imprensa Universitária da Paraíba, 1974c.

CASCUDO, Luís da Câmara. Sertanejo e Amazônia. *Revista do Instituto Histórico e Geográfico do Rio Grande do Norte*. v. LXI. Natal: Instituto Histórico e Geográfico do Rio Grande do Norte, 1961b.

CASCUDO, Luís da Câmara. *Sociologia do açúcar. Pesquisa e dedução*. Rio de Janeiro: IAA, 1971c.

CASCUDO, Luís da Câmara. *Superstição no Brasil*. Belo Horizonte/São Paulo: Itatiaia/Edusp, 1985.

CASCUDO, Luís da Câmara. *Superstições e costumes*. Rio de Janeiro: Antunes, 1958.

CASCUDO, Luís da Câmara. *Tradição, ciência do povo*. São Paulo: Perspectiva, 1971d.

CASCUDO, Luís da Câmara. *Tradições populares da pecuária nordestina*. Rio de Janeiro: Serviço de Informação Agrícola, 1955b.

CASCUDO, Luís da Câmara. *Trinta "estórias" brasileiras*. Porto: Portucalense, 1955c.

CASCUDO, Luís da Câmara. *Uma história da Assembléia Legislativa do Rio Grande do Norte*. Natal: Fundação José Augusto, 1972b.

CASCUDO, Luís da Câmara. *Universidade e civilização*. Natal: Editora UFRN, 1988.

CASCUDO, Luís da Câmara. *Vaqueiros e cantadores*. Rio de Janeiro: Edições de Ouro, 1984c.

CASCUDO, Luís da Câmara. *Viajando o sertão*. Natal: Fundação José Augusto/ CERN, 1984d.

CASCUDO, Luís da Câmara. *Vida breve de Auta de Souza, 1876-1901*. Natal: Departamento de Educação e Cultura, 1961c.

CASCUDO, Luís da Câmara. *Vida de Pedro Velho*. Natal: Departamento de Imprensa, 1956b.

CASCUDO, Luís da Câmara. *Vista de Londres*. Separata da *Revista de Etnografia*. Porto: Museu de Etnografia e História, n. 20, s.d.e.

CASCUDO, Luís da Câmara. *Voz de Néssus*. João Pessoa: Universidade Federal da Paraíba/Departamento Cultural, 1966.

CASTRO, Celso. *Os militares e a República*. Rio de Janeiro: Jorge Zahar, 1975.

CAVALCANTI, Paulo. *Eça de Queiróz, agitador no Brasil*. São Paulo: Nacional, 1966.

CHACON, Wamireh. *Gilberto Freyre: uma biografia intelectual*. São Paulo/Recife: Nacional/Massangana, 1993.

CHAUÍ, Marilena; FRANCO, Maria Sylvia de Carvalho. *Ideologia e mobilização popular*. Rio de Janeiro: Paz e Terra/CEDEC, 1978.

CHEVALIER, Jean; GHEERBRANT. *Dicionário de símbolos (mitos, sonhos, costumes, gestos, formas, figuras, cores, números)*. Rio de Janeiro: José Olympio, 1997.

CITELLI, Adílson. *Roteiro de leitura: Os sertões de Euclides da Cunha*. São Paulo: Ática, 1998.

CLASTRES, Hélène. *Terra sem mal*. São Paulo: Brasiliense, 1978.

COLAS, Dominique. Lênin: o Estado e a Revolução. In: CHÂTELET, François; DUHAMEL, Olivier; PISIER, Eveline (Orgs.). *Dicionário de obras políticas*. Rio de Janeiro: Civilização Brasileira, 1993.

COMTE, Auguste. *Discurso sobre o espírito positivo*. São Paulo: Abril Cultural, 1983.

CONDORCET. *Cinq mémoires sur l'instrution publique*. Paris: Flammarion, 1994.

CONTIER, Arnaldo D. Modernismo e brasilidade: música, utopia e tradição. In: NOVAES, Adauto (Org.). *Tempo e história*. São Paulo: Companhia das Letras, 1996.

CORRÊA, Mariza. *As ilusões da liberdade: a Escola Nina Rodrigues e a antropologia no Brasil.* Bragança Paulista: Editora da Universidade São Francisco, 2001.

COSTA, Américo de Oliveira. *Viagem ao universo de Câmara Cascudo: tentativa de ensaio bibliográfico.* Natal: Fundação José Augusto, 1969.

COSTA, Cruz. *Contribuição à história das idéias no Brasil.* Rio de Janeiro: Civilização Brasileira, 1967.

COSTA, Cruz. Euclides da Cunha e os filósofos. *Revista Brasiliense*, São Paulo: Brasiliense, n. 25, 1960.

COURCY, Visconde Ernest de. *Seis semanas nas minas de ouro do Brasil.* Belo Horizonte: Fundação João Pinheiro, 1997.

COUTINHO, Afrânio (Org.). *A polêmica Alencar-Nabuco.* Rio de Janeiro/Brasília: Tempo Brasileiro/Brasília Editora da UNB, 1978.

CRULS, L. *Relatório da comissão exploradora do Planalto Central do Brasil.* São Paulo: Nacional, 1947.

CUNHA, Euclides da. *À margem da história.* São Paulo: Cultrix/MEC, 1975a.

CUNHA, Euclides da. *Caderneta de campo.* São Paulo: Cultrix/MEC, 1975b.

CUNHA, Euclides da. *Contrastes e confrontos.* São Paulo: Cultrix/MEC, 1975c.

CUNHA, Euclides da. *Correspondência.* GALVÃO, Walnice Nogueira; GALOTTI, Oswaldo (Orgs.). São Paulo, Edusp, 1997.

CUNHA, Euclides da. *Obra completa.* Rio de Janeiro: Nova Aguillar, 1995.

CUNHA, Euclides da. *Os sertões.* Brasília: Francisco Alves, 1984.

CUNHA, Mário Wagner Vieira da. Descrição da Festa de Bom Jesus de Pirapora. *Revista do Arquivo Municipal.* v. XLI. São Paulo: Arquivo Municipal, 1937.

DANTAS, Paulo. Euclides e as dimensões sertanejas. *Revista Brasiliense.* n. 19. São Paulo, 1959.

DAVIDOFF, C. H. A ideologia da modernização em Gilberto Freyre e Oliveira Viana. *Perspectiva*, São Paulo: UNESP, v. 5, 1982.

DEBES, Célio. *Júlio Prestes e a Primeira República.* São Paulo: Convênio IMESP/DAESP, 1982.

DEL PRIORE, Mary. *Festas e utopias no Brasil colonial.* São Paulo: Brasiliense, 1994.

DELSON, Roberta M. Urbanização. In: SILVA, Maria Beatriz Nizza da (Org). *Dicionário da história da colonização portuguesa no Brasil.* São Paulo: Verbo, 1994.

DIAS, Maria Odila da Silva. *Cotidiano e poder em São Paulo no século XIX.* São Paulo: Brasiliense, 1995.

DIDEROT, Denis. *Obras.* t. I. Filosofia e política. (Organizado por Jacó Guinsburg). São Paulo: Perspectiva, 2000.

DOBRORUKA, Vicente. *Antônio Conselheiro: o beato endiabrado de Canudos.* Rio de Janeiro: Diadorim, 1997.

DOCUMENTOS INTERESSANTES, v. LIV. São Paulo: Imprensa Oficial, 1932.

ELIAS, Norbert. *O processo civilizatório.* Lisboa: Publicações Dom Quixote, 1990.

ENGELS, Friedrich. Contribuição ao problema da habitação. In: MARX, Karl; ENGELS, Friedrich. *Obras escolhidas.* São Paulo: Alfa-Ômega, s.d.

ENGELS, Friedrich. Os bakuninistas em ação. In: MARX/ENGELS/LENIN. *Escritos militares.* São Paulo: Global, 1981.

EVANS-PRITCHARD, E. E. *Antropologia social da religião.* Rio de Janeiro: Campus, 1978.

FACINA, Adriana. Arte nacional e educação estética em Mário de Andrade. In: REIS FILHO, Daniel Aarão (Org.). *Intelectuais, história e política: séculos XIX e XX.* Rio de Janeiro: 7 Letras, 2000.

FALCON, Francisco José Calazans. O Brasil de Capistrano de Abreu: características de sua produção historiográfica. *Trajetos,* Fortaleza: UFC, v. 3, n. 5, 2004.

FERNANDES, Florestan. *A condição de sociólogo.* São Paulo: Hucitec, 1978.

FERNANDES, Florestan. *A sociologia no Brasil.* Petrópolis: Vozes, 1977.

FERNANDES, Florestan. *O folclore em questão.* São Paulo: Hucitec, 1979.

FERNANDES, Florestan. *Sociedade de classes e subdesenvolvimento.* Zahar: Rio de Janeiro, 1972 .

FERREIRA, Sônia Maria Fernandes. *De como Câmara Cascudo se tornou um autor consagrado.* Natal: Clima, 1986.

FERREIRA, Antônio Celso. *A epopéia bandeirante: letrados, instituições, invenção histórica (1870-1940).* São Paulo: Editora UNESP, 2002.

FERREIRA, Pinto. Panorama da sociologia brasileira. *Revista Brasiliense.* São Paulo, n. 14, 1957.

FRANCO JÚNIOR, Hilário. Contos tradicionais do Brasil. In: SILVA, Marcos (Org.). *Dicionário crítico Câmara Cascudo.* São Paulo: Perspectiva, 2003.

FREYRE, Gilberto. *A Amazônia brasileira e uma possível lusotropicologia.* Rio de Janeiro: SPVEA, 1964a.

FREYRE, Gilberto. *A casa brasileira.* Rio de Janeiro: Grifo Edições, 1971a.

FREYRE, Gilberto. *Açúcar: em torno da etnografia, da história e da sociologia do doce no Nordeste canavieiro do Brasil.* Brasília: MIC/IAA, 1969.

FREYRE, Gilberto. A escravidão, a monarquia e o Brasil moderno. *Revista Brasileira de Estudos Políticos,* Belo Horizonte: UFMG, v. 1, n. 1, 1956a.

FREYRE, Gilberto. *Além do apenas moderno: sugestões em torno de possíveis futuros do homem, em geral, e do homem brasileiro, em particular.* Rio de Janeiro: José Olympio, 1973.

FREYRE, Gilberto. A propósito de cultura hispânica como cultura transnacional projetada sobre o futuro. *Revista Brasileira de Cultura,* Rio de Janeiro: Conselho Federal de Cultura, n. 9, 1971b.

FREYRE, Gilberto. A propósito de um livro em terceira edição. *Revista do Brasil,* Rio de Janeiro, v. 1, n. 1., 1938.

FREYRE, Gilberto. *Assombrações do Recife velho.* Rio de Janeiro: José Olympio, 1970a.

FREYRE, Gilberto. *Aventura e rotina.* Rio de Janeiro: José Olympio, 1953a.

FREYRE, Gilberto. A visão poética no romance. *Correio da Manhã,* Rio de Janeiro, 10 nov. 1939a.

FREYRE, Gilberto. *Brasis, Brasil e Brasília.* Lisboa: Edição Livros do Brasil, s.d.

FREYRE, Gilberto. Casas de residência no Brasil. *Revista do Serviço do Patrimônio Histórico e Artístico Nacional,* Rio de Janeiro, n. 7 , 1943a.

FREYRE, Gilberto. *Casa grande & senzala.* Rio de Janeiro: José Olympio,1978.

FREYRE, Gilberto. *Como e porque sou e não sou sociólogo.* Brasília: Editora UnB, 1968a.

FREYRE, Gilberto. *Continente e ilha.* Rio de Janeiro: C.E.B., 1943b.

FREYRE, Gilberto. *De lo regional a lo universal en la interpretación de los complejos socioculturales: aspectos de un criterio antropologico de generalización de los fenómenos particulares, que interessa a la universidade de la historia.* Separata da *Revista de la Universidad de Madrid,* Madrid, v. 12, n. 45, 1964b.

FREYRE, Gilberto. Diários e memórias. *Correio da Manhã,* Rio de Janeiro, 15 abr. 1941.

FREYRE, Gilberto. Documentos brasileiros. *Diário de Pernambuco,* Recife, jul.1936.

FREYRE, Gilberto. Em defesa da saudade. *Jornal do Commercio,* Recife, 3 out. 1965.

FREYRE, Gilberto. Em torno do atual Ph.deísmo: algumas reflexões talvez oportunas. *Ciência e Cultura.* v. 32, n. 3. São Paulo: SBPC, 1980a.

FREYRE, Gilberto. *Ferro e civilização no Brasil.* Rio de Janeiro/Recife, Record/ Fundação Gilberto Freire, 1988.

FREYRE, Gilberto. *Guia prático, histórico e sentimental da cidade do Recife.* Rio de Janeiro: José Olympio, 1968b.

FREYRE, Gilberto. *Homem, cultura e trópico.* Recife: Imprensa Universitária, 1962a.

FREYRE, Gilberto. *Homens, engenharias e rumos sociais.* Rio de Janeiro: Record, 1987a.

FREYRE, Gilberto. *Ingleses.* Rio de Janeiro: José Olympio, 1942a.

FREYRE, Gilberto. *Ingleses no Brasil.* Rio de Janeiro: Top Books, 2000.

FREYRE, Gilberto. *Integração das raças autóctones e de culturas diferentes da européia na comunidade luso-tropical: aspectos gerais de um processo.* Lisboa: Congresso Internacional de História dos Descobrimentos, 1961a.

FREYRE, Gilberto. *Interpretação do Brasil.* Rio de Janeiro: José Olympio, 1947.

FREYRE, Gilberto. *José de Alencar.* Rio de Janeiro: Ministério da Educação e Cultura, 1952.

FREYRE, Gilberto. Menos especialista que generalista. In: *Gilberto Freyre na Universidade de Brasília: conferências e comentários de um simpósio internacional realizado de 13 a 17 de outubro de 1980.* Brasília: Editora UnB, 1981.

FREYRE, Gilberto. *Nação e Exército.* Rio de Janeiro: José Olympio, 1949.

FREYRE, Gilberto. *Nordeste.* Rio de Janeiro: José Olympio, 1937.

FREYRE, Gilberto. Novas sugestões em torno de D. Pedro II. *Anuário do Museu Imperial,* Petrópolis, v. 42/43, 1981/1982.

FREYRE, Gilberto. *Novo mundo nos trópicos.* São Paulo: Nacional/EDUSP, 1971c.

FREYRE, Gilberto. O brasileiro como tipo nacional de homem situado no trópico e, na sua maior parte, moreno: comentário em torno de um tema complexo. *Revista Brasileira de Cultura,* Rio de Janeiro: Conselho Federal de Cultura, n. 6, 1970b.

FREYRE, Gilberto. *O Brasil em face das Áfricas negras e mestiças.* Rio de Janeiro: Federação das Associações Portuguesas, 1962b.

FREYRE, Gilberto. O caráter nacional brasileiro no século vinte. *Ciência & Trópico,* Recife: FUNDAJ/Massangana, v. 13, n. 1, 1985.

FREYRE, Gilberto. *O escravo nos anúncios de jornais brasileiros do século XIX.* Recife: Imprensa Universitária, 1963.

FREYRE, Gilberto. O estudo das ciências sociais nas universidades americanas. *Rumos,* Rio de Janeiro, v. 1, n. 1, 1943c.

FREYRE, Gilberto. *Olinda: 2ª guia prático, histórico e sentimental de cidade brasileira.* Rio de Janeiro: José Olympio, 1968c.

FREYRE, Gilberto. *O mundo que o português criou.* Rio de Janeiro: José Olympio, 1940.

FREYRE, Gilberto. O negro na formação étnico-social do Brasil. *Anuário do Museu Imperial,* Petrópolis, v. 4, 1976-1980.

FREYRE, Gilberto. *Ordem e progresso.* Rio de Janeiro: José Olympio, 1959a.

FREYRE, Gilberto. Ortega y Gasset: an outline of his philosophy. *Science & Society,* New York, v. 21, n. 4, 1957.

FREYRE, Gilberto. *Perfil de Euclides e outros perfis.* Rio de Janeiro: José Olympio, 1944.

FREYRE, Gilberto. Precisa-se do Ceará. *O Jornal.* Rio de Janeiro, 9 set. 1944.

FREYRE, Gilberto. Precursores esquecidos. *O Jornal.* Rio de Janeiro, 21 jul. 1942b.

FREYRE, Gilberto. Prefácio. In: MELLO, José Antônio Gonçalves de. *Tempo dos flamengos: influência da ocupação holandesa na vida e na cultura do Norte do Brasil.* Recife: Fundação Joaquim Nabuco/Massangana, 1987b.

FREYRE, Gilberto. *Problemas brasileiros de antropologia.* Rio de Janeiro: José Olympio, 1959b.

FREYRE, Gilberto. *Quase política.* Rio de Janeiro: José Olympio, 1966.

FREYRE, Gilberto. *Região e tradição.* Rio de Janeiro: Record, 1968d.

FREYRE, Gilberto. *Retalhos de jornais velhos.* Rio de Janeiro: José Olympio, 1964c.

FREYRE, Gilberto. *Sobrados e mucambos.* Rio de Janeiro: José Olympio, 1977.

FREYRE, Gilberto. *Sociologia.* Rio de Janeiro: José Olympio, 1967.

FREYRE, Gilberto. *Sugestões de um novo contato com universidades européias.* Recife: Imprensa Universitária, 1961b.

FREYRE, Gilberto. Tempo, ócio e arte: reflexões de um latino-americano em face do avanço da automação. *Revista de Cultura,* Rio de Janeiro: Conselho Federal de Cultura, n. 2, parte 3, 1970c.

FREYRE, Gilberto. *Tempos de aprendiz e outros tempos.* Rio de Janeiro: José Olympio, 1980b.

FREYRE, Gilberto. Tradição e experimentação. *Jornal do Commercio,* Recife, 16 abr. 1959c.

FREYRE, Gilberto. *Uma política transnacional de cultura para o Brasil de hoje.* Rio de Janeiro: Edições da Revista Brasileira de Estudos Políticos, 1960a.

FREYRE, Gilberto. *Um brasileiro em terras portuguesas.* Rio de Janeiro: José Olympio, 1953b.

FREYRE, Gilberto. *Um engenheiro francês no Brasil.* Rio de Janeiro: José Olympio, 1960b.

FREYRE, Gilberto. Um guia de Olinda. *Correio da Manhã,* Rio de Janeiro, 31 maio 1939c.

FREYRE, Gilberto. Um Instituto de Tropicologia no Brasil. *O Cruzeiro,* 28 jul. 1956b.

FREYRE, Gilberto. *Vida, forma e cor.* Rio de Janeiro: José Olympio, 1962c.

GALVÃO, Walnice Nogueira. *As formas do falso: um estudo sobre a ambigüidade no Grande sertão: veredas.* São Paulo: Perspectiva, 1972.

GALVÃO, Walnice Nogueira. Euclides, elite modernizadora e enquadramento. In: CUNHA, Euclides da. *Textos escolhidos.* Organizado por Walnice Nogueira Galvão. São Paulo: Ática, 1984.

GALVÃO, Walnice Nogueira. *Gatos de outro saco: ensaios críticos.* São Paulo: Brasiliense, 1981.

GAMA, Pe. Lopes. *O carapuceiro: crônica de costumes.* São Paulo: Companhia das Letras, 1996.

GARBUGLIO, José. O nacionalismo aberto de Euclides da Cunha. *Revista do Instituto de Estudos Brasileiros*, São Paulo: Instituto de Estudos Brasileiros da USP, n. 5, 1968.

GAY, Peter. *O estilo na história: Gibbon, Ranke, Macaulay, Burckhardt*. São Paulo: Companhia das Letras, 1990.

GOMES, Ângela de Castro. Gilberto Freyre e Oliveira Lima: Casa-grande & Senzala e o contexto historiográfico do início do século XX. *História*, São Paulo: UNESP, v. 20, 2001.

GOMES, Ângela de Castro. *História e historiadores: a política cultural do Estado Novo*. Rio de Janeiro, Editora da FGV, 1996.

GOMES, Paulo Emílio Sales. Euclides da Cunha, Olavo Bilac e o integralismo. In: CALIL, Carlos Augusto; MACHADO, Maria Teresa (Orgs.). *Paulo Emílio: um intelectual na linha de frente*. São Paulo/Rio de Janeiro: Brasiliense/EMBRAFILME, 1986.

GORENDER, Jacob. *O escravismo colonial*. São Paulo: Ática, 1985.

GREENFIELD, Gerald Michael. The great drought and elite discourse in imperial Brazil. *The Hispanic American Historical Review*, Duke: Durnham Univesity Press, v. 72, n. 3, 1992.

GUMPLOWICZ, Luis. *La lucha de razas*. Buenos Aires: Editorial FAZ, 1944.

HALBWACHS, Maurice. *A memória coletiva*. São Paulo: Vértice, 1990.

HARDMAN, Francisco Foot. Antigos modernistas. In: NOVAES, Adauto (Org.). *Tempo e história*. São Paulo: Companhia das Letras, 1996.

HEGEL, Georg Wilhelm Friedrich. *Enciclopédia das ciências filosóficas em compêndio: 1830*. São Paulo: Loyola, 1997.

HERF, Jeffrey. *O modernismo reacionário: tecnologia, cultura e política em Weimar e no Terceiro Reich*. São Paulo: Ensaio, 1993.

HERMANN, Jacqueline. Sertão. In: VAINFAS, Ronaldo (Org.). *Dicionário do Brasil Colonial*. Rio de janeiro: Objetiva, 2000.

HOBSBAWM, Eric. Introdução: A invenção das tradições. In: HOBSBAWM, Eric; RANGER, Terence (Orgs.). *A invenção das tradições*. Rio de Janeiro: Paz e Terra, 1984.

HOBSBAWM, Eric. *Mundos do trabalho: novos estudos sobre história operária*. Rio de Janeiro: Paz e Terra, 1987.

HOLLANDA, Aurélio Buarque de. *Novo Dicionário Aurélio (Versão eletrônica)*. Sem local: Positivo Informática, versão 5.0.40.

HOORNAERT, Eduardo. A cristandade durante a primeira época colonial. In: HOORNAERT, Eduardo *et al*. *História da Igreja no Brasil*. Petrópolis: Paulinas/Vozes, 1992.

HUTTON, Ronald. The English Reformation and evidence of folklore. *Past & Present*, Oxford: Oxford University Press, n. 148, 1995.

IANNI, Otávio. *As metamorfoses do escravo*. São Paulo: DIFEL, 1962.

IANNI, Otávio. *Raças e classes sociais no Brasil*. Rio de Janeiro: Civilização Brasileira, 1972.

IGLÉSIAS, Francisco. *Historiadores do Brasil: capítulos da historiografia brasileira*. Rio de Janeiro/Belo Horizonte: Nova Fronteira/Editora da UFMG, 2000.

KOSTER, Henry. *Viagem ao Nordeste do Brasil*. São Paulo: Nacional, 1942

LAYTANO, Dante de. Lendas do Rio Grande do Sul. *Revista do Instituto Histórico e Geográfico Brasileiro*, Rio de Janeiro: Departamento de Imprensa Nacional, n. 231, 1956.

LECLERC, Max. *Cartas do Brasil*. São Paulo: Nacional, 1942.

LEITE, Dante Moreira. *O caráter nacional brasileiro: história de uma ideologia*. São Paulo: Pioneira, 1976.

LEVINE, Robert M. *O regime de Vargas: os anos críticos (1934-1938)*. Rio de Janeiro: Nova Fronteira, 1980.

LEVINE, Robert M. *O sertão prometido: o massacre de Canudos*. São Paulo: Edusp, 1995.

LEVINE, Robert M. *Pai dos pobres? O Brasil e a era Vargas*. São Paulo: Companhia das Letras, 2001.

LIMA, Diógenes da Cunha. *Câmara Cascudo: um brasileiro feliz*. Natal: Editora RN/Econômico, 1978.

LIMA, Augusto Guilherme Mesquitela. Portugal e África na obra de Câmara Cascudo. *Cronos*, Natal: EDUFRN, v. 1, n. 1, 2000.

LIMA, Rossini Tavares de. Os namoros de uma socióloga. *Revista Brasileira de Folclore*, Brasília: MEC, n. 36, 1973.

LIMA, Luiz Costa. *O controle do imaginário: razão e imaginação no Ocidente*. São Paulo: Brasiliense, 1984.

LIMA, Luiz Costa. *A aguarrás do tempo: estudos sobre a narrativa*. Rio de Janeiro: Rocco, 1989.

LIMA, Luiz Costa. *Terra ignota: a construção de Os sertões*. Rio de Janeiro: Civilização Brasileira, 1997.

LIMA, Oliveira. *Memórias*. Rio de Janeiro: José Olympio, 1937.

LIMA, Heitor Ferreira. *História político-econômica e industrial do Brasil*. São Paulo: Nacional, 1970.

LINS, Ivan. Euclides da Cunha e o pensamento filosófico de seu tempo. *Revista Brasileira de Cultura*, Rio de Janeiro: Conselho Federal de Cultura, n. 14, 1972.

LOBATO, Monteiro. *A barca de Gleyre*. São Paulo: Brasiliense, 1951.

LOBATO, Monteiro. *Na antevéspera*. São Paulo: Brasiliense, 1968.

MACEDO, Joaquim Manoel de. *As vítimas-algozes*. São Paulo: Scipione, 1991.

MACEDO, Muirakytan K. de. Notícia Histórica do município de Santana do Matos. In: SILVA, Marcos (Org.). *Dicionário crítico Câmara Cascudo*. São Paulo: Perspectiva, 2003.

MACEDO, Ubiratan Borges de. *A idéia de liberdade no século XIX: o caso brasileiro*. Rio de Janeiro: Expressão e Cultura, 1997.

MACHADO, Alcântara. *Vida e morte do bandeirante*. São Paulo: Martins, 1953.

MACHADO, Luiz Toledo. *Antônio de Alcântara Machado e o modernismo*. Rio de Janeiro: José Olympio, 1970.

MACHADO NETO, Zahidé. O sociólogo em *Memórias de um sargento de milícias*. *Revista Brasilense*, São Paulo: Brasilense, n. 28, 1960.

MACHADO NETO, A. L. *História das idéias jurídicas no Brasil*. São Paulo: Grijalbo, 1969.

MAGALHÃES, Basílio de. Mato Grosso: de Pascoal Moreira Cabral a Cândido Rondon (aspectos históricos, políticos, etnográficos e folclóricos). *Revista do Instituto Histórico e Geográfico Brasileiro,* Rio de Janeiro: Departamento de Imprensa Nacional, n. 206, 1952.

MAIO, Marcos Chor. Tempo controverso: Gilberto Freyre e o projeto da UNESCO. *Tempo Social,* São Paulo: USP, v. 11, n. 1, 1999.

MARINHO, Francisco Fernandes. *Câmara Cascudo em Portugal e o "I Congresso Luso-Brasileiro de Folclore"*. Natal: Sebo Vermelho, 2004.

MARTINS, Wilson. *História da inteligência brasileira*. São Paulo: T. A. Queiróz, 1996.

MARX, Karl. Futuros resultados do domínio britânico na India. In: MARX, Karl; ENGELS, Friedrich. *Obras escolhidas*. São Paulo: Alfa-Ômega, s.d.

MARX, Karl. *Grundrisse: foundations of the critique of political economy*. New York: Vintage Books, 1973

MARX, Karl. *O Capital*. São Paulo: Abril Cultural, 1984.

MATTOS, Ilmar Rohloff de. *O tempo saquarema: a formação do Estado Imperial*. Rio de Janeiro: Access, 1994.

MAUSS, Marcel. *Ensaios de sociologia*. São Paulo: Perspectiva, 1981.

MAZZOLENI, Gilberto. *O planeta cultural: para uma ideologia histórica*. São Paulo: Edusp, 1992.

MEDEIROS, Jarbas. *Ideologia autoritária no Brasil: 1930-1945*. Rio de Janeiro: Editora da Fundação Getúlio Vargas, 1978.

MELLO, Evaldo Cabral de. *Um imenso Portugal: história e historiografia*. Rio de Janeiro: Editora 34, 2002.

MELLO, Veríssimo de (Org.). *Cartas de Mário de Andrade a Luis da Câmara Cascudo*. Belo Horizonte: Villa Rica, 1991.

MENDONÇA, Carlos Sussekind de. *Sílvio Romero: sua formação intelectual (1851-1880)*. São Paulo: Nacional, 1938.

MERCADANTE, Paulo. *Militares e civis: a ética e o compromisso*. Rio de Janeiro: Zahar, 1978.

MILL, John Stuart. *Da liberdade*. São Paulo: IBRASA, 1963.

MIZRAHI, Rachel. Os holandeses no Rio Grande do Norte. In: SILVA, Marcos (Org.). *Dicionário crítico Câmara Cascudo*. São Paulo: Perspectiva, 2003.

MONTANARI, Massimo. Alimentação. In: LE GOFF, Jacques; SCHMITT, Jean-Claude (Orgs.). *Dicionário temático do Ocidente Medieval*. Bauru/São Paulo: EDUSC/Imprensa Oficial, 2002.

MONTESQUIEU. *Do espírito das leis*. São Paulo: Abril Cultural, 1973.

MORAES FILHO, Evaristo de. *A campanha abolicionista (1879-1888)*. Brasília: Editora UnB, 1985.

MORAES FILHO, Evaristo de. A política trabalhista brasileira: origens e características. In: *Idéias políticas no Brasil*. São Paulo: Convívio, 1979.

MORAES FILHO, Evaristo de. *Medo à utopia: o pensamento social de Tobias Barreto e Sílvio Romero*. Rio de Janeiro/Brasília: Nova Fronteira/INL, 1985.

MORAES FILHO, Evaristo de. A proto-história do marxismo no Brasil. In: REIS FILHO, Daniel Aarão *et al. História do Marxismo no Brasil*. v. I.: o impacto das revoluções. Rio de Janeiro: Paz e Terra, 1991.

MORLEY, Helena. *Minha vida de menina*. São Paulo: Companhia das Letras, 1999.

MORSE, Richard M. *Formação histórica de São Paulo*. São Paulo: DIFEL,1970.

MOTA, Maria Aparecida Resende. *Sílvio Romero: dilemas e combates no Brasil da virada do século XX*. Rio de Janeiro: Editora FGV, 2000.

MOTTA, Roberto. Meleagro. In: SILVA, Marcos (Org.). *Dicionário crítico Câmara Cascudo*. São Paulo: Perspectiva, 2003.

MOTTA, Carlos Guilherme. *Ideologia da cultura brasileira: pontos de partida para uma revisão histórica*. São Paulo: Ática, 1977.

MOURA, Clóvis. *Introdução ao pensamento de Euclides da Cunha*. Rio de Janeiro: Civilização Brasileira, 1964.

MOURA, Roberto. No Rio depois da Áurea. *Estudos Afro-Asiáticos*. n. 15. Rio de Janeiro: CEAA, 1988.

MOUTINHO, José Geraldo Nogueira. Gilberto Freyre entre Euclides e Nabuco. *Ciência & Trópico*, Recife, v. 15, n. 2, 1987.

NABUCO, Joaquim. *Escritos e discursos literários*. São Paulo: Ipê, 1949.

NABUCO, Joaquim. *Minha formação*. Rio de Janeiro: W. M. Jackson, s.d.

NABUCO, Joaquim. *Um estadista do Império*. Rio de Janeiro/São Paulo: Nacional/Civilização Brasileira, 1936.

NEIVA, Artur; PENA, Belisário. *Viagem científica pelo norte da Bahia, sudoeste de Pernambuco, sul do Piauí e de norte a sul de Goiás*. Brasília: Senado Federal, 1999.

NIETZSCHE, Friedrich Wilhelm. *A genealogia da moral*. São Paulo: Moraes, 1985.

NIETZSCHE, Friedrich Wilhelm. *Crepúsculo dos ídolos*. São Paulo: Ediouro, s.d.

NOGUEIRA, Alcântara. *Conceito ideológico do Direito na Escola do Recife*. Fortaleza: Banco do Nordeste do Brasil S.A., 1980.

NOVAIS, Fernando A. *Condições da privacidade na colônia*. In: SOUZA, Laura de Mello e (Org.). *História da vida privada no Brasil*. v. 1. São Paulo: Companhia das Letras, 1997.

ODÁLIA, Nilo. *As formas do mesmo: ensaio sobre o pensamento historiográfico de Varnhagem e Oliveira Vianna*. São Paulo: Editora da UNESP, 1997.

ODÁLIA, Nilo. Formas do pensamento historiográfico brasileiro. Anais de História, Assis: UNESP, ano VIII, 1976.

OLIVEIRA, Gilson. *Câmara Cascudo: um homem chamado Brasil*. Brasília: Brasília Jurídica, 1999.

OLIVEIRA, Lúcia Lippi. *Americanos: representações da identidade no Brasil e nos Estados Unidos*. Belo Horizonte: Editora UFMG, 2000.

OLIVEIRA, Samuel de. Sílvio Romero e a alma brasileira. *Revista do Brasil*, São Paulo, n. 2, 1916.

ORTIZ, Renato. *Cultura brasileira e identidade nacional*. São Paulo: Brasiliense, 1984.

ORTIZ, Renato. Notas sobre as ciências sociais no Brasil. *Novos Estudos CEBRAP*, São Paulo, n. 27, 1990.

PAES, José Paulo. *A aventura literária: ensaio sobre ficção e ficções*. São Paulo: Companha das Letras, 1990.

PAIM, Antônio. *A filosofia da escola do Recife*. Rio de Janeiro: Saga, 1966.

PAOLI, Maria Célia. Movimentos sociais, movimentos republicanos? In: SILVA, Fernando Teixeira da et al. (Org.). *República, liberalismo, Cidadania*. Piracicaba: Editora UNIMEP, 2003.

PATERNOSTRO, Júlio. *Viagem ao Tocantins*. São Paulo: Nacional, 1945.

PIERSON, Donald. *Brancos e pretos na Bahia*. São Paulo: Nacional, 1945.

PRADO, J. F. de Almeida. *D. João VI e o início da classe dirigente no Brasil (depoimento de um pintor austríaco no Rio de Janeiro)*. São Paulo: Nacional, 1968.

QUEIROZ, Maria Isaura Pereira de. Nostalgia do outro e do alhures: a obra sociológica de Roger Bastide. In: BASTIDE, Roger. *Sociologia* (Organizado por Maria Isaura Pereira de Queiroz). São Paulo: Ática, 1983.

QUEIROZ, Maria Isaura Pereira de. Uma nova interpretação do Brasil: a contribuição de Roger Bastide à sociologia brasileira. *Revista do Instituto de Estudos Brasileiros,* São Paulo: USP, n. 20, 1978.

RABELLO, Sylvio. *Euclides da Cunha.* Rio de Janeiro: Civilização Brasileira, 1966.

RABELLO, Sylvio. *Itinerário de Sílvio Romero.* Rio de Janeir: José Olympio, 1944.

RAMOS, Arthur. O folk-lore do S. Francisco (de umas velhas notas de viagem). *Revista do Brasil,* 3ª Phase, Rio de Janeiro, n. 1, 1938.

RANGEL, Alberto. Os sertões brasileiros. In: *Annaes da Bibliotheca Nacional do Rio de Janeiro.* v. XXXV. Rio de Janeiro: Officianas Graphicas da Bibliotheca Nacional, 1916.

RANGEL, Alberto. *Rumos e perspectivas.* São Paulo: Nacional, 1934.

REBOUÇAS, André. *Diário e notas autobiográficas.* Rio de Janeiro: José Olympio, 1938.

REIS, José Carlos. *As identidades do Brasil: de Varnhagem a FHC.* Rio de Janeiro: Editora FGV, 1999.

RESENDE, Francisco de Paula Ferreira. *Minhas recordações.* Rio de Janeiro: José Olympio, 1944.

REZENDE, Maria José de. Os sertões e os (des)caminhos da mudança social no Brasil. *Tempo Social,* São Paulo: USP, v. 13, n. 2, 2001.

RIBEIRO, João. Curso de folk-lore. In: *Annaes da Bibliotheca Nacional do Rio de Janeiro.* v. XXXV. Rio de Janeiro: Officinas Graphicas da Biblioteca Nacional, 1916.

RIBEIRO, Joaquim. Rui e o folclore. *Revista do Instituto Histórico e Geográfico Brasileiro,* Rio de Janeiro: Departamento de Imprensa Nacional, n. 205, 1952.

RIO, João do. *O momento literário.* Rio de Janeiro: Fundação Biblioteca Nacional/ Departamento Nacional do Livro, 1994.

RIO, João do. *A alma encantadora das ruas.* São Paulo: Companhia das Letras, 1997.

RICARDO, Cassiano. *Marcha para o Oeste.* Rio de Janeiro: José Olympio, 1940.

RISÉRIO, Antônio. Black Out: a exclusão do texto africano. *Revista USP,* São Paulo, n. 18, 1993.

ROBE, Stanley L. Contemporary trends in folklore research. *Latin American Research Review,* Austin: The University of Texas, v. 2, n. 2, 1967.

RODRIGUES, Nelson. *O reacionário: memórias e confissões.* São Paulo: Companhia das Letras, 1995.

ROMERO, Sílvio. *Cantos populares do Brasil.* Rio de Janeiro: José Olympio, 1954.

ROMERO, Sílvio. *Ensaios de filosofia do Direito.* Distrito Federal: Cunha & Irmãos, 1895.

ROMERO, Sílvio. *Estudos sobre a poesia popular no Brasil.* Petrópolis: Vozes, 1977.

ROMERO, Sílvio. *História da literatura brasileira.* Rio de Janeiro: José Olympio, 1943.

ROMERO, Sílvio. *Machado de Assis: estudo comparativo de literatura brasileira.* Campinas: Editora da UNICAMP, 1982.

ROMERO, Sílvio. *Martins Pena.* Porto: Chardron, 1901a.

ROMERO, Sílvio. *Novos estudos de literatura contemporânea.* Rio de Janeiro: H. Garnier, 1898.

ROMERO, Sílvio. *Obra filosófica.* Rio de Janeiro: José Olympio, 1969.

ROMERO, Sílvio. *O Brasil na primeira década do século XX.* Lisboa: A Editora, 1911.

ROMERO, Sílvio. *Passe recibo.* Belo Horizonte: Imprensa Oficial, 1904.

ROMERO, Sílvio. *Pinheiro Chagas.* Lisboa: Tipografia da Editora, 1901b.

ROMERO, Sílvio. *Realidades e ilusões no Brasil: parlamentarismo e presidencialismo e outros ensaios.* Petrópolis: Vozes, 1979.

ROMERO, Sílvio. *Uma esperteza: os Cantos e Contos populares do Brasil e o sr. Teófilo Braga.* Rio de Janeiro: Tipografia da Escola, 1887.

ROMERO, Sílvio. *Zeverissimações ineptas da crítica brasileira (repulsas e desabafos).* Porto: Oficinas do Comércio do Porto, 1909.

ROSA, João Guimarães. *Grande sertão: veredas.* Rio de Janeiro: José Olympio, 1980.

SADER, Regina. Lutas e imaginários culturais. *Tempo Social,* São Paulo: USP, v. II, n. 1, 1990.

SALDANHA, Nelson. *A Escola do Recife.* São Paulo/Brasília: Convívio/INL, 1985.

SAMPAIO, A J. de. *A alimentação sertaneja e o interior da Amazônia: onomástica da alimentação rural.* São Paulo: Nacional, 1944

SANTANA, José Carlos Barreto de. Euclides da Cunha e a Amazônia: visão mediada pela ciência. *História, Ciência, Saúde: Manguinhos.* v. VI. Suplemento. Rio de Janeiro: Fundação Oswaldo Cruz, 2000.

SANTIAGO, Silviano. *Nas malhas da letra.* São Paulo: Companhia das Letras, 1989.

SAYERS, Raymond. *O negro na literatura brasileira.* Rio de Janeiro: Edições O Cruzeiro, 1958.

SCHELER, Max. *Visão filosófica do mundo.* São Paulo: Perspectiva, 1971.

SCHNOOR, Eduardo. Os senhores dos caminhos: a elite na transição para o século XIX . In: DEL PRIORE, Mary (Org.). *Revisão do Paraíso: os brasileiros e o estado em 500 anos de história.* Rio de Janeiro: Campus, 2000.

SCHOPENHAUER, Arthur. *Parerga e paralipomena.* São Paulo: Abril Cultural, 1988.

SCWHARCZ, Lilia Moritz. O olhar naturalista: entre a ruptura e a tradição. *Revista de Antropologia*, São Paulo: USP, v. 35, 1992.

SCHWHARZ, Roberto. *Que horas são?* São Paulo: Companhia das Letras, 1988.

SEVCENKO, Nicolau. O outono dos césares e a primavera da história. *Revista USP*, São Paulo, n. 54, 2002.

SEVCENKO, Nicolau. *Orfeu extático na metrópole: São Paulo, sociedade e cultura nos frementes anos 20.* São Paulo: Companhia das Letras, 1992.

SILVA, Alberto da Costa e. Quem fomos nós no século XX: as grandes interpretações do Brasil. In: MOTTA, Carlos Guilherme (Org.). *Viagem incompleta: a experiência brasileira (1500-2000). Formação: histórias.* São Paulo: Editora SENAC, 2000.

SILVA, José Bonifácio de Andrada e. *Projetos para o Brasil.* São Paulo: Companhia das Letras, 1998.

SILVA, Marco Antônio da. História do Rio Grande do Norte. In: SILVA, Marcos (Org.). *Dicionário crítico Câmara Cascudo.* São Paulo: Perspectiva, 2003.

SILVA, Maria Beatriz Nizza da. *Vida privada e quotidiana no Brasil de D. Maria I e D. João VI.* Lisboa: Editorial Estampa, 1993.

SMART, Barry. *Modern conditions, postmodernism controversie.* London: Routledge, 1992.

SILVEIRA, Tasso da. A consciência brasileira. In: CARDOSO, Vicente Licínio (Org.). *À margem da história da República.* Brasília: Editora da Universidade de Brasília, 1981.

SOUZA, Itamar de. *Câmara Cascudo: vida e obra.* Natal: Diário de Natal, s.d.

SOUZA, Ricardo Luiz de. Liberalismo e modernidade em Tavares Bastos. *Tempos Históricos,* Cascavel: EDUNIOESTE, v. 5 e 6, 2004a.

SOUZA, Ricardo Luiz de. O bacharel e a República. *Cadernos de Pesquisa do CDHIS,* Uberlândia: EDUFU, n. 32, 2004b.

SOUZA, Ricardo Luiz de. Oliveira Viana, democrata? *Sociedade & Cultura,* Goiânia: UFG, v. 4, n. 2, 2001.

SOUZA, Ricardo Luiz de. Os projetos para a modernidade de José Bonifácio. *Fronteiras,* Campo Grande: UFMS, v. 8, n. 15, 2004c.

SOUZA, Ricardo Luiz de. Sertão, método: Euclides da Cunha e a cultura brasileira. *Tomo,* São Cristóvão: Universidade Federal de Sergipe, n. 6, 2003.

SOUZA, Ricardo Luiz de. Tradição, identidade nacional e modernidade em Joaquim Nabuco. *Anos 90,* Porto Alegre: UFRGS, v. 11, n. 19/20, 2004d.

STARLING, Heloísa Maria Murgel. Travessia: a narrativa da República em *Grande sertão: veredas.* In: BIGNOTTO, Newton (Org . *Pensar a República.* Belo Horizonte: Editora UFMG, 2002.

STENDHAL. *A cartuxa de Parma.* São Paulo: Círculo do Livro, s.d.

SUSSEKIND, Flora; VENTURA, Roberto. *História e dependência: cultura e sociedade em Manoel Bomfim*. São Paulo: Moderna, 1984.

THOMPSON, E. P. *Costumes em comum*. São Paulo: Companhia das Letras, 1998.

TRAVASSOS, Elizabeth. *Os mandarins milagrosos: arte e etnografia em Mário de Andrade e Béla Bartók*. Rio de Janeiro: Funarte/Jorge Zahar Editor, 1997.

TRINDADE, Hélgio. *Integralismo: o fascismo brasileiro na década de 30*. São Paulo: DIFEL, 1979.

VAINFAS, Ronaldo. *Trópico dos pecados: moral, sexualidade e inquisição no Brasil*. Rio de Janeiro: Nova Fronteira, 1997.

VARNHAGEM, Francisco Adolfo de. *História geral do Brasil*. São Paulo: Melhoramentos, 1948.

VALANDE, Bernard. Cultura. In: BOUDON, Raymond (Org.). *Tratado de sociologia*. Rio de Janeiro: Zahar, 1995.

VELLOSO, Mônica Pimenta. *Modernismo no Rio de Janeiro: Turunas e Quixotes*. Rio de Janeiro: Fundação Getúlio Vargas, 1996.

VELOSO, Mariza; MADEIRA, Angélica. *Leituras brasileiras: itinerários no pensamento social e na literatura*. Rio de Janeiro: Paz e Terra, 1999.

VENÂNCIO FILHO, Alberto. *Das arcadas ao bacharelismo (150 anos de ensino jurídico no Brasil)*. São Paulo: Perspectiva, 1982.

VENTURA, Roberto. *Estilo tropical: história cultural e polêmicas literárias no Brasil*. São Paulo: Companhia das Letras, 1991.

VENTURA, Roberto. *Retrato interrompido da vida de Euclides da Cunha*. São Paulo: Companhia das Letras, 2003.

VERGER, Pierre. *Fluxo e refluxo do tráfico de escravos entre o golfo de Benin e a Bahia de Todos os Santos dos séculos XVII a XIX*. São Paulo: Corrupio, 1987.

VERÍSSIMO, José. O modernismo. *Revista do Brasil*, São Paulo, n. 1, 1915.

VEYNE, Paul. A sociedade romana. Lisboa: Edições 70, s.d.

VEYNE, Paul. *Le pain et le cirque: sociologie historique d'un pluralisme politique*. Paris: Seuil, 1976.

VIANNA, Oliveira. *Evolução do povo brasileiro*. São Paulo: Nacional, 1938.

VIANNA, Oliveira. *Introdução à história social da economia pré-capitalista no Brasil*. Rio de Janeiro: José Olympio, 1958.

VIANNA, Oliveira. *Pequenos estudos de psychologia social*. São Paulo: Nacional, 1942.

VIANNA, Oliveira. *Problemas de política objetiva*. São Paulo: Nacional, 1947.

VIANNA, Oliveira. *Instituições políticas brasileiras*. Belo Horizonte/Rio de Janeiro/São Paulo: Itatiaia/EDUFF/Edusp, 1987.

VIANNA FILHO, Luis. O sertão e o negro. *Revista do Brasil*, 3ª Fase, Rio de Janeiro, 1938.

VILHENA, Luis Rodolfo. *Projeto e missão: o movimento folclórico brasileiro (1947-1964)*. Rio de Janeiro: FUNARTE/Fundação Getúlio Vargas, 1997.

VILLA, Marco Antônio. *Canudos: o povo da terra*. São Paulo: Brasiliense, 1995.

VILLAS BOAS, Gláucia. Iluminista e romântico: o tempo passado em Os sertões de Euclides da Cunha. *História, Ciência, Saúde: Manguinhos*, Rio de Janeiro: Fundação Oswaldo Cruz, v. V. Suplemento, 1997.

WEBER, Max. *Economia y sociedad*. México: Fondo de Cultura Económica, 1992.

WEBER, Max. *Metodologia das Ciências Sociais*. São Paulo/Campinas: Cortez/Editora da UNICAMP, 1992.

WERNECK SODRÉ, Nelson. *A ideologia do colonialismo. Seus reflexos no pensamento brasileiro*. 2. ed. Rio de Janeiro: Civilização Brasileira, 1965 (1ª ed.: 1961).

WILLIAMS, Raymond. *O campo e a cidade: na história e na literatura*. São Paulo: Companhia das Letras, 1990.

WHITE, Hayden. *Meta-História: a imaginação histórica do século XIX*. São Paulo: Edusp, 1992.

ZILBERMAN, Regina. Críticos e historiadores: pesquisando a identidade nacional. *Via Atlântica*, São Paulo: USP, n. 4, 2000.

ZILLY, Berthold. Canudos telegrafado: a guerra do sertão como evento de mídia na Europa de 1897. *Revista do Instituto Histórico e Geográfico Brasileiro*, Rio de Janeiro, n. 405, 1999.

QUALQUER LIVRO DO NOSSO CATÁLOGO NÃO ENCONTRADO NAS LIVRARIAS PODE SER PEDIDO POR CARTA, FAX, TELEFONE OU PELA INTERNET.

Rua Aimorés, 981, 8º andar – Funcionários
Belo Horizonte-MG – CEP 30140-071

Tel: 55 (31) 3222 6819
Fax: 55 (31) 3224 6087
Televendas (gratuito): 0800 2831322

vendas@autenticaeditora.com.br
www.autenticaeditora.com.br

ESTE LIVRO FOI COMPOSTO COM TIPOGRAFIA BASKERVILLE, E IMPRESSO EM PAPEL CHAMOIS 80G NA LABEL ARTES GRÁFICAS.
BELO HORIZONTE, OUTUBRO DE 2007.
